PERGUNTAS E RESPOSTAS
COMENTADAS EM CARDIOLOGIA

PERGUNTAS E RESPOSTAS COMENTADAS EM CARDIOLOGIA

Editores

Luís Augusto Palma Dallan

Sergio Timerman

Copyright © 2016 Editora Manole Ltda., por meio de contrato com os Editores.

"A edição desta obra foi financiada com recursos da Editora Manole Ltda., um projeto de iniciativa da Fundação Faculdade de Medicina em conjunto e com a anuência da Faculdade de Medicina da Universidade de São Paulo – FMUSP."

Editor gestor: Walter Luiz Coutinho
Editoras: Eliane Usui e Juliana Waku
Produção editorial: Patrícia Santana e Júlia Nejelschi

Capa: Rafael Zemantauskas
Projeto gráfico: Visão Editorial
Editoração eletrônica: Anna Yue
Ilustrações: Mary Yamazaki Yorado

Dados Internacionais de Catalogação na Publicação (CIP)
(Câmara Brasileira do Livro, SP, Brasil)

Perguntas e respostas comentadas em cardiologia / editores Luís Augusto Palma Dallan, Sergio Timerman. ––Barueri, SP : Manole, 2016.

Bibliografia.
ISBN 978-85-204-4090-2

1. Cardiologia 2. Perguntas e respostas
I. Dallan, Luís Augusto Palma. II. Timerman, Sergio.

16-00680   CDD-616.12

Índices para catálogo sistemático:
1. Cardiologia : Perguntas e respostas :
Medicina 616.12

Todos os direitos reservados.
Nenhuma parte deste livro poderá ser reproduzida, por qualquer processo, sem a permissão expressa dos editores.
É proibida a reprodução por xerox.

A Editora Manole é filiada à ABDR – Associação Brasileira de Direitos Reprográficos.

1ª edição – 2016

Editora Manole Ltda.
Av. Ceci, 672 – Tamboré
06460-120 – Barueri – SP – Brasil
Fone: (11) 4196-6000 – Fax: (11) 4196-6021
www.manole.com.br
info@manole.com.br

Impresso no Brasil
Printed in Brazil

EDITORES

Luís Augusto Palma Dallan

Formação em Cardiologia, Hemodinâmica e Cardiologia Intervencionista pelo Instituto do Coração do Hospital das Clínicas da Faculdade de Medicina da Universidade de São Paulo (InCor-HCFMUSP). Especialista em Clínica Médica pela SBCM/AMB, em Cardiologia, pela SBC/AMB, em Hemodinâmica e Cardiologia Intervencionista pela SBHCI/AMB e em Terapia Intensiva pela AMIB/AMB. Instrutor de BLS e ACLS pelo Laboratório de Treinamento e Simulação em Emergências Cardiovasculares do InCor-HCFMUSP.

Sergio Timerman

Doutor em Cardiologia pelo Instituto do Coração do Hospital das Clínicas da Faculdade de Medicina da Universidade de São Paulo (InCor-HCFMUSP). Diretor Nacional de Medicina e Escolas de Ciências da Saúde Brasil da Laureate International Universities. Diretor do Laboratório de Treinamento e Simulação em Emergências Cardiovasculares do InCor-HCFMUSP. Membro fundador do International Liaison Committee on Resuscitation (ILCOR). *Fellow* do American College of Cardiology, da American Heart Association, do American College of Physicians, do European Resuscitation Council e da European Society of Cardiology.

A Medicina é uma área do conhecimento em constante evolução. Os protocolos de segurança devem ser seguidos, porém novas pesquisas e testes clínicos podem merecer análises e revisões. Alterações em tratamentos medicamentosos ou decorrentes de procedimentos tornam-se necessárias e adequadas. Os leitores são aconselhados a conferir as informações sobre produtos fornecidas pelo fabricante de cada medicamento a ser administrado, verificando a dose recomendada, o modo e a duração da administração, bem como as contraindicações e os efeitos adversos. É responsabilidade do médico, com base na sua experiência e no conhecimento do paciente, determinar as dosagens e o melhor tratamento aplicável a cada situação. Os autores e os editores eximem-se da responsabilidade por quaisquer erros ou omissões ou por quaisquer consequências decorrentes da aplicação das informações presentes nesta obra.

AUTORES

Alex Guabiru
Residência em Clínica Médica pelo Hospital das Clínicas da Faculdade de Medicina da Universidade de São Paulo (HCFMUSP). Formação em Cardiologia pelo Instituto do Coração (InCor) do HCFMUSP. Especialização em Arritmia Clínica, Eletrofisiologia e Estimulação Cardíaca Artificial pelo InCor-HCFMUSP.

Alexandre de Matos Soeiro
Médico Cardiologista Assistente e Supervisor da Unidade Clínica de Emergência do Instituto do Coração do Hospital das Clínicas da Faculdade de Medicina da Universidade de São Paulo (InCor-HCFMUSP).

Ally Nader Roquetti Saroute
Graduado em Medicina pela Faculdade de Medicina da Universidade de São Paulo (FMUSP). Residência Médica em Clínica Médica pelo Hospital das Clínicas da FMUSP (HCFMUSP).

André Gasparini Spadaro
Residência Médica em Clínica Médica pelo Hospital das Clínicas da Faculdade de Medicina da Universidade de São Paulo (HCFMUSP). Especialização em Cardiologia Intervencionista pelo Serviço de Hemodinâmica e Cardiologia Intervencionista. Graduado em Medicina pela Faculdade de Medicina de Botucatu.

André Grossi Dantas
Residência em Cardiologia pelo Hospital Santa Marcelina.

Antônio Fernando B. Azevedo
Residência em Clínica Médica pelo Hospital das Clínicas da Faculdade de Medicina da Universidade de São Paulo (HCFMUSP). Formação em Cardiologia pelo Instituto do Coração (InCor) do HCFMUSP.

Camila Naomi Matsuda

Residência em Cardiologia pelo Hospital Santa Marcelina. Especializanda em Hemo-dinâmica – Cardiologia Intervencionista pelo Hospital Santa Marcelina.

Carlos V. Serrano Jr.

Professor-Associado da Faculdade de Medicina da Universidade de São Paulo (FMUSP). Diretor da Unidade Clínica de Aterosclerose do Instituto do Coração do Hospital das Clínicas da FMUSP (InCor-HCFMUSP). Pós-doutorado pela Johns Hopkins University.

Cássio Carvalho Soeiro Machado

Médico-residente em Cardiologia Clínica no Instituto do Coração do Hospital das Clínicas da Faculdade de Medicina da Universidade de São Paulo (InCor-HCFMUSP). Residência Médica em Clínica Médica pela Universidade de Brasília. Graduação em Medicina pela Universidade Federal do Piauí.

Claudia Yanet San Martin de Bernoche

Doutora em Cardiologia pelo Hospital das Clínicas da Universidade de São Paulo (FMUSP). Residência Médica pela USP. Graduação em Medicina pela USP.

Cynthia Aparecida da Silva Rocha

Especialista em Cardiologia pela Sociedade Brasileira de Cardiologia (SBC). Médica Especializanda em Arritmia, Eletrofisiologia e Estimulação Cardíaca Artificial pelo Instituto do Coração do Hospital das Clínicas da Faculdade de Medicina da Universidade de São Paulo (InCor-HCFMUSP).

Danilo Bora Moleta

Graduação em Medicina pela Universidade Federal do Paraná. Residência em Clínica Médica pela Universidade Federal de São Paulo (Unifesp) e em Cardiologia pelo Instituto do Coração do Hospital das Clínicas da Faculdade de Medicina da Universidade de São Paulo (InCor-HCFMUSP). Especialista pela Sociedade Brasileira de Cardiologia (SBC).

Ewandro Luiz Rey Moura

Residência em Cardiologia pelo Instituto do Coração do Hospital das Clínicas da Faculdade de Medicina da Universidade de São Paulo (InCor-HCFMUSP). Especializando em Arritmia e Estimulação Cardíaca Artificial pelo InCor-HCFMUSP.

Fabio Biscegli Jatene

Professor Titular da Disciplina de Cirurgia Torácica e Cardiovascular do Departamento de Cardiopneumologia da Faculdade de Medicina da Universidade de São Paulo (FMUSP).

Felipe Gallego Lima

Graduação em Medicina pela Universidade de Taubaté.

Felipe Lourenço Fernandes

Especialista em Clínica Médica pelo Hospital das Clínicas da Faculdade de Medicina da Universidade de São Paulo (HCFMUSP). Especialista em Cardiologia pelo Instituto do Coração (InCor) do HCFMUSP e pela Sociedade Brasileira de Cardiologia (SBC).

Fernando Ganem

Residência em Clínica Médica e Cardiologia pelo Instituto do Coração do Hospital das Clínicas da Faculdade de Medicina da Universidade de São Paulo (InCor-HCFMUSP). Especialista em Cardiologia pela Sociedade Brasileira de Cardiologia (SBC) e em Terapia Intensiva pela Associação de Medicina Intensiva Brasileira (AMIB). Doutorado em Cardiologia pela FMUSP. Graduação em Medicina pela FMUSP.

Flávia Bittar Britto Arantes

Médica Cardiologista pela Sociedade Brasileira de Cardiologia (SBC). Especialista em Coronariopatia Aguda pelo Instituto do Coração do Hospital das Clínicas da Faculdade de Medicina da Universidade de São Paulo (InCor-HCFMUSP). Doutoranda na Disciplina de Cardiologia da FMUSP.

Flávio Tarasoutchi

Livre-docente pela Faculdade de Medicina da Universidade de São Paulo (FMUSP). Diretor da Unidade de Valvopatias do Instituto do Coração do Hospital das Clínicas da FMUSP (InCor-HCFMUSP). Título de Especialista em Cardiologia pela Sociedade Brasileira de Cardiologia (SBC).

Francisco Darrieux

Doutor em Ciências pela Faculdade de Medicina da Universidade de São Paulo (FMUSP). Médico Assistente responsável pelo Ambulatório Didático de Arritmias Cardíacas do Instituto do Coração do Hospital das Clínicas da FMUSP (InCor-HCFMUSP).

George Barreto Miranda

Médico Estagiário da Unidade de Valvopatia do Instituto do Coração do Hospital das Clínicas da Faculdade de Medicina da Universidade de São Paulo (InCor-HCFMUSP). Especialização em Cardiologia pelo InCor-HCFMUSP.

Giuliano Serafino Ciambelli

Médico Cardiologista formado pelo Instituto do Coração do Hospital das Clínicas da Faculdade de Medicina da Universidade de São Paulo (InCor-HCFMUSP). Médico especializando em Ecocardiografia de Adultos no InCor-HCFMUSP.

Guilherme Fernandes Cintra

Formação em Cardiologia pela Universidade de Campinas (Unicamp). Especialização em Cardiologia Intervencionista pelo Hospital Santa Marcelina/Hospital Israelita Albert Einstein em São Paulo. Especialista em Cardiologia pela Sociedade Brasileira de Cardiologia (SBC) e pela Associação Médica Brasileira (AMB).

Guilherme Sobreira Spina

Professor Colaborador Médico da Faculdade de Medicina da Universidade de São Paulo (FMUSP). Coordenador da Liga de Combate à Febre Reumática da FMUSP. Médico Assistente da Unidade Clínica de Valvopatia do Instituto do Coração do Hospital das Clínicas da FMUSP (InCor-HCFMUSP).

Jaqueline Scholz Issa

Doutora em Cardiologia pela Faculdade de Medicina da Universidade de São Paulo (FMUSP). Residência em Clínica Médica pelo Hospital das Clínicas da FMUSP (HCFMUSP). Residência em Cardiologia pelo Instituto do Coração (InCor) do HCFMUSP. Graduação em Medicina pela Faculdade Regional de Medicina de São José do Rio Preto.

José Carlos Nicolau

Professor-Associado da Faculdade de Medicina da Universidade de São Paulo (FMUSP). Diretor da Unidade de Coronariopatia Aguda do Instituto do Coração do Hospital das Clínicas da FMUSP (InCor-HCFMUSP).

Juliano Novaes Cardoso

Doutor em Ciências pela Universidade de São Paulo (USP). Médico Cardiologista do Instituto do Coração do Hospital das Clínicas da Faculdade de Medicina da USP

(InCor-HCFMUSP). Médico coordenador do setor de Cardiologia Clínica do Hospital Santa Marcelina.

Luciano Moreira Baracioli

Médico Assistente Doutor da Unidade Clínica de Coronariopatia Aguda do Instituto do Coração do Hospital das Clínicas da Faculdade de Medicina da Universidade de São Paulo (InCor-HCFMUSP). Professor Colaborador da Disciplina de Cardiologia da FMUSP.

Ludhmila Abrahão Hajjar

Coordenadora da Cardiologia e da Unidade de Terapia Intensiva do Instituto do Câncer do Estado de São Paulo (ICESP). Coordenadora da Unidade de Terapia Intensiva Cirúrgica do Instituto do Coração do Hospital das Clínicas da Faculdade de Medicina da Universidade de São Paulo (InCor-HCFMUSP).

Luís Alberto Oliveira Dallan

Livre-docente em Cirurgia Torácica e Cardiovascular pela Faculdade de Medicina da Universidade de São Paulo (FMUSP). Diretor do Serviço de Coronariopatias da Divisão de Cirurgia do Instituto do Coração do Hospital das Clínicas da FMUSP (InCor-HCFMUSP). Professor Associado da FMUSP.

Luís Augusto Palma Dallan

Formação em Cardiologia, Hemodinâmica e Cardiologia Intervencionista pelo Instituto do Coração do Hospital das Clínicas da Faculdade de Medicina da Universidade de São Paulo (InCor-HCFMUSP). Especialista em Clínica Médica pela SBCM/AMB, em Cardiologia, pela SBC/AMB, em Hemodinâmica e Cardiologia Intervencionista pela SBHCI/AMB e em Terapia Intensiva pela AMIB/AMB. Instrutor de BLS e ACLS pelo Laboratório de Treinamento e Simulação em Emergências Cardiovasculares do InCor-HCFMUSP.

Luis Roberto Palma Dallan

Residência Médica em Cirurgia Cardiovascular pelo Instituto do Coração do Hospital das Clínicas da Faculdade de Medicina da Universidade de São Paulo (InCor--HCFMUSP). Graduação pela Faculdade de Medicina do ABC.

Luiz Antônio Machado César

Doutor em Cardiologia pela Faculdade de Medicina da Universidade de São Paulo (FMUSP). Professor-Associado de Cardiologia da FMUSP. Diretor da Unidade de

Coronariopatia Crônica do Instituto do Coração do Hospital das Clínicas da FMUSP (InCor-HCFMUSP).

Marco Antonio Perin

Doutorado em Medicina (Ciências Médicas) pela Faculdade de Medicina da Universidade de São Paulo (FMUSP).Graduação em Medicina pela Escola Baiana de Medicina e Saúde Pública. Gerente Médico do Setor de Intervenção Cardiovascular do Hospital Israelita Albert Einstein. Médico-assistente da Fundação Zerbini e Médico Chefe da Cardiologia da Casa de Saúde Santa Marcelina.

Marcos Danillo Peixoto Oliveira

Formação em Hemodinâmica e Cardiologia Intervencionista pelo Instituto do Coração do Hospital das Clínicas da Faculdade de Medicina da Universidade de São Paulo (InCor-HCFMUSP). Especialista em Cardiologia pela Sociedade Brasileira de Cardiologia (SBC) e pela Associação Médica Brasileira (AMB).

Marcus Vinicius Burato Gaz

Médico pela Faculdade de Medicina da Universidade de São Paulo (FMUSP). Residência Médica em Clínica Médica pelo Hospital das Clínicas da FMUSP (HCFMUSP). Residência Médica em Cardiologia pelo Instituto do Coração do HCFMUSP (InCor--HCFMUSP). Preceptor da Cardiologia do InCor em 2014. Médico do Pronto Atendimento do Hospital Israelita Albert Einstein desde 2013. Preceptor do Time de Resposta Rápida do HCFMUSP.

Maria Margarita Castro Gonzalez

Doutora em Ciências pela Disciplina de Cardiologia da Faculdade de Medicina da Universidade de São Paulo (FMUSP). Especialista em Cardiologia pela Sociedade Brasileira de Cardiologia (SBC). Instrutora de Suporte Avançado de Vida em Cardiologia (BLS) e Suporte Avançado de Vida em Cardiologia (ACLS) pelo LTSEC do Instituto do Coração do Hospital das Clínicas da FMUSP (InCor-HCFMUSP).

Martino Martinelli

Livre-docente pela Faculdade de Medicina da Universidade de São Paulo (FMUSP). Responsável pela Unidade Clínica de Estimulação Cardíaca Artificial do Instituto do Coração do Hospital das Clínicas da FMUSP (InCor-HCFMUSP).

Múcio Tavares de Oliveira Jr.

Diretor da Unidade Clínica de Emergência do Instituto do Coração do Hospital das Clínicas da Faculdade de Medicina da Universidade de São Paulo (InCor-HCFMUSP). Professor Colaborador da FMUSP.

Natali Schiavo Giannetti

Especialização em Clínica Médica pela Universidade Federal de São Paulo (Unifesp), em Cardiologia do Adulto pelo Instituto do Coração do Hospital das Clínicas da Faculdade de Medicina da Universidade de São Paulo (InCor-HCFMUSP) e em Unidade Clínica de Coronariopatias Agudas pelo InCor-HCFMUSP. Médica Coordenadora do Laboratório de Treinamento e Simulação em Emergências Cardiovasculares (LTSEC) do InCor-HCFMSP.

Pedro Alves Lemos Neto

Médico do Serviço de Hemodinâmica e Cardiologia Intervencionista do Instituto do Coração do Hospital das Clínicas da Faculdade de Medicina da Universidade de São Paulo (InCor-HCFMUSP) e do Serviço de Hemodinâmica e Cardiologia Intervencionista do Hospital Sírio-Libanês de São Paulo.

Pedro Pio da Silveira

Especialização em Cardiologia Intervencionista pelo Hospital Santa Marcelina/Hospital Israelita Albert Einstein em São Paulo.

Roberto Kalil Filho

Livre-docente e colaborador da Faculdade de Medicina da Universidade de São Paulo (FMUSP). Vice-coordenador do Núcleo de Ensino Médico do Instituto do Coração do Hospital das Clínicas da FMUSP (InCor-HCFMUSP). Responsável pelo Setor de Espectroscopia do InCor-HCFMUSP. Membro da Comissão Complementar do Programa de Pós-graduação do InCor-HCFMUSP. Diretor do Serviço de Cardiologia do Instituto do Câncer do Estado de São Paulo (ICESP). Diretor geral do Centro de Cardiologia do Hospital Sírio-Libanês de São Paulo.

Roberto Rocha C. V. Giraldez

Livre-docente pela Universidade de São Paulo. Professor da Faculdade de Medicina da Universidade de São Paulo (FMUSP). Médico da Unidade Clínica de Coronariopatia

Aguda do Instituto do Coração do Hospital das Clínicas da FMUSP (InCor-HCFMUSP). Editor Chefe do *Cardiosource* em Português. Diretor Médico da Comissão Científica do InCor-HCFMUSP.

Roney Orismar Sampaio

Médico do Serviço de Hemodinâmica e Cardiologia Intervencionista do Instituto do Coração do Hospital das Clínicas da Faculdade de Medicina da Universidade de São Paulo (InCor-HCFMUSP) e do Serviço de Hemodinâmica e Cardiologia Intervencionista do Hospital Sírio-Libanês de São Paulo.

Sergio Timerman

Doutor em Cardiologia pelo Instituto do Coração do Hospital das Clínicas da Faculdade de Medicina da Universidade de São Paulo (InCor-HCFMUSP). Diretor Nacional de Medicina e Escolas de Ciências da Saúde Brasil da Laureate International Universities. Diretor do Laboratório de Treinamento e Simulação em Emergências Cardiovasculares do InCor-HCFMUSP. Membro fundador do International Liaison Committee on Resuscitation (ILCOR). *Fellow* do American College of Cardiology, da American Heart Association, do American College of Physicians, do European Resuscitation Council e da European Society of Cardiology.

Silvia Helena Gelas Lage

Livre-docente pela Faculdade de Medicina da Universidade de São Paulo (FMUSP). Pós-doutorado pela Harvard Medical School. Doutorado em Cardiologia pela FMUSP. Graduação em Medicina pela Faculdade de Medicina do ABC. Professora Associada do Departamento de Cardiopneumologia da FMUSP. Diretora da Unidade de Terapia Intensiva Clínica do Instituto do Coração do Hospital das Clínicas da FMUSP (InCor--HCFMUSP).

Thiago Marques Mendes

Pós-graduação Senso Lato em Clínica Médica pelo Programa de Residência Médica da Faculdade de Medicina da Universidade de São Paulo (FMUSP). Pós-graduação Senso Lato em Cardiologia pelo Programa de Residência Médica do Instituto do Coração do Hospital das Clínicas da FMUSP (InCor-HCFMUSP). Graduação em Medicina pela FMUSP. Especialista em Cardiologia pela Sociedade Brasileira (TEC/SBC).

Vitor Emer Egypto Rosa

Médico pós-graduando da Unidade de Valvopatias do Instituto do Coração do Hospital das Clínicas da Faculdade de Medicina da Universidade de São Paulo (InCor-HCFMUSP). Título de Especialista em Cardiologia pela Sociedade Brasileira de Cardiologia (SBC).

Vitor Pazolini

Formação em Cardiologia pelo Instituto do Coração do Hospital das Clínicas da Faculdade de Medicina da Universidade de São Paulo (InCor-HCFMUSP). Especialização em Cardiologia Intervencionista pelo Hospital Santa Marcelina/Hospital Israelita Albert Einstein em São Paulo.

Wallyson Pereira Fonseca

Residência em Cardiologia pelo Instituto do Coração do Hospital das Clínicas da Faculdade de Medicina da Universidade de São Paulo (InCor-HCFMUSP). Especializando em Arritmia, Eletrofisiologia e Estimulação Cardíaca Artificial pelo InCor-HCFMUSP.

Whady Hueb

Professor-associado da Faculdade de Medicina da Universidade de São Paulo (FMUSP). Professor Livre-docente pela FMUSP. Doutor em Medicina pela FMUSP.

Ximena Ferrugem Rosa

Residência Médica em Clínica Médica pelo Hospital Nossa Senhora da Conceição. Especialista em Cardiologia pela Sociedade Brasileira de Cardiologia (SBC) e pela Associação Médica Brasileira (AMB).Formação em Cardiologia pelo Instituto do Coração do Hospital das Clínicas da Faculdade de Medicina da Universidade de São Paulo (InCor-HCFMUSP). Graduação em Medicina pela Universidade Federal do Rio Grande do Sul.

SUMÁRIO

Apresentação	XIX
Prefácio	XXI
CAPÍTULO 1 • Educação em cardiologia	1
CAPÍTULO 2 • Epidemiologia	8
CAPÍTULO 3 • Anatomia e fisiologia cardiovascular	16
CAPÍTULO 4 • Propedêutica cardiovascular	24
CAPÍTULO 5 • Endotélio	32
CAPÍTULO 6 • Hipertensão arterial sistêmica	38
CAPÍTULO 7 • Dislipidemias	47
CAPÍTULO 8 • Diabete melito tipo 2 e doenças cardiovasculares	55
CAPÍTULO 9 • Tabagismo	68
CAPÍTULO 10 • Doença arterial coronariana crônica	76
CAPÍTULO 11 • Doença arterial coronariana aguda	85
CAPÍTULO 12 • Intervenções coronarianas	102
CAPÍTULO 13 • Cirurgia cardíaca	110
CAPÍTULO 14 • Febre reumática	117
CAPÍTULO 15 • Valvopatias	128

CAPÍTULO 16 • Endocardite   135

CAPÍTULO 17 • Hemostasia, trombose e fibrinólise na doença
cardiovascular   144

CAPÍTULO 18 • Arritmias   153

CAPÍTULO 19 • Marca-passo   166

CAPÍTULO 20 • Insuficiência cardíaca   175

CAPÍTULO 21 • Ressuscitação cardiopulmonar   195

CAPÍTULO 22 • Terapia intensiva cardiológica   204

CAPÍTULO 23 • Doença de Chagas   220

CAPÍTULO 24 • Dissecção aguda de aorta   233

CAPÍTULO 25 • Pericardite, tamponamento e miocardite   242

CAPÍTULO 26 • Tromboembolismo pulmonar   255

APRESENTAÇÃO

O conhecimento da medicina é dinâmico, visto que consiste em um universo amplo de informações que são atualizadas a cada dia em velocidade cada vez maior. Da mesma forma, o formato de aprendizagem deve ser dinâmico, já que o volume de informações disponível é imenso. Sem roteiro e sem sistematização, esse excesso de informação, ao invés de contribuir para a formação profissional, pode prejudicar a assimilação de todo esse conhecimento.

O livro *Perguntas e respostas comentadas em cardiologia* tem uma proposta moderna e dinâmica de didática em aprendizado. O formato de perguntas e respostas é ideal para despertar o sentimento de curiosidade no leitor, que de forma automática anseia pela obtenção da explicação correta e imediata após ter dificuldade na resolução de determinada questão.

O duro aprendizado teórico, apesar de extenuante, é fundamental para a aplicação segura e correta na prática clínica diária. A facilitação da compreensão de todo o seu conteúdo é um objetivo e um grande desafio para a didática de ensino. A camuflagem desse conteúdo teórico no formato de "perguntas e respostas" é uma alternativa inteligente para a sua correta assimilação, uma vez que atenua a extenuante rotina de horas de leituras ininterruptas e que não despertam constantemente a curiosidade e o espírito desbravador ante uma dificuldade que se impõe.

O formato dinâmico de "pergunta – resposta – explicação imediata", além de muito prático para o leitor, atinge então o objetivo principal de capturar sua atenção total e completa, uma vez que a ansiedade pela resposta correta e pela compreensão do motivo de eventual erro torna a aquisição das informações rápida e eficiente e, assim, tem a vantagem de memorização da mensagem a ser transmitida de modo ágil, quase instintivo.

A todos vocês, autores que dedicaram seu tempo e contribuíram para tornar esta obra uma realidade, nossos sinceros votos de agradecimento.

Boa leitura a todos!

Os Editores

PREFÁCIO

As doenças cardiovasculares são responsáveis pelo maior número de eventos fatais na atualidade em âmbito mundial. Mantendo-se as atuais taxas de crescimento anuais, estima-se que o Brasil fatalmente torne-se, em um futuro próximo, o país com a maior taxa de morbidade e mortalidade por doenças cardiovasculares.

Ao mesmo tempo, o conhecimento médico cavalga a tal velocidade que é um grande desafio manter-se atualizado com a avalanche de informações que invadem nossas vidas todos os dias. Dessa forma, torna-se um desafio absorver e assimilar todo esse novo conhecimento, muitas vezes uma tarefa extenuante dado o grande volume de novos conceitos em diferentes meios de difusão.

O acesso da população em geral à rede mundial de computadores através da internet modificou a relação médico-paciente, uma vez que o médico tornou-se o responsável por proporcionar ao paciente o discernimento do que é relevante dentre tantas informações desencontradas e de fontes distintas. Cabe ao profissional de saúde clarificar o pensamento do paciente, de forma que ele compreenda que toda a informação não é válida sem uma interpretação correta e, sobretudo, que deve haver a individualização do tratamento para cada paciente, que apresenta características clínicas únicas e singulares.

Para lidar com esse novo perfil de pacientes, nunca foi tão importante para o profissional de saúde construir uma base teórica sólida para se adaptar a um mundo tão moderno e com acesso amplo e irrestrito de todos a todo tipo de informação.

Em uma época em que o tempo é escasso e determinante do êxito, obras que apresentem iniciativas de fornecimento de informações de forma ágil e instigante, com temas clássicos e abrangentes, em formato de leitura clara e com algoritmos precisos, tem valor inestimável tanto para o cardiologista experiente quanto para os que se iniciam nessa especialidade.

Neste livro, os editores apresentam, em conjunto com um seleto grupo de colaboradores, 100 questões divididas em 26 capítulos abrangendo as mais diversas situações em cardiologia.

Trata-se, portanto, de um livro de grande importância, que pelo seu formato moderno e inovador deve ser lido por médicos, estudantes de medicina e profissionais da área de saúde interessados em atualização em cardiologia. É uma obra que recomendo para todos os interessados em busca de informação atualizada e instantânea, no âmbito da melhoria do atendimento cardiovascular em sua mais ampla magnitude.

Sergio Timerman
Diretor do Laboratório de Treinamento e Simulação em Emergências
Cardiovasculares do Instituto do Coração (InCor) do Hospital das Clínicas da FMUSP

CAPÍTULO

1

EDUCAÇÃO EM CARDIOLOGIA

Luís Augusto Palma Dallan
Sergio Timerman
Luís Alberto Oliveira Dallan
Fabio Biscegli Jatene
Roberto Kalil Filho

INTRODUÇÃO

Estima-se que, a cada 4 anos, metade do conhecimento da medicina esteja desatualizado, fazendo com que a educação continuada seja não somente um critério de avaliação de qualidade do ensino em uma instituição, mas também um elemento fundamental no desenvolvimento científico em âmbito hospitalar.

A amplitude das informações e a constante evolução do conhecimento médico em todas as áreas fazem com que o termo "educação continuada em cardiologia" seja praticamente um pleonasmo, uma vez que o conhecimento gerado diariamente no campo da cardiologia é tão grande que seria impossível para um profissional de saúde manter a sua *expertise* sem atualização constante.

As doenças cardiovasculares estão entre as principais causas de morte em todo o mundo. Nos Estados Unidos, com uma população de 260 milhões, as estatísticas apontam cerca de 1 milhão de mortes anualmente em decorrência de doenças cardiovasculares. Dessas, estima-se que 350 mil sejam por parada cardíaca súbita.

A extrapolação desses dados para todo o mundo sugere que mais de 2 milhões de pessoas morrem inesperadamente a cada ano. A doença cardiovascular vitimou cerca de 17 milhões de pessoas em 1999 e estima-se que atingirá em torno de 25 milhões em 2020.

A educação em cardiologia não é exclusividade da medicina e não está destinada a um público específico. Com a evolução do atendimento multiprofissional visando à otimização e à excelência no atendimento ao paciente, todas as áreas estão envolvidas na reestruturação e no desenvolvimento dos estudos em cardiologia. Essa sinergia entre as disciplinas é fundamental para a atualização de todos, e esse esforço conjunto é responsável pelo desenvolvimento no conhecimento multidisciplinar.

Temas contemporâneos associados à prática clínica diária são a base para o ensino em cardiologia; entretanto, a tecnologia também tem papel fundamental, uma vez que modernos laboratórios de simulação realista com manequins que interagem diretamente com os profissionais de saúde permitem que esses indivíduos realizem treinamento e passem por situações críticas antes de lidar diretamente com os pacientes.

CIÊNCIA NO DEPARTAMENTO DE EMERGÊNCIA

Por ser o coração um órgão tão nobre e com consequências tão trágicas quando de seu mau funcionamento, não se pode falar no assunto sem abordar o tema de emergências. Há muito tempo, sabe-se que o tratamento precoce de pacientes vítimas de emergências cardiológicas reduz morbidade e mortalidade, melhora a sobrevida e a qualidade de vida. Esse tratamento precoce, entretanto, depende de uma série de passos que devem ser tomados pelo paciente, familiares ou amigos, e por serviços médicos de emergência pré-hospitalar e hospitalar, para que se obtenham resultados adequados.

O departamento de emergência de um hospital é a principal porta de entrada para pacientes em crises agudas, que requerem abordagem imediata, raciocínio rápido e resoluções imediatas e eficientes, com consequências fatais caso um desses elos não seja respeitado. Dessa forma, organização, disciplina, rapidez, eficiência e padronização são palavras que definem e norteiam os mais diversos departamentos de emergência, independentemente de seu tamanho, de maior ou menor estrutura, ou da disponibilidade de recursos tecnológicos avançados.

O tratamento da parada cardíaca é o momento que melhor representa a missão dos profissionais de saúde de salvar vidas. Talvez seja a única situação em que o termo "ressuscitar" não parece pretensioso para uma simples pessoa, já que o objetivo final é realmente a promoção de uma ressuscitação global, garantindo assim não só a sobrevida, mas também a qualidade de vida dos pacientes.

A aquisição de novos conhecimentos sobre a fisiopatologia dos efeitos da interrupção da circulação, da oxigenação e das lesões de reperfusão sobre os diferentes tecidos permitirá explicar as várias alterações encontradas em um paciente após uma parada cardíaca e determinar uma busca da ressuscitação elétrica e mecânica do coração e também de outros órgãos e do organismo como um todo.

A educação da população leiga sobre o reconhecimento dos sinais de alerta das emergências pode trazer grande impacto na redução do tempo de ativação de um serviço médico de emergência e do tempo para tratamento de doenças potencialmente fatais.

Outro importante grupo-alvo a ser treinado é o dos familiares de pacientes sob risco de morte súbita, particularmente daqueles portadores de doença cardíaca estrutural; além do treinamento em suporte básico de vida nas escolas, tendo em consideração que 20% das mortes súbitas são presenciadas por crianças.

Um ponto fundamental para a melhora do atendimento nos departamentos de emergência foi a introdução de diretrizes e o emprego de protocolos internacionais, como suporte avançado de vida (*advanced cardiac life support* – ACLS), suporte avançado de vida em trauma (*advanced trauma life support* – ATLS) e suporte avançado de vida em pediatria (*pediatric advanced life support* – PALS), com o apoio de organizações como a American Heart Association (AHA), permitindo a padronização e a organização desse tipo de assistência médica. Atualmente, os centros vinculados à AHA treinam milhares de profissionais e leigos todo ano, tendo papel fundamental na difusão de conhecimentos.

SIMULAÇÃO EM CARDIOLOGIA

O treinamento de habilidades em âmbito extra-hospitalar, em laboratórios específicos de simulação e treinamento, permite que os profissionais estejam mais aptos a lidar com situações que não enfrentariam habitualmente na vida profissional, que estejam familiarizados com as exceções e saibam como agir diante de situações inéditas, porém sempre em ambientes controlados e sob supervisão constante.

O treinamento é importante para que o profissional não realize todo o processo diretamente na vida real, o que permite que possa cometer erros e tirar dúvidas antes das situações reais. Nos cursos, as dúvidas surgem naturalmente, as pessoas não têm medo de errar e, portanto, são melhor preparadas para lidar com situações reais, além de poderem se antecipar às condições adversas a que seriam submetidos no caso de se depararem pela primeira vez com determinado problema.

No Brasil, os cursos que envolvem conceitos de cardiologia são: suporte básico de vida (*basic life support* – BLS), ACLS, PALS, suporte avançado de vida em hipotermia (SAVEH), suporte avançado de vida em insuficiência cardíaca (SAVIC) e ATLS. Esses cursos, entre outros, se propuseram a proporcionar uma experiência focada na simulação, pois são cursos práticos que envolvem casos clínicos estruturados com o uso de manequins, dispositivos simuladores e atores.

A simulação, no entanto, como metodologia de ensino, abrange conceitos e ferramentas diversas que transcendem aquelas utilizadas nos cursos de suporte de vida.

Inúmeras faculdades e hospitais têm se preocupado em construir centros de simulação para atender à capacitação de seu público; no entanto, apenas a infraestrutura e a tecnologia não são suficientes para atender à necessidade do ensino.

O treinamento com cenários é dividido, didaticamente, em três momentos: elaboração, execução e *debriefing*, que consiste no momento utilizado para análise e reflexão do que foi vivido durante a simulação, para que se descubra o que foi aprendido e sua aplicabilidade a partir de experiências vividas em situações reais.

Portanto, com o treinamento de situações reais em manequins, o profissional já apresenta experiência adquirida para que, mesmo na primeira vez que tratar uma doença em um ser humano, já tenha familiaridade com a forma de aplicar o tratamento e ofereça um atendimento mais ágil e preciso em uma situação crítica. No laboratório, errar é natural e faz parte do treinamento; entretanto, de forma oposta, na vida real, um pequeno erro pode determinar o óbito do paciente e poderia ter sido evitado com treinamento prévio.

Em resumo, a simulação diminui a distância existente entre o que se ensina na teoria e sua aplicabilidade na prática profissional.

COMPARTILHAMENTO DE DADOS E PADRONIZAÇÃO DE PROTOCOLOS INSTITUCIONAIS

É importante que existam mecanismos de coleta, revisão e compartilhamento de dados científicos dos números do serviço de cardiologia, no intuito de se identificar em quais pontos estão as principais falhas ou virtudes do serviço. Dessa forma, é possível que esses dados sejam compartilhados por meio de instituições como a Aliança Internacional dos Comitês de Ressuscitação (ILCOR), criada em 1992, que propicia um fórum de ligação entre as principais organizações de ressuscitação de todo o mundo.

Os principais objetivos de comitês como o ILCOR podem ser observados no Quadro 1.

Idealmente, os hospitais devem estruturar uma unidade de dor torácica e uma unidade coronariana de terapia intensiva (UCo), e devem ter protocolos claros e acessíveis para o tratamento de síndromes coronarianas agudas, com toda a equipe multiprofissional treinada em suporte avançado de vida em cardiologia para que o atendimento seja otimizado e haja menos demora nos procedimentos de emergência a serem adotados.

Também é importante a utilização de escores de risco para estratificação do grau de risco nas síndromes coronarianas agudas (baixo, intermediário ou alto). Para tanto, são utilizados escores de risco preconizados pelo American College of Cardiology (ACC)/

Quadro 1 Principais objetivos de comitês de compartilhamento de dados

Promover um fórum global de discussão e coordenação de todos os aspectos de determinados tópicos de emergência
Incentivar a pesquisa científica em áreas específicas de emergência em que houver carência de dados ou controvérsias
Favorecer a disseminação da informação relacionada ao treinamento e à educação em emergências
Fornecer um mecanismo de coleta, revisão e compartilhamento de dados científicos internacionais em emergências
Criar fundamentos apropriados sobre temas específicos relacionados à emergência que reflitam o consenso internacional
Produzir diretrizes em emergências que reflitam um consenso entre especialistas em emergência e que sirvam como embasamento para a estruturação e a orientação de conduta nos diversos serviços de emergência

AHA em suas últimas diretrizes, como TIMI, GRACE e PURSUIT, ou escores nacionais, como o preconizado pela Sociedade Brasileira de Cardiologia (SBC).

Esses escores, associados às variáveis citadas, visam a determinar o local mais adequado para a abordagem inicial do paciente: sala de emergência, unidade de dor torácica (UCO), reduzindo custos dos casos de baixo risco e objetivando uma terapêutica mais potente e precoce nos de riscos intermediário e alto, com a intenção de reduzir eventos adversos como (re)infarto ou morte.

É importante ressaltar que os algoritmos e protocolos padronizados, apesar de serem determinantes na qualidade do serviço de emergência, são apenas guias de procedimentos e rotinas, e não necessariamente obrigam que uma determinada conduta seja realizada. Na qualidade de guias, eles devem ser utilizados para apontar a direção que o tratamento deve seguir, ou seja, para nortear as decisões.

CONSIDERAÇÕES FINAIS

O treinamento teórico e prático dos profissionais causa grande impacto na redução de morbidade e mortalidade por doenças cardiovasculares. Um dos grandes desafios que estão sendo enfrentados no momento é proporcionar a todos adequada formação e atualização no diagnóstico e tratamento das cardiopatias. Sabe-se que o erro diagnóstico traz maior risco de complicações e aumento do custo de tratamento futuro.

A simulação clínica permite que os profissionais estejam mais aptos a antever situações clínicas adversas, possam cometer erros e até mesmo tirar dúvidas antes de lidar com situações reais, sempre em ambientes controlados e sob constante supervisão.

Todos os profissionais de nível superior que trabalham em cardiologia devem ser treinados em emergências cardiovasculares e em laboratórios de simulação realista, em cursos como o ACLS. Além do treinamento adequado, a criação de protocolos de atendimento a pacientes portadores de síndromes coronarianas agudas e a criação de unidades de dor torácica podem melhorar a acurácia diagnóstica e a qualidade do tratamento.

Os melhores hospitais de cardiologia prezam pela excelência no atendimento dos pacientes. A tríade ensino-pesquisa-assistência é a estrutura de sustentação de um serviço de excelência em cardiologia. Quanto melhor for a qualificação do maior número possível de profissionais, por exemplo com mestrado, doutorado e cursos de pós-graduação, maior será a qualidade do corpo clínico e do atendimento aos pacientes.

É de grande importância que os profissionais sejam qualificados em suas subáreas e que as disciplinas apresentem interação entre si, criando sinergia positiva que se conclui no engrandecimento da instituição. O maior legado de todo serviço sempre será o conjunto dos profissionais que zelam pelo crescimento, pelo desenvolvimento e pelo aprimoramento de sua instituição.

Os capítulos deste livro são baseados em artigos científicos preferencialmente publicados nos últimos 2 anos, reiterando o compromisso com o que há de mais novo na literatura médica e corroborando a filosofia de que a atualização e o treinamento constantes são o segredo do sucesso multiprofissional.

BIBLIOGRAFIA

Dallan LAP, Dallan LAO, Vianna CB, Ramires JAF, Timerman S, Jatene FB, et al. Apresentação: conceitos e importância em hipotermia terapêutica. In: Timerman S, Dallan LAP, Gonzalez MMC, Bernoche C (eds.). Suporte avançado de vida em hipotermia – SAVEH. Barueri: Manole; 2013. p. 3-7.

Dallan LAP, Dallan LRP, Hajjar LA, et al. Ciência no departamento de emergência. In: Timerman S, Dallan LAP, Geovanini GR (eds.). Síndromes coronárias agudas e emergências cardiovasculares. São Paulo: Atheneu; 2013. p. 3-6.

Dallan LAP, Quilici AP, Gonzalez MMC, Timerman S. Simulação clínica em cardiologia. Rev Soc Cardiol Est S Paulo. 2013:23(3).

Gonzalez MM, Timerman S, Gianotto-Oliveira R, Polastri TF, Canesin MF, Lage SG, et al.; Sociedade Brasileira de Cardiologia. I Diretriz de Ressuscitação Cardiopulmonar e Cuidados Cardiovasculares de Emergência da Sociedade Brasileira de Cardiologia. Arq Bras Cardiol. 2013;101(2 Supl 3):1-221.

Quilici AP, Abrão K, Timerman S. Simulação e ensino. In: Timerman S, Dallan LAP, Geovanini GR (eds.). Síndromes coronárias agudas e emergências cardiovasculares. São Paulo: Atheneu; 2013. p. 495-503.

Timerman S, Dallan LAP, Peixoto E, Quilici AP, Abrão KC, Gutierrez F. Avaliação baseada em competências empregando a simulação (Elaboração de protocolos de observação de habilidades e de competências empregando a simulação). Rev Soc Cardiol Est S Paulo. 2013:23(3);66-71.

Quilici AP, Dallan LAP, Polastri TP, Kalil Filho R, Abrão KC, Gutierres F, et al. Laboratório de habilidades na capacitação em cardiologia: como estruturar um centro de simulação. Rev Soc Cardiol Est S Paulo. 2013:23(3);61-4.

CAPÍTULO

2

EPIDEMIOLOGIA

Alexandre de Matos Soeiro
Múcio Tavares de Oliveira Jr.

QUESTÃO 1

Em relação à abordagem de pacientes com dor torácica na emergência, pode-se afirmar que:

☐ A A prevalência em unidades de emergência perfaz cerca de 20% do total de atendimentos realizados.

☐ B Cerca de 13% dos pacientes com dor torácica apresentam como diagnóstico final síndrome coronariana aguda.

☐ C Aproximadamente metade dos casos internados tem síndrome coronariana aguda como diagnóstico final.

☐ D Até 50% dos pacientes que recebem alta hospitalar, após avaliação inicial, encontram-se em vigência de síndrome coronariana aguda não diagnosticada.

☐ E A mortalidade de pacientes com angina instável que recebem altas hospitalares erroneamente é de 80%.

QUESTÃO 2

Quanto aos aspectos epidemiológicos da pericardite aguda, pode-se afirmar que:

☐ A A prevalência perfaz cerca de 15% dos atendimentos de dor torácica na emergência.

☐ B Atrito pericárdico está presente em apenas 50% dos casos.

☐ C A distribuição e a incidência são bem conhecidas em diferentes regiões do Brasil.

☐ D As infecções virais representam a principal causa em 85 a 90% dos casos.

☐ E O tamponamento cardíaco está presente em 25% do total de diagnósticos de pericardite.

QUESTÃO 3

Em pacientes com insuficiência cardíaca diastólica, é possível afirmar que:

☐ A Cerca de um terço dos pacientes com insuficiência cardíaca possui a fração de ejeção de ventrículo esquerdo preservada.

☐ B A mortalidade é maior que em pacientes com insuficiência cardíaca sistólica, chegando a 15% ao ano.

☐ C A mortalidade não apresenta relação com a idade e/ou presença de insuficiência coronariana.

☐ D Em acompanhamento de cinco anos, cerca de 25% das pessoas com mais de 65 anos desenvolvem insuficiência cardíaca diastólica.

☐ E Os fatores de descompensação são completamente distintos quando comparados a pacientes com insuficiência cardíaca sistólica e diastólica.

QUESTÃO 4

A respeito da doença valvar, pode-se afirmar que:

☐ A A prevalência de estenose aórtica no mundo chega a 20% em pacientes com mais de 80 anos.

☐ B Cerca de 90% das trocas valvares aórticas realizadas nos Estados Unidos, em 2010, ocorreram em pacientes com mais de 65 anos.

☐ C Em algumas capitais brasileiras estima-se que a prevalência de cardite reumática esteja entre 1 e 7 casos a cada 10.000 crianças.

☐ D A prevalência de estenose aórtica tem reduzido em todo o mundo.

☐ E No Brasil, a febre reumática é a principal etiologia, responsável por até 70% dos casos.

RESPOSTAS CORRETAS

1. b

A dor torácica é uma das queixas mais encontradas em serviços de emergência no mundo todo. Nos Estados Unidos, estima-se que anualmente mais de 5 milhões de pessoas compareçam a um hospital para avaliação de dor torácica. No Reino Unido, essa queixa representa 2 a 4% dos atendimentos em setores de emergência. A prevalência de síndrome coronariana aguda (SCA) perfaz cerca de 12,8 a 14,6% desse total. Apesar disso, cerca de 30 a 60% dos pacientes com dor torácica são internados para esclarecimento diagnóstico. Na maioria dos pacientes, a etiologia é musculoesquelética, esofágica, respiratória ou psicológica.

A avaliação inicial realizada por um médico emergencista envolve sérios desafios. A maioria dos pacientes com dor torácica apresenta sintomas e achados clínicos que impossibilitam uma definição diagnóstica imediata. Por outro lado, o médico responsável deve ser capaz de identificar doenças que representem risco (SCA, dissecção aguda de aorta, tromboembolismo pulmonar, pneumotórax etc.) sem expor o paciente a testes e internações hospitalares desnecessárias. Uma parcela considerável dos pacientes atendidos em unidades de emergência com queixa de dor torácica é internada por 2 a 3 dias, gerando um custo médio de 3 a 6 mil dólares por paciente, o que configura um enorme problema, uma vez que somente um terço dos casos tem SCA como diagnóstico final.

Por outro lado, do total de pacientes liberados após a avaliação inicial, 2 a 20% encontram-se em vigência de uma SCA não diagnosticada ou vêm a desenvolver um evento isquêmico nas horas subsequentes ao atendimento, ou seja, deixam de receber o diagnóstico e o tratamento corretos no momento apropriado, gerando um grande número evitável de mortes e demais consequências clínicas. Estima-se que um a cada oito pacientes com angina instável sofrerá um infarto agudo do miocárdio (IAM) nas 2 semanas seguintes caso não seja adequadamente reconhecido e tratado. A mortalidade de pacientes com IAM admitidos é de 6%, enquanto entre aqueles liberados erroneamente do setor de emergência essa taxa atinge 25%. Essas falhas diagnósticas representam cerca de 8% do número de ações judiciais relacionadas à má prática médica nos Estados Unidos.

Nesse contexto, a avaliação correta e sistêmica de pacientes com dor torácica à chegada ao hospital deve ser primordial. O emprego adequado de conhecimento médico e da tecnologia disponível em exames subsidiários deve ser sistematizado, porém sem deixar de avaliar características individuais relacionadas a cada paciente, o que implica ainda hoje enorme desafio no atendimento.

2. d

Não existem dados epidemiológicos oficiais no Brasil referentes ao comprometimento pericárdico. As informações disponíveis na literatura internacional também são escassas e certamente sofrem a influência das características de cada centro. Os dados referentes a serviços de emergência mostram que 5% dos pacientes com queixa de dor torácica, nos quais foi afastada a hipótese de insuficiência coronariana aguda, e 1% daqueles com supradesnivelamento do segmento ST tinham pericardite aguda.

A principal causa são as infecções virais, que representam 85 a 90% dos casos, embora também possa ser secundária a afecções sistêmicas e infecções não virais.

O quadro clínico é variável e dependente da etiologia. Nos casos virais/idiopáticos, habitualmente é composto no início por pródromo viral com febre, mialgia e sintomas de vias aéreas superiores ou trato gastrointestinal. Em seguida, surge quadro de dor torácica com característica pleurítica, início súbito, de forte intensidade, que piora com a inspiração profunda e irradia para pescoço e membros superiores. A irradiação para músculo trapézio é bastante sugestiva do diagnóstico e se deve à íntima relação do nervo frênico (que inerva o músculo trapézio) com o pericárdio. Frequentemente, a dor tem caráter postural, com piora em decúbito dorsal e melhora ao se sentar.

O exame físico pode revelar paciente febril, com toxemia, taquicardia e propedêutica pulmonar sugestiva de derrame pleural. O atrito pericárdico está presente em 85% dos casos e caracteriza-se por som rude, irregular, sistodiastólico, melhor audível na borda esternal esquerda. Pode possuir caráter intermitente.

Quanto ao derrame pericárdico, é mais frequente quando o comprometimento é por tuberculose ou neoplasia e acontece em relação ao tamponamento cardíaco. Já nos casos em que outras etiologias são responsáveis pelo quadro clínico, a frequência é menor.

3. a

A disfunção diastólica refere-se a anormalidade na distensibilidade, no enchimento e no relaxamento do ventrículo esquerdo, independentemente da fração de ejeção estar preservada ou não e de o paciente ser ou não sintomático. Uma vez que o paciente apresente sintomas decorrentes da congestão pulmonar e possua a fração de ejeção de ventrículo esquerdo preservada, é correto dizer que ele possui insuficiência cardíaca diastólica.

Estudos populacionais indicam que pelo menos um terço de todos os pacientes com insuficiência cardíaca tem a fração de ejeção preservada, sendo essa prevalência maior a partir dos 75 anos de idade. Estima-se, com base em exames de ecodopplercardiograma, que a insuficiência cardíaca diastólica se desenvolva em 11 a 15% das pessoas com idade acima dos 65 anos em período de 5 anos.

A taxa de mortalidade entre pacientes com insuficiência cardíaca diastólica chega a 5 a 8% anualmente, inferior às taxas de pacientes com disfunção ventricular (10 a 15%) no mesmo período. Essa mortalidade em ambas as formas de apresentação está diretamente relacionada à idade e à presença ou não de doença arterial coronariana. Já a morbidade e a mortalidade (incluindo taxa de hospitalização) são semelhantes entre as duas formas de apresentação.

Os fatores que levam à retenção hídrica e à descompensação clínica são os mesmos da insuficiência cardíaca sistólica, incluindo hipertensão arterial, fibrilação atrial, uso inadequado de medicamentos, aumento da ingestão de água e sal, isquemia, anemia, insuficiência renal e uso de anti-inflamatórios não hormonais.

4. e

Diferentemente do observado em países mais desenvolvidos, a febre reumática é a principal etiologia das valvopatias no território brasileiro, responsável por até 70% dos casos. Essa informação deve ser valorizada ao aplicar dados de estudos internacionais nessa população, tendo em vista que os doentes reumáticos apresentam média etária menor, assim como imunologia e evolução exclusivas dessa doença.

Os dados brasileiros sobre febre reumática são obtidos por meio de pesquisa feita no sistema DataSUS, que se referem basicamente ao número de internações hospitalares e de intervenções valvares, subestimando o número real de casos, uma vez que não inclui os pacientes que têm febre reumática diagnosticada ambulatorialmente e que não necessitaram de internação. Estudos realizados na população escolar em algumas capitais brasileiras estimaram a prevalência de cardite reumática entre 1 e 7 casos/1.000, enquanto nos Estados Unidos a prevalência está entre 0,1 e 0,4 casos/1.000.

A valvopatia mitral reumática mais comum é a dupla disfunção não balanceada (insuficiência e estenose em diferentes estágios de evolução) manifestada entre a segunda e a quinta décadas de vida. Caracteristicamente, a insuficiência mitral corresponde à lesão aguda, enquanto a estenose, às lesões crônicas; entretanto, é possível que pacientes apresentem graus variados de estenose e insuficiência mitral. O prolapso da valva mitral, no Brasil, é a segunda causa de insuficiência mitral, cuja evolução é dependente da intensidade do prolapso e tem idade média de apresentação em torno de 50 anos.

A valvopatia aórtica tem apresentação bimodal, e nos indivíduos jovens destacam-se a etiologia reumática e a doença congênita bicúspide, enquanto nos idosos prevalece a doença aórtica senil calcífica, que está associada aos fatores de risco tradicionais para aterosclerose (dislipidemia, tabagismo e hipertensão arterial). A prevalência geral de estenose aórtica no mundo é de cerca de 0,2% na faixa etária de 50 a 59 anos, mas chega a 9,8% em octogenários, apresentando aumento constante na frequência. Foram realizadas 65 mil correções valvares aórticas, em 2010, nos Estados Unidos, sendo que 70% delas ocorreram em pacientes acima de 65 anos de idade.

Alguns dados epidemiológicos emergentes vêm mudando a forma de apresentação de pacientes com doenças valvares. A população geriátrica, cada vez mais frequente nas unidades de internação e consultórios, apresenta índices elevados de calcificação e disfunção valvar. Em geral, os idosos realizam poucas atividades físicas ou são sedentários, sendo comuns achados sugestivos de lesões valvares graves em indivíduos assintomáticos ou oligossintomáticos, frequentemente com estenose aórtica. Atualmente, observa-se aumento dos pacientes portadores de cardiomiopatias (isquêmica, hipertensiva, alcoólica, por drogas etc.), nos quais há insuficiência mitral secundária, mas não menos importante. Também pode-se notar um aumento dos pacientes portadores de valvopatias com comorbidades graves, com limitação para avaliação e indicação de tratamento intervencionista, como os portadores de neoplasia em radioterapia e/ou quimioterapia, entre outros.

BIBLIOGRAFIA

Aurigemma GP, Gaasch WH. Diastolic heart failure. N Engl J Med. 2004;351:1097-105.

Czarnecki A, Chong A, Lee DS, Schull MJ, Tu JV, Lau C, et al. Association between physician follow-up and outcomes of care after chest pain assesment in high-risk patient. Circulation. 2013;127:1386-94.

Herren KR, Mackway-Jones K. Emergency management of cardiac chest pain: a review. Emerg Med J. 2001;18:6-10.

Melo DTP, Fernandes F. Pericardites agudas. In: Soeiro AM, Leal TCAT, Oliveira Jr MT, Filho RK (eds.). Manual de condutas práticas da Unidade de Emergência do InCor. Barueri: Manole; 2015. p. 549-59.

Montera MW, Mesquita ET, Colafranceschi AS, Oliveira Junior AM, Rabischoffsky A, Ianni BM, et al.; Sociedade Brasileira de Cardiologia. I Diretriz Brasileira de Miocardites e Pericardites. Arq Bras Cardiol. 2013;100(4 Suppl 1):1-36.

Otto CM, Prendergast B. Aortic-valve stenosis – from patients at risk to severe valve obstruction. N Engl J Med. 2014;371:744-56.

Pferfeman E, Forlenza LMA. Estrutura da unidade de dor torácica. In: Serrano Jr CV, Timerman A, Stefanini E (eds.). Tratado de cardiologia – SOCESP. 2.ed. Barueri: Manole, 2009. p. 844-60.

Soeiro AM, Mattos FR, Pedrotti CHS, Oliveira Jr MT. Abordagem de dor torácica na emergência. In: Soeiro AM, Leal TCAT, Oliveira Jr MT, Filho RK (eds.). Manual de condutas práticas da Unidade de Emergência do InCor. Barueri: Manole; 2015. p. 3-21.

Tarasoutchi F, Montera MW, Grinberg M, Barbosa MR, Piñeiro DJ, Sánchez CRM, et al. Diretriz Brasileira de Valvopatias – SBC 2011/I Diretriz Interamericana de Valvopatias – SIAC 2011. Arq Bras Cardiol. 2011;97(5 Suppl 1):1-67.

CAPÍTULO

3

ANATOMIA E FISIOLOGIA CARDIOVASCULAR

Vitor Pazolini
Luís Augusto Palma Dallan

QUESTÃO 1
Qual das opções a seguir apresenta o potencial de ação do nó sinoatrial e a fase correspondente à corrente If?

☐ A B-0.
☐ B B-4.
☐ C A-4.
☐ D A-3.
☐ E A-1.

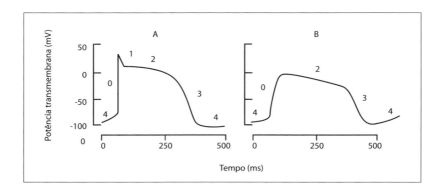

QUESTÃO 2

A respeito da função contrátil do coração, considerar as seguintes afirmações:

I. Pode ser alterada independentemente de mudanças em pré e pós-cargas.
II. A estimulação simpática que causa taquicardia e aumento de contratilidade afeta somente a contração da musculatura ventricular, não influenciando a fase diastólica.
III. As modificações agudas se refletem em alteração das relações de velocidade, pressão e volume do músculo miocárdico.

Estão corretas:

☐ A Apenas I.
☐ B Apenas II.
☐ C Apenas III.
☐ D Apenas I e III.
☐ E Todas estão corretas.

QUESTÃO 3

Paciente com diagnóstico de infarto agudo do miocárdio evoluiu com dispneia intensa, caracterizando edema agudo de pulmão, acompanhado de taquicardia e surgimento de um sopro protossistólico em decrescendo, hipotensão arterial e pulso filiforme. O diagnóstico mais provável para o caso é:

☐ A Comunicação interventricular secundária a infarto de parede anterior.
☐ B Insuficiência mitral aguda secundária a disfunção aguda de ventrículo esquerdo.
☐ C Pericardite pós-infarto.
☐ D Insuficiência mitral aguda por rotura de músculo papilar posterior.
☐ E Insuficiência mitral aguda por rotura de músculo papilar anterior.

QUESTÃO 4
Assinale o diagnóstico para o paciente da figura a seguir.

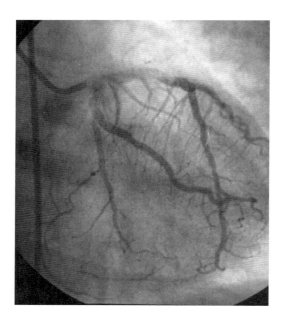

☐ A Circulação colateral a partir da artéria coronária direita para a artéria descendente anterior.
☐ B Anel de Vieussens.
☐ C Circulação colateral intercoronariana.
☐ D Circulação colateral intracoronariana.
☐ E Ausência de circulação colateral.

RESPOSTAS CORRETAS

1. b

A despolarização celular no nó sinusal é voltagem-dependente, acontecendo na fase I da despolarização da membrana quando é atingido o limiar de despolarização, por volta de -60 mV, momento em que se abrem os canais de cálcio. Durante esse processo, também se abrem os canais de sódio, que são ativados em níveis de potenciais próximos a 0, diferentemente dos canais de sódio das células de Purkinje, que se ativam em níveis bem mais baixos (entre -90 e -70 mV) e deflagram a rápida fase de despolarização dessas células.

As fases II e III da despolarização são de ativação de vários canais, ocorrendo simplificadamente a entrada de potássio para o meio intracelular e a saída de sódio e cálcio para o extracelular, fazendo com que o potencial de membrana celular retorne ao gradiente eletroquímico de repouso. Na fase IV, acontece progressiva e lenta despolarização da célula até atingir o limiar a partir do qual os canais de cálcio novamente se ativam e a despolarização acontece. É a corrente If, dependente de canais iônicos com correntes de sódio e potássio, a responsável por esse evento espontâneo da despolarização da membrana. Essa corrente, diferentemente das outras conhecidas, ativa-se a partir de -40 a -50 mV e atinge o máximo de ativação entre -100 e -110 mV, e é uma corrente de entrada de íons para dentro da célula.

Várias interferências no funcionamento dessa corrente já foram descritas, sendo as mais importantes a modulação que o sistema simpático tem sobre seu comportamento, alterando a velocidade do fluxo e, portanto, modificando a frequência de despolarização da membrana celular, e o bloqueio dos canais responsáveis pela If, que altera a velocidade de despolarização diastólica espontânea da membrana celular. Um exemplo desse bloqueio é o que ocorre com administração de ivabradina, um derivado benzocicloalcano, que tem especificidade muito grande para bloquear a corrente If e exerce intensamente a ação de reduzir a frequência cardíaca isoladamente.

2. d

Em relação à função contrátil do coração íntegro, alguns conceitos são necessários sobre os receptores da via beta-adrenérgica:

RECEPTORES DA VIA BETA-ADRENÉRGICA

- B1: é o receptor predominante existente no miocárdio ventricular (cerca de 80%). A ativação gera aumento de contratilidade (inotropismo).

- B2: a densidade desses receptores nos átrios, no nó sinoatrial e no nó atrioventricular é duas vezes maior do que a existente nos ventrículos. Atuam sobre a frequência cardíaca (cronotropismo) e a velocidade de condução (dromotropismo).
- Automatismo (cronotropismo): capacidade de gerar os próprios estímulos elétricos, independentemente de influências extrínsecas.
- Condutibilidade (dromotropismo): condução do processo de ativação elétrica por todo o miocárdio.
- Excitabilidade (batmotropismo): capacidade que tem o miocárdio de reagir quando estimulado, reação que se estende por todo o órgão.
- Contratilidade (inotropismo): capacidade de se contrair ativamente como um todo, uma vez estimulada toda a musculatura.
- Distensibilidade (lusitropismo): capacidade de relaxamento global, que também é um processo ativo, dependente de gasto energético.
- Lei de Frank-Starling: o coração é capaz de bombear o volume que chega por causa do aumento da força de contração dentro dos limites fisiológicos. Quando o miocárdio desenvolve sua maior força, o comprimento dos sarcômeros varia entre 2,05 e 2,25 mcg e existe uma relação espacial bem definida entre os filamentos de miosina e actina.
- Pré-carga: volume presente no coração, antes da contração ser iniciada, ao final da diástole. Reflete o retorno venoso ao coração.
- Pós-carga: volume de sangue presente no coração após o início do processo contrátil. Sinônimo de pressão arterial sistêmica ou resistência vascular.
- Estresse parietal: desenvolve-se quando a tensão é aplicada sobre uma área seccional transversa (força por unidade de área). Corresponde à lei de Laplace.

Com esses conceitos, a assertiva II está incorreta, pois a fase diastólica é um processo ativo (lusitropismo) influenciado por efeitos beta-adrenérgicos.

3. d

O conhecimento da anatomia coronariana é importante para prever possíveis complicações na síndrome coronariana aguda. A anatomia coronariana normal é caracterizada por dois óstios localizados de maneira central, nos seios de Valsalva direito e esquerdo; usualmente, dividem-se em artéria descendente anterior (DA) e artéria circunflexa (Cx), ou poderão apresentar trifurcação (37% dos indivíduos – ramo intermédio). A artéria coronária direita atinge, em 85% da população, o *crux cordis*, dando origem à artéria para o nó atrioventricular e o ramo descendente posterior, caracterizando o padrão de dominância esquerda. Neste padrão, a artéria interventricular posterior se origina da Cx, algo que ocorre em 10% dos casos, ao passo que o padrão de codominância se responsabiliza pelos 15% restantes.

A insuficiência mitral aguda é uma complicação comum após um infarto agudo do miocárdio. Ocorre, em geral, entre 2 e 7 dias após o evento. São três os principais mecanismos fisiopatológicos envolvidos: dilatação do anel mitral secundária ao remodelamento do ventrículo esquerdo, disfunção do músculo papilar secundária à alteração da mobilidade segmentar da parede inferior e ruptura do músculo papilar. Nesse contexto, a regurgitação mitral pode ser classificada em aguda, com ou sem ruptura do músculo papilar, ou crônica.

A presença de IMi após o infarto piora o prognóstico dos pacientes de forma significativa. Em caso de ruptura do aparelho subvalvar, o papilar mais frequentemente envolvido é o posteromedial, por ser dependente de uma irrigação de origem única da CD ou da Cx. Com relação ao prognóstico, a evolução costuma ser muito mais grave na presença de ruptura completa do papilar, com taxa de mortalidade de 75% em 24 horas e de 95% em 48 horas. A ruptura incompleta tem melhor prognóstico, embora também tenha evolução grave. Mesmo no subgrupo de pacientes sem ruptura do papilar, a presença de IMi confere pior prognóstico. Nesses casos, a mortalidade em um ano é proporcional ao grau de regurgitação, alcançando 22% na IMi graus 1 e 2 e até 52% quando graus 3 e 4.

4. c

Trata-se de circulação colateral intercoronariana bem desenvolvida de múltiplas origens (a partir da artéria descendente anterior e da artéria circunflexa) para a coronária direita. A circulação colateral se caracteriza por uma rede de minúsculos braços anastomóticos que interliga a maioria das artérias coronárias. Em coronárias normais ou com doença moderada, esses vasos não são visualizados porque carreiam pouco sangue e apresentam diâmetro < 200 mcm. Com o desenvolvimento de obstruções significativas (70%), gera-se um gradiente de pressão entre a conexão dos vasos anastomóticos que se dilatam e tornam-se visíveis, porém os mesmos fatores de risco para doença arterial coronariana podem limitar o desenvolvimento de colaterais. Em quadros de infarto agudo de miocárdio com supradesnivelamento do segmento ST, pode haver desenvolvimento rápido de colaterais. Alguns estudos demonstraram que, em 6 horas, 50% dos pacientes apresentam circulação colateral visível e, após 24 horas, praticamente todos têm circulação colateral. Em pacientes estáveis, raramente a circulação colateral fornece aumento de fluxo sanguíneo adequado para atingir o MVO_2 do exercício físico máximo.

BIBLIOGRAFIA

Accili EA, Proenza C, Baruscotti M, Di Francesco D. From funny current to HCN channels: 20 years of excitation. N Physiol Sci. 2002;17:32-7.

Aklog L, Filsoufi F, Flores KQ, Chen RH, Cohn LH, Nathan NB, et al. Does coronary artery bypass grafting alone correct moderate ischemic mitral regurgitation? Circulation. 2001;104 (12 suppll):I68-I75.

Biel M, Ludwing A, Zong X, Hoffmann F. Hyperpolarization-activated cation channels a multi-gene family. Rev Phiosiol Biochem Pharmacol. 1999;136:165-81.

Brown HF, Di Francesco D, Noble SJ. How does adrenaline accelerate the heart? Nature. 1979;280:235-6.

Chevalier P, Burri H, Fahrat F, Cucherat M, Jegaden O, Obadia JF, et al. Perioperative outcome and long-term survival of surgery for acute post-infarction mitral regurgitation. Eur J Cardiothorac Surg. 2004;26:330-5.

Fefer P, Knudtson ML, Cheema AN, Galbraith PD, Osherov AB, Yalonetsky S, et al. Current perspectives on coronary chronic total occlusions: the Canadian multicenter chronic total occlusions registry. J Am Coll Cardiol. 2012;59:991-7.

Grossi EA, Goldberg JD, LaPietra A, Ye X, Zakow P, Sussman M, et al. Ischemic mitral valve reconstruction and replacement: comparison of long-term survival and complications. J Thorac Cardiovasc Surg. 2001;122:1107-24.

Iung B. Management of ischaemic mitral regurgitation. Heart. 2003;89:459-64.

Kass DA. Ventriculectomy. A direct application of Laplace's law. Arq Brasil Cardiol. 1996;401-2.

Kaupp UB, Seifert R. Molecular diversity of pacemaker ion channels. Ann Rev Physiol. 2001;63:235-57.

Maxwell M, Hearse D, Yellon D. Species variation in the coronary collateral circulation during regional myocardial ischaemia: a critical determinant of the rate of evolution and extent of myocardial infarction. Cardiovasc Res. 1987;21:737-46.

Pape HC. Queer current and pacemaker. The hyperpolarization-activated cation current in neurons. Ann Rev Physiol. 1996;58:299-327.

Piegas LS, Feitosa G, Mattos LA, Nicolau JC, Rossi, Neto JM, et al.; Sociedade Brasileira de Cardiologia. IV Diretriz da Sociedade Brasileira de Cardiologia sobre Tratamento do Infarto Agudo do Miocárdio com Supradesnível do Segmento ST. Arq Bras Cardiol. 2009;93(6 supl.2):e179-264.

Ruzyllo W, Ford F, Tendera M, Fox K. On behalf: the study investigators. Antianginal and ischaemic effects of the If current inhibitor ivabradine compared to amlodipine as monotherapies in patients with chronic stable angina. Randomised, controlled, double-blind trial. Eur Heart J. 2004;25(Supply):138.

Schaper W, Ito WD. Molecular mechanisms of coronary collateral vessel growth. Circ Res. 1996;79:911-9.

Seiler C. Collateral circulation of the heart. London: Springer; 2009.

Van de Werf F, Bax J, Betriu A, Blomstrom-Lundgvist C, Crea F, Falk V, et al. Management of acute myocardial infarction in patients presenting with persistent ST-segment elevation. Eur Heart J. 2008;29:2909-45.

Waldecker B, Wass W, Haberbosch W, Voss R, Wiecha J, Tillmanns H. Prevalence and significance of coronary collateral circulation in patients with acute myocardial infarct. Z Kardiol. 2002;91:243-8.

Watanabe J, Levine MJ, Bellotto F, Johnson RG, Grossman W. Effects of coronary venous pressure on left ventricular diastolic distensibility. Circ Res. 1990;67:923-32.

Willians PS, Warwick R, Dyson M, Bannister LH. Gray anatomia. 37.ed. Rio de Janeiro: Guanabara Koogan; 1995.

Zile MR, Brustsaert DL. New concept in diastolic dysfunction and diastolic heart failure: part I. Circulation. 2002;105:1387-93.

Zile MR, Brustsaert DL. New concept in diastolic dysfunction and diastolic heart failure: part II. Circulation. 2002;105:1503-8.

CAPÍTULO

4

PROPEDÊUTICA CARDIOVASCULAR

Vitor Pazolini
Whady Hueb

QUESTÃO 1

Mulher de 26 anos procura atendimento na 32ª semana de gestação com queixa de dispneia progressiva relacionada aos esforços na última semana. Ao exame clínico, apresenta-se em regular estado geral, corada, hidratada, com temperatura de 36,2°C, acianótica, saturação de oxigênio de 96% em ar ambiente, frequência respiratória de 24 ipm, sem uso de musculatura acessória, murmúrios vesiculares presentes bilateralmente sem ruídos adventícios, pulsos com amplitude normal, arrítmicos, frequência cardíaca ao redor de 128 bpm, pressão arterial de 118 × 76 mmHg, presença de estase jugular a 45°, pulso venoso jugular com ausência de onda a, *ictus* não palpável, B1 normofonética, B2 hiperfonética, som audível no início da diástole logo após B2 sugerindo o som TUM TA TRU, sem sopros, difícil palpação do fígado e edema de membros inferiores 2+/4+ com Godet. Qual é o diagnóstico mais provável?

- ☐ A Hipertireoidismo.
- ☐ B Comunicação interatrial.
- ☐ C Alterações fisiológicas da gestação.
- ☐ D Estenose mitral.
- ☐ E Tromboembolismo pulmonar.

QUESTÃO 2

Homem de 45 anos procura atendimento com queixa de dispneia progressiva aos esforços no último ano e um episódio de síncope após correr para alcançar o ônibus há 1 mês. Conta que o irmão faleceu subitamente aos 28 anos de idade por causa desconhecida. Ao exame físico apresenta-se em bom estado geral, corado, hidratado; pulso *bisferiens* digitiforme, frequência cardíaca de 82 bpm, pressão arterial de 128 × 70 mmHg, pulso venoso jugular com onda a gigante, *ictus* deslocado para a esquerda sustentado; presença de B4 e sopro rude em crescendo e decrescendo na borda esternal esquerda, sem irradiação para fúrcula, que diminui com manobra de *handgrip* e aumenta com Valsalva e sopro holossistólico regurgitativo mitral. Qual é o diagnóstico mais provável?

- ☐ A Estenose aórtica.
- ☐ B Comunicação interventricular.
- ☐ C Cardiomiopatia hipertrófica.
- ☐ D Insuficiência aórtica.
- ☐ E Hipertensão pulmonar primária.

QUESTÃO 3

Homem de 54 anos é atendido por dor precordial em aperto há 3 horas, com início ao repouso, acompanhada de náuseas, dispneia e sudorese. Há 1 hora, perdeu a consciência ao se levantar. Ao exame físico, apresenta-se em regular estado geral, com palidez cutânea, sudorese, pulsos finos, pressão arterial de 82 × 50 mmHg, frequência cardíaca de 110 bpm, estase jugular à inspiração profunda, ausculta cardíaca com bulhas hipofonéticas e sem sopros; ausculta pulmonar sem alterações e melhora da dispneia ao se deitar. Demais parâmetros do exame físico estão normais. Assinale o diagnóstico mais provável.

- ☐ A Tromboembolismo pulmonar.
- ☐ B Tamponamento cardíaco.
- ☐ C Pericardite aguda.
- ☐ D Síndrome coronariana aguda.
- ☐ E Valvopatia aguda.

QUESTÃO 4

Homem de 19 anos procura atendimento com queixa de dispneia aos esforços, palpitações e edema de tornozelo iniciados há 10 dias. Nega antecedentes patológicos. Ao exame físico, apresenta-se em bom estado geral, corado, hidratado, com temperatura de 37°C; frequência cardíaca de 112 bpm, pressão arterial de 102 × 60 mmHg, estase jugular a 45°, *ictus* de dimensões normais palpável no sexto espaço intercostal esquerdo discretamente desviado para a esquerda, B1 hipofonética, sopro holossistólico regurgitativo no foco mitral 2+/6+, B2 normofonética, sopro mesodiastólico em ruflar no foco mitral +/6+; murmúrios vesiculares presentes com estertores discretos em ambas as bases; fígado palpável a 2 cm do rebordo costal direito; edema +/4+ maleolar. Qual é o diagnóstico mais provável?

- ☐ A Endocardite infecciosa.
- ☐ B Pericardite infecciosa aguda.
- ☐ C Surto agudo de febre reumática.
- ☐ D Insuficiência cardíaca de alto débito em paciente com sequela valvar reumática.
- ☐ E Miocardite em paciente com sequela valvar reumática.

RESPOSTAS CORRETAS

A propedêutica cardiovascular contempla as estratégias para o diagnóstico das doenças relacionadas ao sistema cardiovascular. A anamnese minuciosa é responsável por cerca de dois terços de todos os diagnósticos médicos. Complementada pelo exame físico, a acurácia aumenta para cerca de 90%.

As informações possíveis de serem obtidas pela ausculta cardíaca, principalmente em relação à anatomia e à fisiologia, são fascinantes. A acurácia da ausculta, contudo, é determinada pela experiência do examinador e pode ser limitada por adversidades, como aumento da caixa torácica na obesidade e doença pulmonar obstrutiva. Logo, antes mesmo da utilização do estetoscópio no tórax, a obtenção de informações oriundas da avaliação dos pulsos arterial e venoso, pressão arterial, perfusão periférica, extremidades, caixa torácica, *ictus cordis* e impulsões cardíacas.

1. d

A dispneia durante o período gestacional apresenta diversas possibilidades diagnósticas. É habitual que a gestante apresente algum grau de dispneia decorrente das alterações fisiológicas da gestação, sobretudo no terceiro trimestre e na ocorrência de ganho de peso excessivo. Nesses casos, espera-se que o exame físico seja normal para a gestação.

Podem causar dispneia na gestante: anemia, distúrbios da tireoide, asma e outras doenças pulmonares, tromboembolismo pulmonar, cardiomiopatia periparto a partir do último mês de gestação até o quinto mês de puerpério, descompensação de doenças cardíacas preexistentes.

No caso em questão, trata-se de uma gestante com estenose mitral descompensada. A febre reumática é a principal etiologia observada no nosso meio. As manifestações clínicas da lesão valvar mitral ocorrem após cerca de 20 anos do surto reumático, tendo seu pico habitualmente na idade fértil da mulher. Hipervolemia e elevação da frequência e do débito cardíacos inerentes ao período gestacional predispõem aos sintomas de insuficiência cardíaca esquerda e direita, mesmo em pacientes previamente assintomáticas.

O aumento do átrio esquerdo decorrente da estenose mitral aumenta a incidência de fibrilação atrial, que é reconhecida no caso em questão pelo pulso e pela ausculta irregulares, bem como pela ausência de onda 'a' no pulso venoso jugular. A onda 'a' representa o aumento da pressão atrial direita durante a sístole atrial, imediatamente antes da primeira bulha (B1).

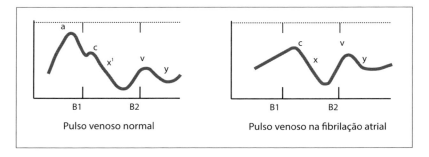

Pulso venoso normal | Pulso venoso na fibrilação atrial

A obesidade e o aumento das mamas dificultam a ausculta da área mitral. O posicionamento indispensável para a ausculta desse foco é o decúbito lateral esquerdo para aproximação do coração da parede torácica – manobra de Pachon. O estalido de abertura da mitral, reconhecido neste caso, é patognomônico da lesão reumática e ocorre no início da diástole logo após segunda bulha (B2) secundária ao espessamento da valva e/ou hiperfluxo.

2. C

O caso clínico da questão é de um paciente com cardiomiopatia hipertrófica (CMH). Essa doença acomete cerca de 0,2% da população geral, tem caráter genético, transmissão autossômica dominante e é a principal causa de morte súbita em jovens e atletas.
A palpação do pulso arterial deve ser realizada utilizando-se a polpa digital do segundo e terceiro dedos. Deve-se evitar usar a polpa do polegar por conta da possibilidade da percepção do próprio pulso oriundo das artérias que irrigam esta extremidade. À palpação do pulso radial, deve-se observar a amplitude, o formato de onda, a regularidade – regular, irregularmente regular, irregularmente irregular e frequência cardíaca – em 1 minuto consecutivo (evitar palpar por poucos segundos e fazer multiplicações para estimativa em 1 minuto).
O pulso arterial na CMH pode apresentar dois picos sistólicos: ascensão rápida no início da sístole, momento no qual ainda não há obstrução da via de saída, seguida de queda na mesossístole em razão da obstrução e nova elevação na telessístole.
A onda 'a' do pulso venoso pode encontrar-se aumentada na CMH em virtude da dificuldade de esvaziamento atrial pela hipertrofia septal e/ou do ventrículo direito.
A CMH e a cardiomiopatia dilatada podem cursar com *ictus* sustentados, caracterizados por fase inicial e final mais demoradas, podendo ser denominado *ictus* muscular. Em geral, este também está desviado para baixo e para a esquerda e com mais de duas polpas digitais. Não há relação direta entre a intensidade do *ictus* e a contratilidade miocárdica.

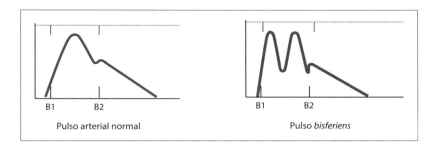

Pulso arterial normal | Pulso *bisferiens*

A quarta bulha (B4) é decorrente da desaceleração de sangue no ventrículo esquerdo (VE) durante a contração atrial no final da diástole em virtude da diminuição de complacência ventricular secundária à hipertrofia.

O sopro sistólico na CMH é decorrente do turbilhonamento do sangue na via de saída do VE por existência de gradiente de pressão entre o VE e a aorta (VE-Ao). O sopro diminui com *handgrip* (manobra que aumenta a resistência vascular periférica) e também na posição de cócoras (aumento do volume de sangue no VE) por diminuição do gradiente VE-Ao. De forma inversa, o sopro aumenta com a manobra de Valsava e em ortostase (diminuição do volume de sangue no VE) secundariamente ao aumento do gradiente de pressão VE-Ao.

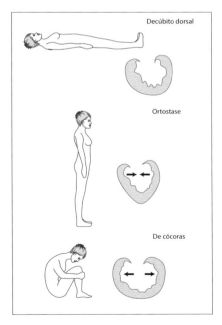

Figura 1 Alterações no enchimento ventricular em decúbito dorsal, ortostase e cócoras.

A regurgitação mitral ocorre pelo efeito Venturi, ou seja, a obstrução na via de saída do VE faz com que ocorra o movimento sistólico anterior da cúspide anterior da mitral contra o septo determinando refluxo de sangue do VE para o átrio esquerdo.

3. d

Trata-se de um paciente com síndrome coronariana aguda (SCA) – dor torácica definitivamente anginosa. O exame físico do indivíduo com SCA pode ser normal.

Neste caso, as alterações no exame são decorrentes do acometimento do ventrículo direito (VD). A restrição de enchimento ventricular direito isquêmico resulta em aumento da pressão venosa no átrio direito e na veia jugular, gerando estase jugular. No indivíduo normal, a inspiração profunda diminui a pressão intratorácica, reduzindo a pressão venosa jugular. No infarto de VD, ocorre acentuação da estase jugular à inspiração, uma vez que este ventrículo se encontra desadaptado para receber maior volume de sangue. O sinal de Kussmaul, como é denominado, pode ser observado também em casos de pericardite constritiva, hipertrofia de VD, estenose tricúspide, hipertensão pulmonar e, mais raramente, no tamponamento cardíaco.

O VD é uma câmara extremamente dependente de pré-carga para o bom funcionamento, fenômeno que se acentua durante a isquemia. Na posição ortostática, a diminuição do retorno venoso resulta em diminuição da pré-carga do VD, com consequentes diminuição do débito de VD e redução da pré-carga do ventrículo esquerdo (VE), culminando com hipofluxo cerebral e perda de consciência.

A melhora da dispneia em posição supina, denominada platipneia, ocorre por aumento do retorno venoso, com melhora do débito do VD e consequentemente, do VE.

O tratamento medicamentoso do infarto de VD tem o mesmo embasamento fisiopatológico, devendo ser evitadas medicações que reduzam a pré-carga, como nitrato e morfina, e administrados cristaloides intravenosos para aumento da pré-carga.

4. c

Trata-se de um paciente com surto agudo de febre reumática. A febre reumática é uma manifestação autoimune que pode ocorrer em cerca de 4% dos indivíduos com faringoamigdalite pelo estreptococo beta-hemolítico do grupo A *Streptococcus pyogenes* não tratada após 2 a 4 semanas. As manifestações podem ser: cardite (30 a 45%), artrite, coreia de Sydenham, eritema *marginatum* e nódulos subcutâneos.

A cardite reumática é decorrente de resposta inflamatória predominantemente celular, geralmente não associada a coreia, artrite e eritema *marginatum* (manifestações predominantemente humorais). Frequentemente é assintomática, dificultando o reconhecimento da doença. Na fase aguda, pode cursar com aumento transitório do volume cardíaco e valvulite aguda, gerando insuficiência mitral aguda representada por um sopro regurgitativo mitral, como no caso clínico em questão. Além disso, o espessamento inflamatório valvar associado ao aumento do volume de sangue no átrio esquerdo pode gerar um ruflar diastólico, chamado sopro de Carey-Coombs. A diferenciação com a estenose mitral reumática sequelar pode ser feita pelo quadro clínico, bem como pela ausência de hiperfonese de B1, estalido de abertura da mitral e reforço pré-sistólico. Outra manifestação possível é pericardite, reconhecida pelo atrito pericárdico e alterações eletrocardiográficas.

BIBLIOGRAFIA

Accorsi TAD, Machado FP, Grinberg M. Semiologia cardiovascular. In: Martins MA, Carrilho FJ, Alves VAF, Castilho EA, Cerri GG, Wen CL (eds.). Clínica médica. v. 2 Barueri: Manole; 2009. p. 9-44

Bickley LS, Szilagyi PG. Bates: propedêutica médica. Rio de Janeiro: Guanabara Koogan; 2010.

Fang JC, O'Gara PT. O histórico e o exame físico: Uma abordagem baseada em evidências. In: Libby P, Bonow RO, Mann DL, Zipes DP (eds.). Braunwald: tratado de doenças cardiovasculares. 8. ed. Rio de Janeiro: Elsevier; 2010.

Grinberg M, Sampaio RO. Doença valvar. Barueri: Manole; 2006.

Tarasoutchi F, Montera MW, Grinberg M, Barbosa MR, Piñeiro DJ, Sánchez CRM, et al. Diretriz Brasileira de Valvopatias – SBC 2011 / I Diretriz Interamericana de Valvopatias – SIAC 2011. Arq Bras Cardiol. 2011;97(5 Suppl 1):1-67.

CAPÍTULO

5

ENDOTÉLIO

Guilherme Fernandes Cintra
Marco Antonio Perin

QUESTÃO 1

A atividade física regular, com 30 a 60 minutos diários de exercício aeróbico, atua, sabidamente, na redução de eventos cardiovasculares em pacientes portadores de doença coronariana estável. Entre os benefícios está a modulação da função endotelial por meio dos seguintes mecanismos, exceto:

☐ A Estimulação da liberação do fatores de crescimento estimuladores de neoangiogênese com incremento da circulação colateral otimizando a perfusão miocárdica.

☐ B Regressão das placas ateroscleróticas.

☐ C Aumento do tônus catecolaminérgico.

☐ D Aumento da resposta vasodilatadora dependente do endotélio e melhora da perfusão da microcirculação coronariana.

☐ E Redução da apoptose.

QUESTÃO 2

Quando comparamos a heparina não fracionada (HNF) com as heparinas de baixo peso molecular (HBPM), observamos que as segundas se ligam com menor intensidade ao endotélio, às proteínas plasmáticas e às superfícies celulares. Com isso:

☐ A A HNF apresenta maior biodisponibilidade e meia-vida quando comparadas às HBPM.

☐ B As HBPM apresentam maior meia-vida, porém menor biodisponibilidade quando comparadas à HNF.

☐ C A HNF apresenta maior meia-vida, porém menor biodisponibilidade quando compara às HBPM.

☐ D Ambas apresentam meia-vida e biodisponibilidade semelhantes, com a vantagem das HBPM terem efeito seletivo sobre o fator Xa.

☐ E As HBPM apresentam maior biodisponibilidade e meia-vida quando comparadas às HNF.

QUESTÃO 3

No processo de estabilização e regressão das placas ateroscleróticas, observamos os fenômenos listados a seguir, exceto:

☐ A Aumento da expressão de moléculas endoteliais aderentes à selectina.

☐ B Remoção de conteúdo lipídico e necrótico da placa aterosclerótica.

☐ C Aumento rápido dos níveis de HDL-colesterol.

☐ D Redução do tônus inflamatório e trombogênico.

☐ E Incremento do conteúdo de colágeno da placa aterosclerótica.

QUESTÃO 4

Um dos efeitos benéficos do HDL-colesterol no endotélio é:

☐ A O aumento da fixação de moléculas de adesão e monócitos.

☐ B O aumento da resposta a estímulos adrenérgicos.

☐ C A estimulação da liberação de óxido nítrico.

☐ D O adelgaçamento da superfície da placa aterosclerótica.

☐ E A oxidação e a fixação de moléculas de LDL-colesterol.

RESPOSTAS CORRETAS

O endotélio constitui a camada interna das células dos vasos sanguíneos, e pode ser considerado o maior órgão endócrino do corpo, uma vez que é responsável pela produção de substâncias com importantes características moduladores da hemostasia, além de funções hormonais, bem como atividade vasoconstritora/vasodilatadora, formação de novos vasos sanguíneos e reparação dos vasos danificados.

As células endoteliais compõem a camada íntima dos vasos sanguíneos e, além da função de revestimento, já que constituem uma membrana semipermeável, que regula a entrada e saída de moléculas, apresenta também funções fisiológicas de síntese e metabolismo de substâncias variadas. Ele também é responsável pela modulação de diversas funções na fisiologia humana, como participação na inflamação, na coagulação e no controle de fluxo sanguíneo local.

Os mecanismos responsáveis por deflagrar eventos coronarianos durante a atividade física vigorosa decorrem do aumento da atividade simpática e da maior liberação de catecolaminas, adesão e ativação plaquetárias (levando a risco de eventos tromboembólicos), alterações eletrolíticas por elevação do potássio (servindo de gatilho para taquiarritmias ventriculares) e complicações, como isquemia subendocárdica, levando à ruptura da placa aterosclerótica.

Exemplos da atividade bioquímica do endotélio são ações relacionadas a substâncias vasoativas como a angiotensina I e II, bradicinina, serotonina e noradrenalina. Age também na formação de prostaglandinas, na produção de antígenos e no processo de coagulação sanguínea. Como exemplos de substâncias vasodilatadoras produzidas pelo epitélio, podem ser citados a prostaciclina e o óxido nítrico.

1. c

Na última década, a prática de atividade física passou a ser recomendada como parte da intervenção primária e secundária na prevenção da doença arterial coronariana (DAC) estável por proporcionar melhora na capacidade funcional (classe I), atenuando a angina em repouso (classe I), com melhora na gravidade da isquemia induzida pelo esforço (classe IIa), além de redução de alguns fatores de risco cardiovasculares (classe IIa). Os mecanismos propostos e descritos para os benefícios do exercício físico na DAC são: incremento da função endotelial, regressão da placa aterosclerótica, formação e aumento de fluxo da circulação colateral, vasculogênese, remodelamento e diminuição da apoptose.

Existem vários benefícios fisiológicos elicitados pelo exercício em pacientes com DAC estável:

I. Grau de recomendação: I.
- » Melhora da angina em repouso.
- » Melhora da capacidade funcional.

II. Grau de recomendação: IIa.
- » Atenuação da gravidade da isquemia induzida pelo esforço.
- » Controle de alguns fatores de risco para doença cardiovascular (CV).

III. Grau de recomendação: IIa, nível de evidência B.
- » Treinamento físico associado a uma dieta pobre em gorduras pode reduzir a progressão da placa ateromatosa após 1 ano de acompanhamento.

A melhora da isquemia miocárdica decorre do aumento do volume sistólico (nível A), atenuação da taquicardia durante o exercício para cargas submáximas de esforço (nível B), melhora da resposta vasodilatadora dependente do endotélio (nível B) e aumento da perfusão na microcirculação coronariana (nível B).

Os mecanismos responsáveis por deflagrar eventos coronarianos durante a atividade física vigorosa decorrem do aumento da atividade simpática e de maior liberação de catecolaminas, adesão e ativação plaquetárias (levando a risco de eventos tromboembólicos), alterações eletrolíticas por elevação do potássio (servindo de gatilho para taquiarritmias ventriculares) e complicações como isquemia subendocárdica, levando a ruptura da placa ou possível erosão da placa, fatos implicados como causas imediatas de eventos relacionados ao exercício em adultos.

2. e

Tipicamente, as heparinas de baixo peso molecular (HBPM) são compostas com peso molecular entre 2.000 e 10.000 daltons, a partir da heparina não fracionada (HNF) que possui de 5.000 a 30.000 daltons. As HBPM têm como característica comum, embora em grau variável, a capacidade de ligar-se preferencialmente ao fator Xa (e menos ao fator II), inativando-o. Essa característica lhes confere a singular capacidade de exercer efeito antitrombótico sem alterar substancialmente (a não ser em altas doses) os testes de coagulação usualmente empregados para monitorar o efeito terapêutico da HNF.

Outra diferença marcante é derivada do fato de as HBPM não se ligarem às proteínas plasmáticas nem às superfícies celulares (plaquetas, macrófagos e osteoblastos) e ao endotélio de forma tão intensa quanto a HNF. Dessa forma, a HBPM, quando administrada por via subcutânea, apresenta maiores biodisponibilidade e meia-vida em relação à HNF.

3. a

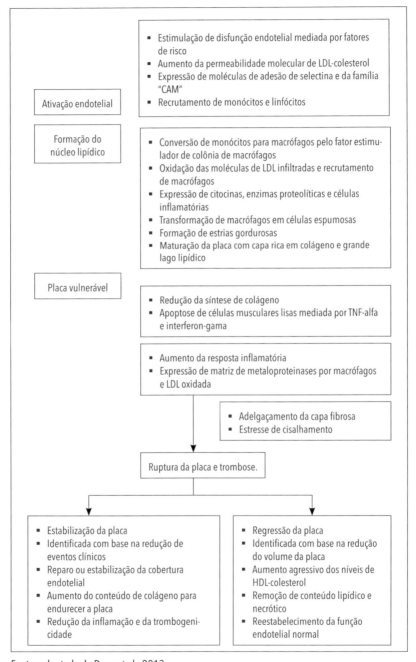

Fonte: adaptada de Dave et al., 2013.

4. c

As partículas de HDL são formadas no fígado, no intestino e na circulação e seu principal conteúdo proteico é representado por apo-AI e apo-AII. O colesterol livre da HDL, recebido das membranas celulares, é esterificado por ação da lecitina-colesterolaciltransferase (LCAT). A apo-AI, principal proteína de HDL, é cofator dessa enzima. O processo de esterificação do colesterol, que ocorre principalmente em HDL, é fundamental para a estabilização e o transporte no plasma, no centro dessa partícula. O HDL transporta o colesterol até o fígado, local em que é captado pelos receptores SR-B1 – o circuito de transporte do colesterol dos tecidos periféricos para o fígado é denominado transporte reverso do colesterol. Nesse transporte, é importante a ação do complexo ATP *binding cassete* A1 (ABC-A1), que facilita a extração do colesterol da célula pelaspartículas de HDL. O HDL também tem outras ações que contribuem para a proteção do leito vascular contra a aterogênese, como a remoção de lípides oxidados da LDL, a inibição da fixação de moléculas de adesão e monócitos ao endotélio e a estimulação da liberação de óxido nítrico. Além das diferenças em tamanho, densidade e composição química, as lipoproteínas podem diferir entre si pela modificação *in vivo* por oxidação, glicação ou dessialização. Essas modificações influenciam seu papel no metabolismo lipídico e no processo aterogênico.

BIBLIOGRAFIA

Dave T, Ezhilan J, Vasnawala H, Somani V. Plaque regression and plaque stabilisation in cardiovascular diseases. Indian J Endocrinol Metab. 2013;17(6):983-9.

Ghorayeb N, Costa RVC, Castro I, Daher DJ, Oliveira Filho JA, Oliveira MAB; Sociedade Brasileira de Cardiologia. Diretriz em cardiologia do esporte e do exercício da Sociedade Brasileira de Cardiologia e da Sociedade Brasileira de Medicina do Esporte. Arq Bras Cardiol. 2013;100(1 Suppl 2):1-41.

Nicolau JC, Timerman A, Marin-Neto JA, Piegas LS, Barbosa CJDG, Franci A; Sociedade Brasileira de Cardiologia. Diretrizes da Sociedade Brasileira de Cardiologia sobre Angina Instável e Infarto Agudo do Miocárdio sem Supradesnível do Segmento ST. Arq Bras Cardiol. 2014;102(3 Suppl 1):1-61.

Xavier HT, Izar MC, Faria Neto JR, Assad MH, Rocha VZ, Sposito AC, et al.; Sociedade Brasileira de Cardiologia. V Diretriz Brasileira de Dislipidemias e Prevenção da Aterosclerose. Arq Bras Cardiol. 2013;101(4 Suppl 1):1-20.

CAPÍTULO

6

HIPERTENSÃO ARTERIAL SISTÊMICA

André Grossi Dantas
Juliano Novaes Cardoso

QUESTÃO 1

São medidas para redução da pressão arterial:

☐ A Dieta pobre em sódio e cálcio, rica em magnésio.

☐ B Dieta rica em potássio, redução de peso e da ingestão de álcool.

☐ C Atividade física regular, abandonar o tabagismo, reduzir ingestão de cafeína, dieta vegetariana.

☐ D Técnicas de relaxamento, dieta pobre em cálcio e magnésio.

☐ E Todas as anteriores estão corretas.

QUESTÃO 2

Paciente do sexo masculino, 50 anos, apresenta pressão arterial (PA) 170 × 100 mmHg. Qual é a classificação da pressão arterial deste paciente?

☐ A Pressão arterial normal.

☐ B Hipertensão estágio 1.

☐ C Hipertensão estágio 2.

☐ D Hipertensão estágio 3.

☐ E Pressão arterial limítrofe.

QUESTÃO 3

De acordo com a diretriz de HAS da European Society of Cardiology (ESC) de 2013, para um paciente diabético que apresenta PA 180 × 110 mmHg deve-se:

- ☐ A Iniciar medidas dietéticas e avaliá-lo novamente em uma semana.
- ☐ B Solicitar MAPA para confirmar HAS.
- ☐ C Iniciar medicamento para HAS e ter como alvo PA < 140 × 90 mmHg.
- ☐ D Iniciar medicamento para HAS e ter como alvo PA < 130 × 80 mmHg.
- ☐ E Iniciar medicamento para HAS e ter como alvo PA < 120 × 80 mmHg.

QUESTÃO 4

Paciente do sexo masculino, 60 anos de idade, sedentário, apresenta no exame físico PA de 155 × 100 mmHg, frequência cardíaca de 90 bpm e no ecocardiograma FEVE 40%. Está em classe funcional II da NYHA. Este paciente deve receber qual medicação anti-hipertensiva para controle da HAS e que também modificará a mortalidade em razão da insuficiência cardíaca?

- ☐ A Diurético e bloqueador dos canais de cálcio.
- ☐ B Betabloqueador e diurético.
- ☐ C Diurético e inibidor da enzima conversora da angiotensina (IECA).
- ☐ D IECA e betabloqueador.
- ☐ E Bloqueador dos canais de cálcio e betabloqueador.

RESPOSTAS CORRETAS

A hipertensão arterial é o mais importante fator de risco para doença cardiovascular e atinge mais de 36 milhões de brasileiros adultos, participando direta ou indiretamente de 50% das mortes por doenças cardiovasculares. A associação entre a hipertensão e o risco de doença cardíaca é diretamente proporcional e a doença está relacionada à ocorrência de insuficiência cardíaca, acidente vascular encefálico (AVE), insuficiência renal e doença arterial coronariana, entre outras. A elevação da pressão arterial é a principal causa para o desenvolvimento da aterogênese e a complicação aterosclerótica em órgãos-alvo é de duas a quatro vezes mais frequente em hipertensos do que em normotensos da mesma faixa etária. Um dos maiores registros de insuficiência cardíaca do mundo, o Adhere, revelou que a história de hipertensão arterial esteve presente em 73% dos pacientes que internaram com insuficiência cardíaca descompensada.

Há inúmeros fatores de risco para a hipertensão arterial, entre eles idade avançada, etnia afrodescendente, menor nível socioeconômico, obesidade, sedentarismo, tabagismo, dieta com excesso de sal e consumo excessivo de álcool. Identificar esses pacientes com fatores de risco e aqueles com hipertensão arterial já estabelecida é de suma importância para que o paciente não tenha evolução para as doenças crônicas já citadas. Mudança do estilo de vida, dieta balanceada e atividade física são os pilares para o tratamento não farmacológico do paciente hipertenso. Já o tratamento medicamentoso engloba uma gama de medicamentos que são muito efetivos e que devem ser escolhidos de forma individualizada. A última diretriz europeia sugere um esquema interessante e prático para a associação de hipotensores quando for o caso (Figura 1).

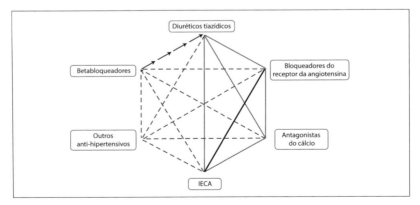

Figura 1 Fluxograma de sugestão para a associação de anti-hipertensivos da diretriz de HAS da ESC. Linha cinza contínua: associações preferenciais; linha preta com setas: associação útil (com algumas limitações); linha cinza tracejada: associações possíveis porém não muito testadas; linha preta contínua: associação não recomendada

1. b

Não se deve restringir a ingestão de cálcio no hipertenso. Sua dieta deve ser com restrição de sódio, mas rica em potássio e cálcio. Redução calórica nos obesos, exercício físico regular, interrupção do tabagismo e redução da ingestão de álcool são medidas importantes para o paciente hipertenso.

Mudanças no estilo de vida são indicadas para quase todos os pacientes. Os hábitos de vida prejudiciais são onipresentes nos portadores de hipertensão arterial sistêmica (HAS) e contribuem de maneira significativa para o desenvolvimento da doença. Múltiplas modificações nos hábitos de vida podem diminuir a pressão arterial e reduzir a incidência e a mortalidade por infarto agudo do miocárdio (IAM) e AVE.

O consumo de tabaco é um importante fator de risco cardiovascular. Parte deste risco advém do efeito pressórico da nicotina, em razão do aumento da estimulação simpática, levando à maior rigidez arterial. Outros efeitos nocivos do cigarro incluem resistência à insulina, obesidade visceral e efeito negativo na progressão da nefropatia. A perda de peso é quase sempre acompanhada por queda na pressão arterial, independentemente da dieta utilizada para tal objetivo. Assim como o aumento da atividade física, que, além de adjuvante na perda ponderal, reduz a incidência de HAS e diabete melito (DM) e tem efeito cardioprotetor, o consumo excessivo de calorias e sódio está relacionado ao desenvolvimento de HAS. A baixa ingestão de frutas e a dieta pobre em potássio também estão implicadas no risco de desenvolvimento de HAS. Modestas reduções na ingestão de sódio têm efeito redutor da pressão arterial. Estudos controlados em que houve redução do consumo diário de sódio demonstraram redução da pressão arterial sistólica (PAS) e da pressão arterial diastólica (PAD). Nem todos os hipertensos respondem à redução de sódio na dieta, mas mesmo que não haja queda nos níveis pressóricos, ainda há efeitos benéficos cardiovasculares e não cardiovasculares. A maior ingestão de potássio é capaz de reduzir a pressão arterial e a principal fonte são as frutas e os vegetais, o que também reduz a incidência de AVE. A suplementação de cálcio pode, também, ter efeito no controle pressórico.

A dieta Dash, que prevê baixa ingestão de sódio e gordura saturada e aumento no consumo de potássio, cálcio e fibras, tem efeito significativo na redução da pressão arterial. O consumo de álcool em pequenas quantidades traz benefícios cardiovasculares, mas o consumo em altas doses é deletério. A ingestão diária de duas doses de álcool para os homens e uma para as mulheres está relacionada à redução no risco de coronariopatia, insuficiência cardíaca, AVE, DM e demência; no entanto, não há consenso quanto ao estímulo ao consumo regular de bebidas alcoólicas com a finalidade de redução do risco cardiovascular.

2. c

O diagnóstico de HAS pode ser realizado pela medida da pressão arterial no consultório ou pela monitorização ambulatorial da pressão arterial de 24 horas (Mapa). No consultório, a primeira avaliação deve conter medidas obtidas em ambos os braços e, em caso de diferença, utilizar como referência o membro com o maior nível pressórico. Caso esta diferença ultrapasse 20 mmHg na PAS ou 10 mmHg na PAD, o paciente deve ser investigado para doenças arteriais. Nas consultas subsequentes, deverão ser realizadas pelo menos três medidas, com intervalo de 1 minuto entre as aferições; a média das duas últimas deve ser considerada a pressão arterial do indivíduo. A posição recomendada é a sentada e deve-se medir a pressão arterial nas posturas supina e ortostática na primeira avaliação de todos os pacientes e em todas as consultas de pacientes idosos, diabéticos, alcoolistas e portadores de disautonomia.

A Mapa é o método que permite o registro indireto e intermitente da pressão arterial durante as 24 horas, enquanto o paciente realiza as suas atividades habituais, durante os períodos de vigília e sono. É capaz de identificar as alterações do ciclo circadiano da pressão arterial, sobretudo as alterações durante o sono, que têm implicações prognósticas. Esse método é superior à medida em consultório para predizer eventos clínicos como IAM, AVE, insuficiência renal e retinopatia.

Quanto à classificação de HAS, os níveis pressóricos considerados normais são arbitrários. Valores de PAS $\geq$ 140 mmHg e/ou de PAD $\geq$ 90 mmHg medidos em consultório definem o diagnóstico. A hipertensão sistólica isolada é definida como comportamento anormal da PAS, com PAD normal; esta é considerada importante fator de risco para doenças cardiovasculares em idosos.

A hipertensão "do jaleco branco" é definida quando o paciente se apresenta com medidas elevadas da pressão arterial em consultório, mas as médias da pressão arterial na residência ou na Mapa são normais. O efeito do jaleco branco, no entanto, é a diferença de pressão obtida no consultório e fora dele; os valores para a caracterização desse efeito são diferença > 20 mmHg na PAS e/ou > 10 mmHg na PAD. É definida como hipertensão mascarada a situação em que o paciente apresenta-se normotenso em consultório, mas com pressão arterial elevada pela Mapa. A Tabela 1 apresenta a classificação da PA segundo as diretrizes brasileiras.

Tabela 1 Classificação da pressão arterial de acordo com a medida casual no consultório (> 18 anos)

Classificação	PAS (mmHg)	PAD (mmHg)
Ótima	< 120	< 80
Normal	<130	< 85
Limítrofe*	130-139	85-89
Hipertensão estágio 1	140-159	90-99
Hipertensão estágio 2	160-179	100-109
Hipertensão estágio 3	≥ 180	≥ 110
Hipertensão sistólica isolada	≥ 140	< 90

Quando as pressões sistólica e diastólica situam-se em categorias diferentes, a maior deve ser utilizada para classificação da pressão arterial. PAD: pressão arterial diastólica; PAS: pressão arterial sistólica.
* Pressão normal-alta ou pré-hipertensão são termos que se equivalem na literatura.

3. c

De acordo com a diretriz de HAS da European Society of Cardiology, são considerados hipertensos os pacientes que se apresentam com PAS ≥ 140 mmHg e/ou PAD ≥ 90 mmHg. A PA considerada ótima é: PAS < 120 mmHg e a PAD < 80 mmHg; a considerada normal inclui PAS de 120 a 129 mmHg e/ou PAD de 80 a 84 mmHg; valores de PAS entre 130 e 139 mmHg e/ou de PAD entre 85 e 89 mmHg são considerados limítrofes. A hipertensão estágio I é aquela cujos valores de PAS variam entre 140 e 159 mmHg e/ou de PAD, 90 e 99 mmHg; estágio II é definida como PAS entre 160 e 179 mmHg e/ou PAD entre 100 e 109 mmHg; estágio III é diagnosticado com níveis de PAS ≥ 180 mmHg e/ou de PAD ≥ 110 mmHg. A hipertensão sistólica isolada é definida quando o paciente apresenta níveis de PAS ≥ 140 mmHg e níveis de PAD < 90 mmHg.

Desde 1994, a ESC recomenda que a prevenção de doença arterial coronariana seja relacionada ao risco cardiovascular global, haja visto que a maioria dos pacientes hipertensos apresenta mais de um fator de risco cardiovascular, o que eleva o risco de doença arterial coronariana. Além disso, o tratamento torna-se individualizado, de acordo com o risco cardiovascular global do hipertenso.

São considerados fatores de risco cardiovascular: sexo masculino; idade ≥ 55 anos para os homens e ≥ 65 anos para as mulheres; tabagismo; dislipidemia (colesterol total > 190 mg/dL e/ou LDL > 115 mg/dL e/ou HDL < 40 mg/dL em homens e < 46 mg/dL em mulheres e/ou triglicerídeos > 150 mg/dL); glicemia em jejum entre 102 e 125 mg/dL; teste de tolerância oral à glicose alterado; obesidade (IMC ≥ 30 kg/m²); circunferência abdominal ≥ 102 cm nos homens e ≥ 88 cm nas mulheres; história familiar de doenças cardiovasculares precoces (homens < 55 anos e mulheres < 65 anos); DM; doença cardiovascular estabelecida (AVE isquêmico ou hemorrágico, ataque isquêmico transitório (AIT), IAM, angina, revascularização miocárdica prévia); IRC (insuficiência renal crônica); IC (insuficiência cardíaca); DPOC (doença pulmonar obstrutiva crônica); retinopatia; lesões assintomáticas de órgãos-alvo (hipertrofia ventricular, espessamento ou placas carotídeas, índice tornozelo-braquial < 0,9, microalbuminúria).

De acordo com o grau de HAS e a quantidade de fatores de risco cardiovasculares determina-se o tratamento ao qual será submetido determinado paciente. Para todos eles, deve-se estimular mudanças nos hábitos de vida.

4. d

A hipertensão arterial é uma das principais etiologias para o desenvolvimento da insuficiência cardíaca (IC). O tratamento da IC é baseado em medicamentos que melhoram os sintomas, como diuréticos e digitálicos, e nos medicamentos que, além de melhorar os sintomas, reduzem a mortalidade. Estudos demonstram que a utilização de fármacos que bloqueiam o sistema neuro-hormonal, como os inibidores da enzima conversora da angiotensina (IECA), bloqueadores dos receptores da angiotensina (BRA), betabloqueadores e antagonistas dos receptores mineralocorticoides (espironolactona e eplerenona), promovem redução da morbidade e mortalidade na IC. Além desses, o uso da hidralazina associada a nitrato também melhora a mortalidade. Recentemente, foram apresentados no Congresso Europeu de Cardiologia os resultados do estudo Paradigm-HF, que testou uma nova droga para IC, o LCZ696 (inibidor da neprelisina associada à valsartana), que reduziu a mortalidade comparada ao enalapril. Essa droga ainda não está disponível no mercado, mas deve estar presente em breve.

Os betabloqueadores são a principal classe de medicamentos para o tratamento da IC. A indicação é fundamentada em inúmeros ensaios clínicos que demonstraram que, associados aos IECA, reduzem ainda mais a morbidade e a mortalidade decorrentes da doença. A redução de mortalidade observada é superior a 30%, valor duas vezes superior ao observado com os IECA. Essa significativa redução é um dos fatores que transformaram os betabloqueadores no principal medicamento do tratamento da IC.

Quatro betabloqueadores tiveram a efetividade comprovada para o tratamento da IC: bisoprolol, carvedilol, nebivolol e succinato de metoprolol.

A evolução do paciente é importante para o prognóstico. A redução dos sintomas é um forte indicativo de que o paciente está melhorando e que, portanto, seu tratamento está sendo efetivo. Pacientes em classe funcional II vivem mais e melhor do que os em classe funcional III ou IV. Os pacientes apresentam remodelação ventricular com dilatação cardíaca crescente, com redução cada vez maior da fração de ejeção. Um tratamento eficaz deve reverter a remodelação cardíaca. Essa reversão foi demonstrada nos estudos com IECA, BRA, espironolactona e betabloqueadores. A não reversão pode sinalizar que as doses dos fármacos prescritos são insuficientes ou que a gravidade da doença é tão grande que o paciente não responde como desejado ao esquema proposto. A dosagem do peptídeo natriurético tipo B (BNP ou do Pro-BNP) foi testada no acompanhamento de pacientes e avaliada como exame capaz de orientar se o tratamento estava sendo eficaz. No estudo Star-BNP, o tratamento guiado pelos níveis de BNP foi mais eficaz na redução de eventos do que o tratamento guiado somente por parâmetros clínicos. Os pacientes que tiveram o tratamento guiado com base nos níveis de BNP receberam doses mais elevadas de diuréticos, IECA e betabloqueadores e foram menos reinternados do que os tratados somente com base em dados exclusivamente clínicos. Os resultados dos estudos randomizados que compararam a eficácia do conhecimento ou não dos níveis do BNP/Pro-BNP para orientar a necessidade de incrementar o tratamento da IC, no entanto, não tiveram resultados homogêneos e nem todos documentaram tal vantagem.

Em uma doença como a IC, que tem características malignas e que pode reduzir muito a qualidade de vida e aumentar a mortalidade, o tratamento bem orientado é fundamental para reverter esses aspectos. Além disso, devem ser tratadas as doenças de base, entre elas a hipertensão para evitar o aparecimento e a evolução da IC.

BIBLIOGRAFIA

2013 ESH/ESC Guidelines for the Management of Arterial Hypertension. Eur Heart J. 2013;34:2159-219.

Bocchi EA, Marcondes-Braga FG, Bacal F, Ferraz AS, Albuquerque D, Rodrigues D, et al.; Sociedade Brasileira de Cardiologia. Atualização da Diretriz Brasileira de Insuficiência Cardíaca Crônica – 2012. Arq Bras Cardiol. 2012;98(1 Suppl 1):1-33.

Bonow RO, Mann DL, Zipes DP, Libby P (eds.). Braunwald's heart disease: a textbook of cardiovascular medicine. 9. ed. Philadelphia: Elsevier; 2012.

de Paola AAV, Barbosa MM, Guimarães JI (eds.). Cardiologia: livro-texto da Sociedade Brasileira de Cardiologia. Barueri: Manole; 2012.

McMurray JJ, Adamopoulos S, Anker SD, Auricchio A, Böhm M, Dickstein K, et al.; ESC Committee for Practice Guidelines. ESC guidelines for the diagnosis and treatment of acute and chronic heart failure 2012: The Task Force for the Diagnosis and Treatment of Acute and Chronic Heart Failure 2012 of the European Society of Cardiology. Developed in collaboration with the Heart Failure Association (HFA) of the ESC. Eur Heart J. 2012;33(14):1787-847.

McMurray JJV, Packer M, Desai AS, Gong J, Lefkowitz MP, Rizkala AR. Angiotensin–neprilysin inhibition versus enalapril in heart failure – for the PARADIGM-HF Investigators and Committees. N Engl J Med. 2014;371:993-1004.

Sociedade Brasileira de Cardiologia; Sociedade Brasileira de Hipertensão; Sociedade Brasileira de Nefrologia. VI Diretrizes Brasileiras de Hipertensão. Arq Bras Cardiol. 2010;95(1 supl.1):1-51.

Yancy CW, Jessup M, Bozkurt B, Butler J, Casey DE Jr, Drazner MH, et al.; American College of Cardiology Foundation; American Heart Association Task Force on Practice Guidelines. 2013 ACCF/AHA guideline for the management of heart failure: a report of the American College of Cardiology Foundation/American Heart Association Task Force on Practice Guidelines. J Am Coll Cardiol. 2013;62(16):e147-239.

CAPÍTULO

7

DISLIPIDEMIAS

Cássio Carvalho Soeiro Machado
Roberto Rocha Giraldez
Felipe Gallego Lima

QUESTÃO 1

Afirmações sobre as apolipoproteínas incluem todas as a seguir, exceto:

☐ A Apo AI é um dos principais componentes da lipoproteína de alta densidade.
☐ B Apo B48, sintetizada pelo intestino delgado, e Apo B100, secretada pelo fígado, são sintetizadas por dois genes distintos.
☐ C Apo B100 é a principal apoproteína nas lipoproteínas de baixa densidade.
☐ D Apo(a) inibe a ativação do plasminogênio.
☐ E A hiperlipoproteinemia tipo III é um distúrbio da apoproteína E.

QUESTÃO 2

Considere uma mulher de 58 anos, hígida, não tabagista, que se apresenta no consultório com exame físico normal, pressão arterial sistólica de 128 mmHg, e com os seguintes resultados nos exames laboratoriais: colesterol total = 252 mg/dL, HDL = 67 mg/dL, LDL = 161 mg/dL. De acordo com a V Diretriz Brasileira de Dislipidemias e Prevenção de Aterosclerose, esta paciente é considerada de:

☐ A Risco muito baixo para eventos cardiovasculares.
☐ B Risco baixo para eventos cardiovasculares.
☐ C Risco intermediário para eventos cardiovasculares.
☐ D Risco alto para eventos cardiovasculares.
☐ E Risco muito alto para eventos cardiovasculares.

QUESTÃO 3

Considerando-se o risco da paciente da questão anterior, qual deve ser a meta de tratamento, de acordo com a V Diretriz Brasileira de Dislipidemias e Prevenção de Aterosclerose?

☐ A LDL < 70 mg/dL.
☐ B HDL > 50 mg/dL.
☐ C LDL < 130 mg/dL.
☐ D Não existe meta específica.
☐ E LDL < 100 mg/dL.

QUESTÃO 4

Sobre os efeitos colaterais das estatinas, assinale a alternativa correta:

☐ A O efeito colateral mais comum é a toxicidade hepática.
☐ B A miopatia por estatina está relacionada com a dose do medicamento.
☐ C Cerca de 25% dos pacientes apresentam aumento das transaminases superior a três vezes o limite superior com o uso de estatina.
☐ D A miopatia por estatina pode surgir semanas ou anos após o início do tratamento.
☐ E O uso de estatinas está contraindicado a pacientes com doença hepática crônica.

RESPOSTAS CORRETAS

Estima-se que aproximadamente 40% da população mundial possua alguma forma de dislipidemia. Essa estimativa assume grande importância na medida em que há íntima relação entre hipercolesterolemia e o desenvolvimento de doença aterosclerótica, que ainda figura como doença de altas morbidade e mortalidade em todo o mundo.

Apesar de a maioria das dislipidemias ser decorrente da interação entre o genótipo e o meio ambiente, algumas doenças ou uso de medicamentos podem estar envolvidos na gênese desse distúrbio, como: diabete melito, obesidade, alcoolismo, hipotireoidismo, doença renal crônica, uso de betabloqueadores e corticosteroides.

Os principais lípides que constituem o organismo são: fosfolípides, que compõem a estrutura básica da membrana celular; ácidos graxos, utilizados como fonte de energia celular; triglicérides, utilizados como reserva energética depositada no tecido adiposo e no tecido muscular; colesterol, que forma as membranas celulares e é precursor de alguns hormônios, sais biliares e vitamina D.

As dislipidemias primárias podem ser classificadas genotipicamente (mono ou poligênicas) ou fenotipicamente por análises bioquímicas. A classificação fenotípica compreende quatro tipos principais:

1. Hipercolesterolemia isolada: elevação isolada do colesterol (LDL > 160 mg/dL).
2. Hipertrigliceridemia isolada: elevação isolada de triglicerídeos (> 150 mg/dL).
3. Hiperlipidemia mista: aumento do colesterol total e triglicérides.
4. HDL baixo: isolado ou em associação com outras dislipidemias (< 40 mg/dL em homens e < 50 mg/dL em mulheres).

1. b

Além da densidade após a centrifugação (muito baixa, baixa, intermediária e alta), as lipoproteínas diferem entre si em tamanho e presença de apolipoproteínas. Estas possuem várias funções, incluindo suporte estrutural, reconhecimento de receptores e, em alguns casos, atividade enzimática.

Apo AI é a principal proteína na lipoproteína de alta densidade (HDL) que está inversamente correlacionada com evidências arteriográficas de doença coronariana. A proteína Apo AI também ativa a lecitina-colesterol acetiltransferase (LCAT), enzima que permite que partículas de HDL convertam o colesterol obtido nos tecidos em éster de colesterol, etapa importante na via de transporte reverso do colesterol.

A Apo B é a principal apoproteína das partículas aterogênicas constituídas pelas lipoproteínas VLDL, IDL e LDL. As duas formas da apoproteína B (Apo B48 e Apo B100) se originam a partir de um único gene que demonstra um mecanismo que permite a síntese de ambas as proteínas. Apo B100 é a apoproteína primária da lipoproteína de baixa densidade (LDL), que permite o reconhecimento da partícula pelo receptor LDL nas superfícies das células.

A apoproteína E pode ser encontrada nas partículas de lipoproteínas de densidade muito baixa (VLDL), bem como nos quilomícrons, nas partículas de lipoproteína de densidade intermediária (IDL) e, em menor extensão, HDL. A maioria dos pacientes com hiperlipoproteinemia tipo III é homozigota para o genótipo da apoproteína E2. Este distúrbio se caracteriza por aterosclerose prematura e são notáveis hipercolesterolemia e hipertrigliceridemia decorrentes do aumento nas populações de IDL e/ou VLDL. Manifestações clínicas incluem xantomas tuberais e xantomas estriados palmares.

Além de ter uma estrutura semelhante à LDL, a lipoproteína(a) apresenta uma apolipoproteína adicional chamada Apo(a), que inibe a fibrinólise.

Tabela 1   Composição plasmática das lipoproteínas

	Origem	Tamanho (nm)	Proteínas (%)	Triglicérides (%)	Colesterol (%)	Apo principal
Quilomícrons	Intestino Dieta	100-1.000	1-2	90-96	2-5	B48
VLDL	Fígado	40-50	10	60	12	B100
IDL	VLDL	25-30	18	35	23	B100, E
LDL	IDL	20-25	25	10	36	B100
HDL	Intestino Fígado	6-10	40-55	4	15	AI, AII
Lp(a)	Intestino	25	30 a 50			B100, (a)

2. c

A Diretriz Brasileira de Dislipidemia de 2013 recomenda três etapas para a estratificação de risco cardiovascular de um paciente: a determinação da presença de doença aterosclerótica significativa ou de seus equivalentes; a utilização dos escores de predição do risco; e a reclassificação do risco predito pela presença de fatores agravantes do risco.

O primeiro passo na estratificação de risco é a identificação das manifestações clínicas da doença aterosclerótica. Portanto, indivíduos com sintomas de doença aterosclerótica (ou mesmo assintomáticos com doença significativa documentada por exame diagnóstico), ou aqueles com diabete, doença renal crônica, hipercolesterolemia familiar, ou ainda aqueles submetidos à revascularização arterial, possuem risco superior a 20% de apresentar novos eventos cardiovasculares em 10 anos. Tais pacientes não necessitam das outras etapas da estratificação de risco, pois já são considerados de alto risco. A Diretriz Brasileira utiliza o escore global para avaliação de indivíduos não enquadrados nas condições de alto risco citadas. São considerados de baixo risco aqueles pacientes com < 5% de probabilidade de apresentar eventos cardiovasculares em 10 anos; de risco intermediário, homens com risco calculado ≥ 5% e ≤ 20% e mulheres com risco calculado ≥ 5% e ≤ 10% de ocorrência de principais eventos cardiovasculares; e de alto risco, homens com risco calculado > 20% e mulheres com risco calculado > 10% no período de 10 anos (Figura 1).

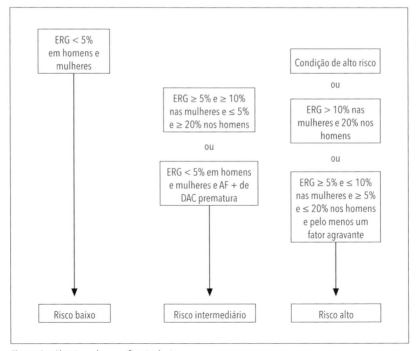

Figura 1 Algoritmo de estratificação de risco.

Os indivíduos classificados como risco intermediário podem ser reclassificados para a condição de alto risco caso apresentem um ou mais fatores agravantes, quais sejam: história familiar de doença coronariana prematura, síndrome metabólica, micro ou macroalbuminúria, hipertrofia ventricular esquerda, ITB < 0,9, PCR-us > 2 mg/L, alteração da relação espessura íntima-média da carótida ou escore de cálcio elevado.

3. e

É incontestável que a redução dos níveis plasmáticos de colesterol, em especial de LDL-c, seja por meio de fármacos ou por modificação do estilo de vida, acarreta redução de desfechos cardiovasculares.

Com base na estratificação de risco dos pacientes, a Diretriz Brasileira de Dislipidemias recomenda metas terapêuticas (primárias e secundárias) para o controle do colesterol. A meta primária é direcionada para o LDL-c e a meta secundária para o colesterol não HDL. Embora se reconheça o valor prognóstico e/ou como fator de risco cardiovascular, não se propõe metas terapêuticas para partículas como Apo B, lipoproteína(a) e HDL-c. Recomenda-se tratar pacientes com triglicérides acima de 500 mg/dL, em razão do alto risco de pancreatite; enquanto aqueles com valores de triglicérides entre 150 e 499 mg/dL devem ser tratados de forma individualizada, conforme outras condições de risco cardiovascular.

A paciente citada possui risco intermediário para eventos cardiovasculares maiores em 10 anos (doença arterial coronariana, acidente vascular encefálico, insuficiência cardíaca e doença arterial periférica), de acordo com o Escore de Risco Global (tabelas de pontuação facilmente encontradas). Portanto, o tratamento deve ter como meta primária um LDL-c < 100 mg/dL.

Vale lembrar que a American Heart Association (AHA), na última Diretriz (novembro/2013), não mais recomenda o tratamento de dislipidemias baseado em metas terapêuticas, alegando que não há dados científicos em relação à titulação de dose de hipolipemiantes para uma determinada meta, seja em prevenção primária ou secundária.

Tabela 2 Metas de tratamento conforme o risco cardiovascular

Nível de risco	Meta primária (mg/dL)	Meta secundária (mg/dL)
Alto	LDL-c < 70	Colesterol não HDL < 100
Intermediário	LDL-c < 100	Colesterol não HDL < 130
Baixo	Meta individualizada	Meta individualizada

4. d

As estatinas atualmente disponíveis incluem sinvastatina, pravastatina, fluvastatina, atorvastatina, rosuvastatina e, em alguns países, pitavastatina. Essas drogas são inibidoras competitivas da HMG-CoA redutase, enzima limitante na biossíntese de colesterol. Efeitos colaterais acontecem bem menos frequentemente com as estatinas do que com a maioria das outras classes de agentes hipolipemiantes. Em estudos randomizados, a terapia com estatina parece causar somente um leve aumento no risco de efeitos colaterais comparada com placebo.

Entre os efeitos colaterais, a miopatia é o mais comum, podendo surgir em semanas ou anos após o início do tratamento e possui amplo espectro clínico, variando desde mialgia com ou sem elevação da creatinoquinase (CPK) até a rabdomiólise. Nos estudos clínicos, a incidência de miopatia foi muito baixa (0,1 a 0,2%) e não está relacionada com a dose. Na prática clínica, há elevação da CPK em cerca de 3%. De forma geral, queixas musculares ocorrem em cerca de 10% dos pacientes que tomam estatinas. Essa diferença de incidência pode resultar da maior frequência de comorbidades e terapias múltiplas na prática clínica quando em comparação com os ensaios terapêuticos.

Toxicidade hepática é muito rara, e cerca de 1% dos pacientes apresenta aumento das transaminases superior a três vezes o limite superior de normalidade; essa elevação frequentemente diminui, mesmo sem interrupção da terapia. Portanto, a dosagem de transaminases só é aconselhada 6 a 12 semanas após a introdução ou o aumento de dose das estatinas. A suspensão temporária é aconselhada com elevações superiores a três vezes o valor de referência, e a suspensão definitiva, em casos com infecção hepática ativa ou disfunção hepática grave. As elevações estáveis das transaminases ou da CPK em pacientes sem evidência de doenças agudas e sem queixas, como frequentemente observado na esteatose hepática, não constituem contraindicação para o início de estatina.

Quadro 1 Orientação quanto aos sintomas musculares

Sintomas intoleráveis
Descontinuar a estatina, rever níveis de CPK e reintroduzir a droga apenas quando o paciente estiver assintomático
Sintomas toleráveis
Elevação moderada da CPK: pode-se manter a estatina e usar os sintomas como guia para suspensão ou não do tratamento
Elevação moderada a grave de CPK: descontinuar a estatina e avaliar a terapêutica de acordo com o risco-benefício
Elevação da CPK com aumento de creatinina ou necessidade de hidratação intravenosa: suspender a estatina
CPK: creatinoquinase.

REFERÊNCIAS BIBLIOGRÁFICAS

Borba EF, Santos RD, Bonfa E, Vinagre CG, Pileggi FJ, Cossermelli W, et al. Lipoprotein (a) levels in systemic lúpus erythematosus. J Rheumatol. 1994;21:220-3.

Bransteitter R, Prochnow C, Chen XS. The current structural and functional understanding of APOBEC deaminases. Cell Mol Life Sci. 2009;66:3137-47.

Emerging Risk Factors Collaboration, Di Angelantonio E, Kaptoge S, Wormser D, Willeit P, Butterworth AS, et al. Major lipids, apolipoproteins, and risk of cardiovascular disease. JAMA. 2009;302:1993-2000.

Istvan ES, Deisenhofer J. Structural mechanism for statin inhibition of HMG-CoA reductase. Science. 2001;292(5519):1160-4.

Kashani A, Phillips CO, Foody JM, Wang Y, Mangalmurti S, Ko DT, et al. Risks associated with statin therapy: a systematic overview of randomized clinical trials. Circulation. 2006;114(25):2788-97.

Schaefer JR. Unraveling hyperlipidemia type III (dysbetalipoproteinemia) slowly. Eur J Hum Genet. 2009;17:541-2.

Xavier HT, Izar MC, Faria Neto JR, Assad MH, Rocha VZ, Sposito AC, et al.; Sociedade Brasileira de Cardiologia. V Diretriz Brasileira de Dislipidemias e Prevenção da Aterosclerose. Arq Bras Cardiol. 2013;101(4 Suppl 1):1-20.

CAPÍTULO

8

DIABETE MELITO TIPO 2 E
DOENÇAS CARDIOVASCULARES

Flávia Bittar Britto Arantes
Luciano Moreira Baracioli

QUESTÃO 1

O diabete melito (DM) é uma doença de alta prevalência no mundo e o diagnóstico é um fator de risco independente para doença arterial coronariana (DAC), acidente vascular encefálico (AVE), doença arterial periférica e insuficiência cardíaca. Nesse contexto, assinalar a alternativa incorreta:

☐ A Considerando-se o conceito de risco cardiovascular global, pacientes com DM sem doença aterosclerótica estabelecida apresentam risco > 20% de desenvolver eventos vasculares no futuro.

☐ B Nos pacientes diabéticos, a dislipidemia apresenta aumento do triglicérides, diminuição do colesterol HDL e aumento das partículas de LDL pequenas e densas.

☐ C A apresentação clínica da DAC pode ser dor anginosa típica ou atípica, mas a ausência de sintomas é frequente (até um terço dos pacientes com DM) e está relacionada ao maior tempo de duração do DM.

☐ D A doença cerebrovascular tem maior incidência em pacientes diabéticos e apresenta-se de forma mais precoce do que em pacientes não diabéticos.

☐ E Homens diabéticos têm maior risco de morte por causas cardiovasculares do que mulheres diabéticas.

QUESTÃO 2

Em relação à estratificação de risco cardiovascular em pacientes diabéticos, assinale a alternativa incorreta:

□ A Em pacientes diabéticos assintomáticos, com idade superior a 40 anos, tanto o escore de cálcio quanto a angiotomografia de coronárias devem ser considerados para a avaliação de risco cardiovascular.

□ B A microalbuminúria é preditora independente de mortalidade cardiovascular no paciente diabético e sua dosagem deve ser realizada anualmente.

□ C O risco cardiovascular em pacientes diabéticos deve ser individualizado e o uso de ferramentas, como o escore de risco UKPDS *risk engine* e o escore de risco global de Framingham, devem auxiliar na estratificação e na decisão terapêutica desses pacientes.

□ D O índice tornozelo braquial (ITB) é uma ferramenta preditora de risco cardiovascular simples, de baixo custo e deve ser avaliado nos pacientes diabéticos mesmo assintomáticos, com mais de 50 anos de idade ou menos de 50 anos com fatores de risco adicionais para doença arterial periférica.

□ E O uso do ácido acetilsalicílico (AAS) como prevenção primária em pacientes diabéticos deverá ser considerado especificamente para aqueles pacientes com risco estimado de eventos cardiovasculares maior do que 10% em 10 anos, desde que não haja risco aumentado de sangramento.

QUESTÃO 3

Paciente do sexo masculino, 76 anos, portador de DM insulino-dependente há 8 anos, com controle glicêmico adequado, apresenta quadro de angina aos pequenos esforços. Foi submetido à cineangiocoronariografia que mostrou DAC multiarterial associada à disfunção ventricular (fração de ejeção = 45%) em avaliação pelo ecocardiograma transtorácico. Em relação ao tratamento da DAC nos pacientes diabéticos, assinale a alternativa correta:

☐ A Em pacientes portadores de DAC com sintomas bem controlados e função ventricular preservada é razoável a manutenção do tratamento medicamentoso exclusivo com controle de fatores de risco e "terapia de metas".

☐ B Em relação à terapia medicamentosa, o uso de inibidores da enzima conversora da angiotensina (IECA) para esse paciente tem como benefícios a redução da albuminúria com prevenção da progressão de nefropatia diabética e a prevenção de morte cardiovascular, por se tratar de um paciente com disfunção ventricular.

☐ C Quando definido por tratamento intervencionista percutâneo, deve-se preferir o uso de *stents* farmacológicos para redução da incidência de reestenose e revascularização adicional.

☐ D Na população de pacientes multiarteriais com indicação de intervenção, a cirurgia deve ser preferida sobre a angioplastia para redução de eventos cardiovasculares maiores.

☐ E Todas as alternativas anteriores estão corretas

QUESTÃO 4

Paciente de 63 anos com história prévia de cardiopatia isquêmica, hipertensão arterial sistêmica e DM, em uso de enalapril 10 mg ao dia, carvedilol 12,5 mg ao dia, AAS 100 mg ao dia, sinvastatina 20 mg ao dia, metformina 1,5 g ao dia e glimepirida 6 mg ao dia. Vem cursando com piora progressiva da função renal e necessidade de internações recorrentes por descompensação da insuficiência cardíaca (IC). Na última consulta, apesar da compensação do quadro de IC, apresentou *clearance* de creatinina de 27 mL/min/1,73 m² (creatinina basal de 1,2 mg/dL com aumento para 2,8 mg/dL, estável nos últimos 6 meses) e hemoglobina glicada de 7,8%. Qual é a melhor conduta diante desse quadro?

☐ A Suspender somente a glimepirida, manter a metformina e iniciar o uso de insulina.

☐ B Suspender o enalapril, a metformina e a glimepirida, e iniciar o uso de insulina.

☐ C Suspender a metformina, manter a glimepirida e associar um inibidor do DDP4, sem necessidade de ajuste de dose.

☐ D Trocar o enalapril por hidralazina e manter as demais medicações.

☐ E Manter o enalapril, monitorando os níveis séricos de potássio, suspender somente a glimepirida e iniciar o uso de insulina.

RESPOSTAS CORRETAS

O DM tipo 2 é uma doença crônica de grande importância, cuja incidência está aumentando mundialmente, sendo considerada uma epidemia. A Organização Mundial da Saúde (OMS) estima que, na década passada, 217 milhões de pessoas tiveram o diagnóstico de DM e que, até o ano de 2030, este número deverá aumentar para pelo menos 366 milhões.

O DM é uma doença metabólica de etiologia múltipla caracterizada por hiperglicemia associada a distúrbios no metabolismo de carboidratos, gordura e proteína, resultante de defeitos na secreção de insulina, na ação da mesma ou na combinação de ambas.

Aproximadamente dois terços dos indivíduos com o diagnóstico de DM acabam por falecer em decorrência de doença arterial coronariana (DAC) ou doença cerebrovascular (DCV). A presença dessa doença representa um fator de risco independente para DAC, acidente vascular encefálico (AVE), doença arterial periférica (DAP) e insuficiência cardíaca (IC).

A fisiopatologia da ligação entre DM e doença cardiovascular é complexa e multifatorial. Evidências sugerem que, embora a hiperglicemia contribua para a lesão do miocárdio após eventos isquêmicos, ela não é o único fator etiológico para a doença vascular, visto que o pré-diabetes e a presença da síndrome metabólica, mesmo em pacientes normoglicêmicos, também aumentam o risco de doença cardiovascular.

Compreender a epidemiologia, a fisiopatologia, o tratamento e as peculiaridades do DM, bem como sua relação com a doença cardiovascular é essencial para o melhor controle dos fatores de risco e a redução da morbidade e da mortalidade.

1. e

De acordo com diretrizes brasileiras de dislipidemias e prevenção da aterosclerose, o DM tipo 2 é equivalente à doença aterosclerótica manifesta e seu diagnóstico agrega ao paciente risco superior a 20% em 10 anos de apresentar novos eventos cardiovasculares (recomendação I, evidência A) ou um primeiro evento cardiovascular (recomendação I, evidência A).

Clinicamente, a dislipidemia está altamente correlacionada com a aterosclerose, e até 97% dos pacientes com DM são dislipidêmicos. Além do padrão característico de aumento dos triglicérides e de diminuição de colesterol HDL, no DM tipo 2, a partícula predominante de colesterol LDL tem forma pequena e densa, com maior capacidade de ligação e penetração na barreira endotelial, maior capacidade de oxidação e, portanto, maior potencial aterogênico.

Cerca de 20 a 30% dos pacientes com DM apresenta isquemia silenciosa. Nesses eventos, principalmente nos casos de infarto do miocárdio não reconhecido ou silencioso, as apresentações clínicas mais frequentes incluem a insuficiência cardíaca (dispneia nova sem dor ou piora de insuficiência cardíaca já estabelecida), angina de peito de menor intensidade e duração, dor em localização não usual, manifestações do sistema nervoso central (SNC) secundárias à redução do débito cardíaco em paciente com aterosclerose cerebral (assemelhando-se às do AVE), ou síncopes e sensação de indigestão.

Na população em geral de meia-idade, os homens têm duas a cinco vezes maior risco de desenvolver DAC do que as mulheres; no entanto, o estudo de Framingham foi o primeiro a demonstar que mulheres com DM perdem mais a proteção relativa contra DAC do que homens. A razão para o maior risco relativo de DAC em mulheres diabéticas do que em homens diabéticos ainda é incerta. Sugere-se que as mulheres portadoras de DM tipo 2 tenham mais fatores de risco cardiovascular associados com resistência à insulina (obesidade, elevada pressão arterial, colesterol HDL baixo, triglicérides elevados) em comparação aos homens.

2. a

Estudos prospectivos e epidemiológicos demostraram que a microalbuminúria é preditora independente de mortalidade por todas as causas e cardiovascular, além de predizer eventos cardiovasculares nos pacientes com DM, hipertensão arterial sistêmica (HAS) ou na população geral.

A população de indivíduos com DM é altamente heterogênea e com risco de doença macrovascular muito variável, dependendo de fatores de risco associados como dislipidemia, HAS e tabagismo. Dessa forma, alguns pesquisadores sugerem a individualização da avaliação do risco cardiovascular em pacientes com DM por meio de escores de estratificação de risco. O escore de risco de Framingham, amplamente utilizado para estimar o risco de eventos coronarianos, resultou da avaliação do perfil de risco de 5.573 indivíduos sem DAC conhecida, dos quais 6% eram portadores de DM. O UKPDS *risk engine* derivou da avaliação de participantes do United Kingdom Prospective Diabetes Study (UKPDS) e estima o risco de DAC e AVE fatal ou não fatal utilizando também variáveis mais específicas do DM, além de variáveis tradicionais.

A DAP, caracterizada como doença aterosclerótica oclusiva de membros inferiores, está frequentemente associada às doenças coronariana e cerebrovascular. O DM e o tabagismo são os principais fatores de risco para o desenvolvimento de DAP. O índice tornozelo-braquial (ITB) é uma metodologia simples e de baixo custo que envolve a aferição da pressão arterial sistólica no tornozelo (artérias pediosa e tibial posterior) e no braço (artéria braquial) com auxílio de um Doppler e a relação entre os valores obtidos (Tabela 1). Apresenta sensibilidade em torno de 95% e quase 100% de especificidade.

Apesar do indiscutível benefício do uso do ácido acetilsalicílico para a prevenção secundária de eventos cardiovasculares, o uso em prevenção primária sempre deve ser questionado e bem avaliado, uma vez que está associado a maior risco de sangramento gastrointestinal (mesmo nas doses menores), sem redução na mortalidade. Portanto, as evidências para recomendações definitivas sobre o uso de ácido acetilsalicílico no contexto de prevenção primária em pacientes com DM ainda permanecem bastante conflitantes. Deve-se levar em conta a estimativa de risco de eventos cardiovasculares em 10 anos (efeitos benéficos) e também o risco de sangramento. A diretriz brasileira sobre aspectos específicos de DM tipo 2 relacionados à cardiologia recomenda o uso em pacientes com alto risco de eventos cardiovasculares e baixo risco de sangramento. A calcificação nas artérias coronárias, quantificada pela tomografia utilizando o método do escore de cálcio de Agatston (CAC), é um marcador da presença e da extensão da doença aterosclerótica do indivíduo com forte associação com a ocorrência de eventos cardiovasculares futuros. O escore de cálcio é uma ferramenta útil na avaliação de risco cardiovascular de pacientes com DM assintomáticos, que permite a identificação de indivíduos de maior risco que eventualmente se beneficiariam do rastreamento de isquemia silenciosa e tratamento clínico mais agressivo. A realização pode ser considerada em pacientes com DM com mais de 40 anos de idade. Embora a angiotomografia de coronárias também apresente papel importante na estratificação de risco, similar e possivelmente mais poderoso que o do escore de cálcio, o uso com esse objetivo deve considerar o contraste iodado e a dose de radiação adicional. Não há dados que demonstrem benefício definitivo desse exame em pacientes com DM assintomáticos. Em linhas gerais, as principais indicações da angiotomografia são reservadas para pacientes com sintomas.

Tabela 1. Indicações e orientações para a realização do índice tornozelo-braquial

Indicações para realização
Idade entre 50-69 anos e tabagismo ou diabete
Idade ≥ 70 anos
Dor na perna com exercício
Alteração de pulsos em membros inferiores
Doenças arterial coronariana, carotídea ou renal
Risco cardiovascular intermediário
Cálculo do índice tornozelo-braquial
Utilizar os valores de pressão arterial sistólica do braço e do tornozelo, considerando o maior valor braquial para cálculo ITB direito: pressão tornozelo direito/pressão braço direito ITB esquerdo: pressão tornozelo esquerdo/pressão braço esquerdo
Interpretação
Normal: > 0,90
Obstrução leve: 0,71–0,90
Obstrução moderada: 0,41–0,70
Obstrução grave: 0,00–0,4089

3. e

Nos pacientes diabéticos portadores de DAC, o uso de inibidor da enzima conversora da angiotensina (IECA) deve ser fortemente recomendado, visto que, entre os benefícios do bloqueio do sistema renina-angiotensina-aldosterona, estão a redução da albuminúria com prevenção da progressão da nefropatia diabética e a prevenção de morte entre os pacientes com disfunção ventricular e pós infarto agudo do miocárdio (IAM). O estudo Bypass Angioplasty Revascularization Investigation 2 Diabetes (BARI 2D), que avaliou 2.368 pacientes com DM e DAC multiarterial, demonstrou não haver diferença na incidência do desfecho primário de morte por todas as causas e do desfecho secundário composto por IAM, AVE ou morte, quando comparados pacientes submetidos a intervenção (revascularização miocárdica cirúrgica ou angioplastia com *stent* convencional) *versus* tratamento medicamentoso otimizado (TMO) exclusivo em acompanhamento de longo prazo; porém, quando analisado somente o grupo de revascularização miocárdica cirúrgica, houve menor incidência do desfecho primário combinado de IAM, AVE e morte a favor do grupo cirúrgico em comparação com o grupo TMO (22,4 *versus* 30,5%; p = 0,01).

Uma subanálise prévia do estudo Medicine, Angioplasty or Surgery Study (MASS), que comparou as três modalidades terapêuticas (cirurgia, angioplastia e TMO) em 190 pacientes com DM portadores de DAC estável multiarterial, no entanto, demonstrou menor mortalidade entre aqueles submetidos aos procedimentos intervencionistas (cirurgia e angioplastia) quando em comparação com o grupo TMO (p = 0,039), após o primeiro ano de acompanhamento.

Mais recentemente, o estudo The Future Revascularization Evaluation in Patients With Diabetes Mellitus: Optimal Management of Multivessel Disease (FREEDOM) comparou tratamento cirúrgico *versus* angioplastia com *stent* farmacológico em 1.900 pacientes com DM portadores de DAC multiarterial, com acompanhamento médio de 3,8 anos, e demostrou que a cirurgia é superior à angioplastia, com menor mortalidade (10,9 *versus* 16,3%; p = 0,049), menor incidência de IAM (6 *versus* 13,9%; p < 0,001), porém com maior incidência de AVE (5,2 *versus* 2,4%; p = 0,03).

Com relação ao tipo de *stent* utilizado, estudos têm demonstrado superioridade dos farmacológicos sobre os convencionais, com menor necessidade de revascularização adicional de vaso-alvo para os primeiros.

4. b

Existem evidências da redução de complicações microvasculares com controle glicêmico intensivo, que pode se refletir na redução de eventos cardiovasculares após longo prazo de acompanhamento ou quando se associam intensivamente outras medidas de mudança de estilo de vida e farmacológicas sabidamente relacionadas com a redução de desfechos cardiovasculares. Com base na evidência vigente, parece razoável manter o alvo de HbA1c em torno de 7%.

A metformina deve ser recomendada como primeira escolha a pacientes com DM tipo 2 portadores de DAC. Estudos recentes têm alertado para um efeito cardioprotetor da droga, com preservação do mecanismo de pré-condicionamento isquêmico. A metformina tem a maior ação anti-hiperglicemiante, diminuindo a produção hepática de glicose, acompanhada de ação sensibilizadora periférica mais discreta; no entanto, é importante ressaltar que o uso da metformina é proibitivo em pacientes com disfunção renal com *clearance* de creatinina < 30 mL/min/1,73m^2, uma vez que a excreção é renal e o uso na insuficiência renal ou em pacientes criticamente doentes aumenta o risco de acidose lática. As sulfonilureias, também de excreção renal, devem ser suspensas em razão do risco de hipoglicemia grave. No caso apresentado, uma alternativa razoável seria iniciar a insulinoterapia com alvo de HbA1c < 7%. Na Figura 1, observa-se orientação quanto ao ajuste da dose dos medicamentos hipoglicemiantes de acordo com a taxa de filtração glomerular (TFG). Nota-se que os inibidores da DPP-4, como a linagliptina, são também uma opção segura em pacientes portadores de doença renal crônica, limitada principalmente pelo alto custo.

Em relação aos IECA, conforme demonstrado com o ramipril no estudo Heart Outcomes Prevention Evaluation (HOPE), reduzem a incidência de eventos cardiovasculares em pacientes diabéticos com alto risco cardiovascular. Em indivíduos com doença renal crônica, podem eventualmente agravar a hiperpotassemia. O uso em pacientes com função renal reduzida pode causar aumento de até 30% da creatininemia, mas, no longo prazo, prepondera o efeito nefroprotetor. Em caso de aumento da creatinina basal acima de 30% ou no caso de hipercalemia, o IECA deverá ser suspenso.

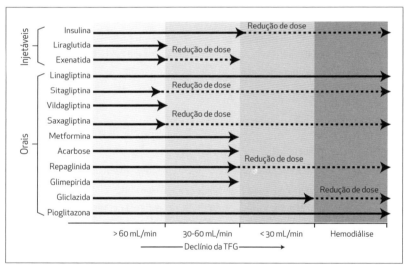

Figura 1 Ajuste de doses de medicamentos hipoglicemiantes de acordo com a taxa de filtração glomerular (TFG). Figura gentilmente cedida pelo dr. Paulo Roberto Rizzo Genestreti.

BIBLIOGRAFIA

Agarwal S, Cox AJ, Herrington DM, Jorgensen NW, Xu J, Freedman BI, et al. Coronary calcium score predicts cardiovascular mortality in diabetes: Diabetes Heart Study. Diabetes Care. 2013;36(4):972-7.

Bakris GL, Weir MR. Angiotensin-converting enzyme inhibitor-associated elevations in serum creatinine: is this a cause for concern? Arch Intern Med. 2000;160(5):685-93.

Budoff MJ, Shaw LJ, Liu ST, Weinstein SR, Mosler TP, Tseng PH, et al. Long-term prognosis associated with coronary calcification: observations from a registry of 25253 patients. J Am Coll Cardiol. 2007;49(21):1860-70.

Control Group, Turnbull FM, Abraira C, Anderson RJ, Byington RP, Chalmers JP, et al. Intensive glucose control and macrovascular outcomes in type 2 diabetes. Diabetologia. 2009;52(11):2288-98.

Dagenais GR, Lu J, Faxon DP, Bogaty P, Adler D, Fuentes F, et al.; BARI 2D Study Group. Prognostic impact of the presence and absence of angina on mortality and cardiovascular outcomes in patients with type 2 diabetes and stable coronary artery disease: results from the BARI 2D (bypass angioplasty revascularization investigation 2 diabetes) Trial. J Am Coll Cardiol. 2013;61(7):702-11.

Davis TM, Fortun P, Mulder J, Davis WA, Bruce DG. Silent myocardial infarction and its prognosis in a community-based cohort of type 2 diabetic patients: the Fremantle Diabetes Study. Diabetologia. 2004;47(3):395-9.

Dinneen SF, Gerstein HC. The association of microalbuminuria and mortality in non-insulin-dependent diabetes mellitus: a systematic overview of the literature. Arch Intern Med. 1997;157(13):1413-8.

Dokken BB. The pathophysiology of cardiovascular disease and diabetes: beyond blood pressure and lipids. Diabetes Spectrum. 2008;21(3):160-5.

Effects of ramipril on cardiovascular and microvascular outcomes in people with diabetes mellitus: results of the HOPE study and MICRO-HOPE substudy. Heart Outcomes Prevention Evaluation Study Investigators. Lancet. 2000;355(9200):253-9.

Farkouh ME, Domanski M, Sleeper LA, Siami FS, Dangas G, Mack M, et al. Strategies for multivessel revascularization in patients with diabetes. FREEDOM Trial Investigators. N Engl J Med. 2012;367(25):2375-84.

Frye RL, August P, Brooks MM, Hardison RM, Kelsey SF, MacGregor JM, et al. A randomized trial of therapies for type 2 diabetes and coronary artery disease. BARI 2D Study Group. N Engl J Med. 2009;360(24):2503-15.

Gualandro DM, Azevedo FR, Calderaro D, Marcondes-Braga FG, Caramelli B, Schaan BD, et al. I Diretriz sobre Aspectos Específicos de Diabetes Melito (tipo 2) Relacionados à Cardiologia. Arq Bras Cardiol. 2014;102(5 Suppl 1):1-30.

Kannel WB, McGee DL. Diabetes and cardiovascular disease. The Framingham study. JAMA. 1979;241:2035-8.

Konstam MA, Kronenberg MW, Rousseau MF, Udelson JE, Melin J, Stewart D, et al. Effects of the angiotensin converting enzyme inhibitor enalapril on the long-term progression of left ventricular dilatation in patients with asymptomatic systolic dysfunction. SOLVD (Studies of Left Ventricular Dysfunction) Investigators. Circulation. 1993;88(5 Pt1):2277-83.

Lamanna C, Monami M, Marchionni N, Mannucci E. Effect of metformin on cardiovascular events and mortality: a meta-analysis of randomized clinical trials. Diabetes Obes Metab. 2011;13(3):221-8.

Lipska KJ, Bailey CJ, Inzucchi SE. Use of metformin in the setting of mild to moderate renal insufficiency. Diabetes Care. 2011;34(6):1431-7.

Nathan DM, Buse JB, Davidson MB, Ferrannini E, Holman RR, Sherwin R, Zinman B. Management of hyperglycemia in type 2 diabetes: a consensus algorithm for the initiationand adjustment of therapy: update regarding thiazolidinediones: a consensus statement from the American Diabetes Association and the European Association for the Study of Diabetes. Diabetes Care. 2008;31(1):173-5.

Oliveira JEP, Vencio S (orgs.). Diretrizes da Sociedade Brasileira de Diabetes, 2013-2014. São Paulo: AC Farmacêutica; 2014.

Rochitte CE, Pinto IM, Fernandes JL, Filho CF, Jatene A, Carvalho AC, et al. Cardiovascular magnetic resonance and computed tomography imaging guidelines of the Brazilian Society of Cardiology. Grupo de Estudo em Ressonância e Tomografia Cardiovascular (GERT) do Departamento de Cardiologia Clínica da Sociedade Brasileira de Cardiologia. Arq Bras Cardiol. 2006;87(3):e60-100.

Roger VL, Go AS, Lloyd-Jones DM, Adams RJ, Berry JD, Brown TM, et al. Heart disease and stroke statistics – 2011 update: a report from the American Heart Association. American Heart Association Statistics Committee and Stroke Statistics Subcommittee. Circulation. 2011;123(4):e18-209.

Soares PR, Hueb WA, Lemos PA, Lopes N, Martinez EE, Cesar LA, et al. Coronary revascularization (surgical or percutaneous) decreases mortality after the first year in diabetic subjects but not in nondiabetic subjects with multivessel disease: an analysis from the Medicine, Angioplasty, or Surgery Study (MASS II). Circulation. 2006;114(1 Suppl):I420-4.

Stettler C, Allemann S, Wandel S, Kastrati A, Morice MC, Schömig A, et al. Drug eluting and bare metal stents in people with and without diabetes: collaborative network meta-analysis. BMJ. 2008;337:a1331.

Van Werkhoven JM, Cademartiri F, Seitun S, Maffei E, Palumbo A, Martini C, et al. Diabetes: prognostic value of CT coronary angiography – comparison with a nondiabetic population. Radiology. 2010;256(1):83-92.

World Health Organization Consultation. Definition, diagnosis and classification of diabetes mellitus and its complications: part 1: diagnosis and classification of diabetes mellitus. Report n. 99.2. Geneva: WHO; 1999.

World Health Organization. World health statistics, 2012. Health status indicators. Geneva: WHO; 2012.

Xavier HT, Izar MC, Faria Neto JR, Assad MH, Rocha VZ, Sposito AC, et al.; Sociedade Brasileira de Cardiologia. V Diretriz Brasileira de Dislipidemias e Prevenção da Aterosclerose. Arq Bras Cardiol. 2013;101(4 Suppl 1):1-22.

CAPÍTULO

9

TABAGISMO

Cynthia Aparecida da Silva Rocha
Jaqueline Scholz Issa

QUESTÃO 1

Paciente do sexo feminino, 63 anos, portadora de doença arterial coronariana (DAC), hipertensão arterial sistêmica (HAS), dislipidemia (DLP), diabete melito (DM) tipo 2, não insulino-dependente e tabagista (carga tabágica de 36 anos/maço), nega etilismo prévio ou atual, apresenta-se em consulta de rotina com cardiologista. Não relata nenhum sintoma de natureza cardiovascular, apresenta boa adesão ao tratamento medicamentoso e dietético. Relata grande desejo de parar de fumar (atualmente consome 20 cigarros/dia), pois sabe dos danos causados por tal hábito. Faz uso regular de ácido acetilsalicílico (AAS), 100 mg/dia, atorvastatina, 20 mg/dia, enalapril, 10 mg 2 vezes ao dia, atenolol, 50 mg 2 vezes ao dia, metformina, 850 mg 3 vezes ao dia. Ao exame: bom estado geral, corada, hidratada, acianótica, anictérica, eupneica, murmúrio vesicular presente sem ruídos adventícios, bullhas rítmicas normofonéticas em 2T sem sopros audíveis, pressão arterial (PA) = 132 × 76 mmHg, frequência cardíaca (FC) = 64 bpm, pulsos presentes, cheios e simétricos em quatro membros, sem turgência jugular ou refluxo hepatojugular, sem ascite ou edemas. Em relação ao início do tratamento com bupropiona para cessação do tabagismo, podemos afirmar que:

☐ A Não deve ser iniciado, por conta da interação medicamentosa com o AAS, diminuindo o efeito de antiagregação plaquetária.

☐ B Pode ser iniciado, porém, como este medicamento interage com a estatina, deve ter a dose aumentada até o término do tratamento.

☐ C Pode ser iniciado, sem qualquer alteração na prescrição atual.

☐ D Pode ser iniciado, desde que se substitua o hipoglicemiante oral por insulina.

☐ E Não deve ser iniciado, visto que a carga tabágica da paciente é baixa.

QUESTÃO 2

Paciente do sexo masculino, 58 anos, tabagista de 30 anos/maço, hipertenso (controle pressórico mantendo-se em pressão arterial sistólica [PAS]: 132 mmHg e pressão arterial diastólica [PAD]: 80 mmHg), dislipidêmico (CT: 210; HDL: 40; LDL: 150), não diabético, é atendido em consulta de rotina em uma unidade básica de saúde (UBS) por clínico geral. Confessa que seu maior desafio é cessar o tabagismo (relata vontade de querer parar de fumar, mas acha difícil alcançar tal objetivo); 10 minutos após acordar, já fuma seu primeiro cigarro, sendo que este é o que lhe traz mais satisfação. Fuma cerca de 2 maços por dia, principalmente no período da manhã; quando doente, não consegue ficar sem fumar, mas não fuma em locais proibidos. Pelo sistema de pontuação de Fagerströn, quais são a pontuação e o grau de dependência à nicotina deste paciente?

☐ A 3; baixa.

☐ B 5; média.

☐ C 7; elevada.

☐ D 8; elevada.

☐ E 8; muito elevada.

QUESTÃO 3

Assinale a assertiva correta em relação aos efeitos do tabaco no organismo humano:

☐ A Possui efeitos hemostáticos e inflamatórios, com aumento de proteína C reativa (PCR), fibrinogênio e homocisteína, além de acelerar o processo aterosclerótico.

☐ B Pacientes tabagistas possuem maior risco de sofrer morte súbita, doença vascular periférica, acidente vascular encefálico isquêmico (AVEi), maior prevalência de espasmos coronarianos e limiares mais baixos para arritmias ventriculares.

☐ C Aumenta o consumo de oxigênio miocárdico e diminui o fluxo coronariano por meio do aumento do tônus alfa-adrenérgico, causando isquemia aguda.

☐ D Gera agregação plaquetária espontânea, aumentando a adesão de monócitos às células endoteliais, e alterações adversas em fatores fibrinolíticos e aterotrombóticos derivados do endotélio.

☐ E Todas as alternativas estão corretas.

QUESTÃO 4

Paciente do sexo feminino, 48 anos, portadora de hipertensão renovascular, após alta hospitalar (internação para angioplastia de artéria renal direita) é encaminhada a ambulatório de cessação de tabagismo de hospital terciário. Relata DAC, claudicação intermitente de membros inferiores (realizou Doppler arterial de membros inferiores [MMII], o qual não demonstrou qualquer lesão significativa), dislipidêmica, obesa e tabagista (carga tabágica de 35 anos/maço; atualmente fuma 30 cigarros/dia). Paciente ansiosa, nunca fez tratamento antitabaco, parou de fumar durante a hospitalização, porém, no mesmo dia da alta já voltou a fumar. Faz uso regular de clonidina 0,6 mg/dia, losartana 100 mg/dia, anlodipino 10 mg/dia, clortalidona 50 mg/dia, espironolactona 25 mg/dia, hidralazina 150 mg/dia, atorvastatina 20 mg/dia e AAS 100mg/dia. Em relação ao tratamento farmacológico para cessar o tabagismo, qual seria a estratégia mais eficaz?

☐ A Bupropiona.
☐ B Vareniclina.
☐ C Reposição de nicotina com adesivos transdérmicos.
☐ D Bupropiona em associação com reposição de nicotina por meio de adesivos transdérmicos.
☐ E Iniciar com vareniclina e associar bupropiona, se necessário, para obtenção da abstinência total ou redução de sintomas residuais de abstinência.

RESPOSTAS CORRETAS

O uso do tabaco ainda representa um problema de saúde pública, apesar de sua prevalência ter diminuído de 31,2%, em 2008, para 27,1%, em 2012, representando 1,2 milhão a menos de adultos fumantes no mundo. Já caracterizado como fator de risco para doença cardiovascular, o tabagismo continua sendo o fator de risco modificável mais importante para a ocorrência de doença arterial coronariana, devendo ser cessado por meio de tratamento que envolva tanto medidas motivacionais quanto farmacoterápicas. Possui efeito dose-dependente, mesmo em fumantes passivos. Os repositores de nicotina, a bupropiona e a vareniclina são considerados fármacos de primeira linha no tratamento do tabagismo.

1. C

A prevalência do uso de tabaco diminuiu de 31,2%, em 2008, para 27,1%, em 2012, representando 1,2 milhão a menos de adultos fumantes no mundo, porém ainda representa um problema de saúde pública. Já caracterizado como fator de risco para doença cardiovascular, o tabagismo em pacientes com doença arterial coronariana deve ser cessado por meio de tratamento que envolva tanto medidas motivacionais quanto farmacoterápicas. A bupropiona, antidepressivo que aumenta a concentração de dopamina e noradrenalina, é considerada droga de primeira linha para tal tratamento. A paciente descrita possui algumas comorbidades, como doença arterial coronariana, hipertensão arterial sistêmica, diabete melito e dislipidemia, faz uso de ácido acetilsalicílico, estatina, inibidores da enzima conversora da angiotensina (IECA), betabloqueador e hipoglicemiante oral e é tabagista com desejo de abolir tal hábito. O tratamento com bupropiona está indicado, sendo esta droga segura em pacientes portadores de tais comorbidades, pois não interage com qualquer medicamento utilizado por ela.

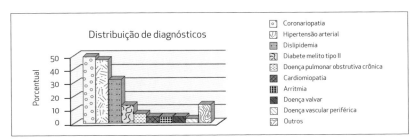

Figura 1 Diagnósticos presentes na população tabagista estudada para tratamento com bupropiona.

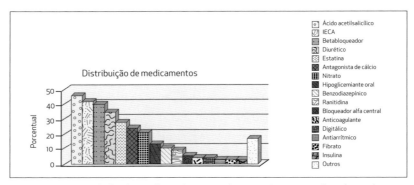

Figura 2 Frequência da distribuição dos medicamentos de uso contínuo consumidos pela população tabagista estudada para tratamento com bupropiona. IECA: inibidor da enzima conversora da angiotensina.

2. e

De acordo com o escore de Fagerström (Tabela 1), a dependência do paciente em questão é muito elevada (soma = 8). Esse escore, desenvolvido e publicado em 1989, avalia o grau de dependência da nicotina. As diretrizes para tratamento do tabagismo sugerem o uso de medicamentos antitabaco para fumantes que consumam 10 ou mais cigarros/dia; porém pacientes que consomem menos também podem ter alta dependência da nicotina, subestimada pelo escore de Fagerströn, que valoriza muito o número de cigarros consumidos. Nesse caso, identifica-se a necessidade do uso de um instrumento de avaliação complementar. O escore de consumo situacional Issa (Tabela 2) surge como opção para avaliação da dependência da nicotina em fumantes de baixo consumo (10 ou menos cigarros/dia), identificando situações nas quais o paciente tem necessidade de fumar e determinando, assim, seu grau de dependência.

Tabela 1 Escore de Fagerström para dependência da nicotina

1. Quanto tempo depois de acordar você fuma o primeiro cigarro?   (3) Nos primeiros 5 minutos   (2) 6-30 minutos   (1) 31-60 minutos   (0) > 60 minutos
2. Você acha difícil não fumar em lugares proibidos?   (1) Sim   (0) Não
3. Qual é o cigarro do dia que traz mais satisfação?   (1) O primeiro da manhã   (0) Os outros

(continua)

Tabela 1 Escore de Fagerström para dependência da nicotina (*continuação*)

4. Quantos cigarros você fuma por dia? (0) < 10 (1) 11-20 (2) 21-30 (3) > 31
5. Você fuma mais frequentemente pela manhã? (1) Sim (0) Não
6. Você fuma mesmo doente, quando precisa ficar acamado a maior parte do tempo? (1) Sim (0) Não
0-2: muito baixa; 3-4: baixa; 5: média; 6-7: elevada; 8-10: muito elevada.

Tabela 2 Escore de consumo situacional Issa

Necessita fumar para melhorar a atenção, a concentração e a produção?	Sim	Não
Necessita fumar quando está ansioso(a), tenso(a) e preocupado(a)?	Sim	Não
Necessita fumar quando está triste ou aborrecido(a)?	Sim	Não
Necessita fumar quando está tomando bebida alcoólica, depois da refeição ou quando está em ambientes festivos?	Sim	Não
Cada resposta "sim" equivale a 1 ponto. 0-1 ponto: baixa dependência; 2-3 pontos: moderada dependência; 4 pontos: alta dependência.		

3. e

O tabagismo continua sendo o fator de risco modificável mais importante para a ocorrência de doença arterial coronariana. Possui efeito dose-dependente, mesmo em fumantes passivos, prejudicando a capacidade coronariana de vasodilatação com aumento da responsividade brônquica e concomitante disfunção pulmonar. Provoca efeitos diversos no organismo, como efeitos hemostáticos e inflamatórios, com aumento de proteína-C reativa (PCR), fibrinogênio e homocisteína, além de aceleração do processo aterosclerótico; aumento do consumo de oxigênio miocárdico e diminuição do fluxo coronariano pelo aumento do tônus alfa-adrenérgico, causando isquemia aguda; agregação plaquetária espontânea, aumentando a adesão de monócitos às células endoteliais, e alterações adversas em fatores fibrinolíticos e aterotrombóticos derivados do endotélio. Pacientes tabagistas possuem maior risco de morte súbita, doença vascular periférica, acidente vascular encefálico isquêmico (AVEi), maior prevalência de espasmos coronarianos e limiares mais baixos para arritmias ventriculares, sendo que mulheres tabagistas e em uso de contracepção hormonal apresentam maior risco para doença arterial coronariana e AVEi precoce.

4. d

Os repositores de nicotina, a bupropiona e a vareniclina são considerados fármacos de primeira linha no tratamento do tabagismo e são recomendados para prescrição em guias nacionais e internacionais. Nos estudos de eficácia comparativa entre esses medicamentos, a vareniclina se apresenta como a droga mais eficaz quando comparada à reposição de nicotina e à bupropiona. Estudos recentes indicam que a associação de vareniclina com bupropiona é mais eficaz que a vareniclina em monoterapia para pacientes com alto grau de dependência. No caso apresentado, a paciente apresenta alto grau de dependência, justificado pela impossibilidade de se manter em abstinência mesmo na iminência de risco de morte. Assim, a melhor estratégia de tratamento seria iniciar com medicação mais eficaz, ou seja, a vareniclina e, se necessário, associar bupropiona.

BIBLIOGRAFIA

Aubin HJ, Bobak A, Britton JR, Oncken C, Billing CB Jr., Gong J, et al. Varenicline versus transdermal nicotine patch for smoking cessation: results from a randomised open-label trial. Thorax. 2008;63:717-24.

Clinical Practice Guideline Treating Tobacco Use and Dependence 2008 Update Panel, Liaisons, and Staff. A Clinical Practice Guideline for Treating Tobacco Use and Dependence: 2008 update. US Public Health Service Report. Am J Prev Med. 2008;35(2):158-76.

Ebbert JO, Hatsukami DK, Croghan IT, Schroeder DR, Allen SS, Hays JT, et al. Combination varenicline and bupropion SR for tobacco-dependence treatment in cigarette smokers: a randomized trial. JAMA. 2014;311(2):155-63.

Fagerstrom KO, Schneider NG. Measuring nicotine dependence: a review of the Fagerstrom Tolerance Questionnaire. J Behav Med. 1989;12(2):159-82.

Issa JS. A new nicotine dependence score and a new scale assessing patient comfort during smoking cessation treatment. J Bras Pneumol. 2012;38(6):761-5.

Issa JS, Abe TO, Moura S, Santos PCJL, Pereira AC. Effectiveness of coadministration of vareniclina, bupropion, and serotonin reuptake inhibitors in a smoking cessation program in the real-life setting. Nicotine Tob Res. 2013;15(6):1146-50.

Issa SJ, Perez GH, Diament J, Zavattieri AG, Oliveira KU. Bupropion in the treatment of smoker cardiovascular disease. Arq Bras Cardiol. 2007;88(4):434-40.

Mirra AP, Meirelles RHS, Godoy I, Issa JS, Reichert J, Carvalho NB, et al. Diretriz da Associação Médica Brasileira para Tratamento do Tabagismo – 2009. Disponível em: http://deixardefumar.com.br/docs/tabagismo/pub/diretriz-tabagismo-2009.pdf. Acesso em: 01 ago. 2015.

Nides M, Glover ED, Reus VI, Christen AG, Make BJ, Billing CB Jr., et al. Varenicline versus bupropion SR or placebo for smoking cessation: a pooled analysis. Am J Health Behav. 2008;32:664-75.

Reichert J, de Araújo AJ, Gonçalves CMC, Godoy I, Chatkin JM, Sales MPU, et al. Diretriz para cessação do tabagismo da Sociedade Brasileira de Pneumologia e Tisiologia – 2008. J Bras Pneumol. 2008;34(10):845-80.

Ridker PM, Libby P. Marcadores de risco para doença aterotrombótica. In: Bonow RO, Mann DL, Zipes DP, Libby P (eds.). Tratado de doenças cardiovasculares de Braunwald. Rio de Janeiro: Elsevier; 2013. p.932-4.

World Health Organization. WHO report on the global tobacco epidemic 2013: the MPower Package. Panamá: WHO; 2013.

CAPÍTULO

10

DOENÇA ARTERIAL CORONARIANA CRÔNICA

Marcus Vinicius Burato Gaz
Luiz Antônio Machado César

QUESTÃO 1

Paciente do sexo masculino, 65 anos de idade, com antecedente de infarto agudo do miocárdio (IAM) há 3 anos e disfunção moderada do ventrículo esquerdo, interna com quadro de angina instável. Foi submetido à cineangiocoronariografia, o resultado do exame está apresentado na figura a seguir. Assinale a melhor conduta, entre as sugeridas, para este paciente.

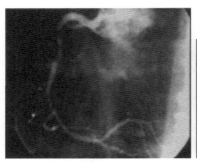
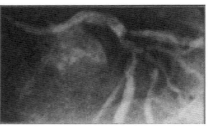

☐ A Colocação de *stent* em artéria descendente anterior esquerda.
☐ B Angioplastia percutânea por balão das artérias descendente anterior esquerda e coronária direita.
☐ C Cirurgia de revascularização miocárdica com colocação de ponte de safena para artérias descendente anterior esquerda e coronária direita.
☐ D Cirurgia de revascularização miocárdica com colocação de ponte de mamária para artéria descendente anterior esquerda e ponte de safena para artérias circunflexa e coronária direita.
☐ E Tratamento medicamentoso.

QUESTÃO 2

Jovem do sexo masculino, 18 anos, previamente hígido, jogador de futebol, apresenta quadro de síncope durante um jogo. Em investigação do quadro foi solicitado teste ergométrico que revelou, com baixa carga de esforço, taquicardia ventricular associada à tontura e à síncope. Ecocardiograma normal. Cineangiocoronariografia sem lesões obstrutivas. Cintilografia com gálio negativa para processo inflamatório. A angiotomografia de artérias coronárias está apresentada a seguir. Assinale a conduta definitiva mais adequada para este paciente.

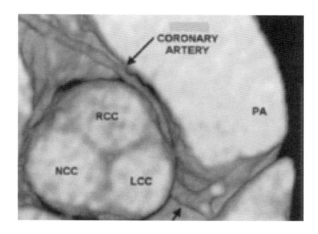

- ☐ A Indicar cardioversor desfibrilador implantável.
- ☐ B Iniciar amiodarona via oral.
- ☐ C Estudo eletrofisiológico.
- ☐ D Revascularização cirúrgica do miocárdio.
- ☐ E Betabloqueador e repouso relativo.

QUESTÃO 3

Mulher de 48 anos, assintomática, sedentária, hipertensa em tratamento, sem outras comorbidades e sem história de doença arterial coronariana (DAC) precoce na família. Durante *check-up* foi solicitado eletrocardiograma (ECG) de esforço que apresentou infradesnivelamento do ponto J em derivações inferiores e laterais de 1 mm no pico de esforço (no décimo minuto) com resolução no primeiro minuto na fase de repouso, tendo alcançado frequência cardíaca máxima, sem sintomas, e curva pressórica normal. Qual é a conduta mais adequada?

- ☐ A Solicitar cineangiocoronariografia.
- ☐ B Trata-se de resultado falso-positivo. Reavaliar em dois anos.
- ☐ C Deve-se iniciar tratamento medicamentoso para coronariopatia.
- ☐ D Repetir o exame a cada seis meses e realizar acompanhamento clínico.
- ☐ E Manter tratamento clínico e considerar uso de estatina e ácido acetilsalicílico.

QUESTÃO 4

Paciente no 5º dia pós-operatório de cirurgia de revascularização do miocárdio, apresenta cansaço, febre aferida menor que 38 °C, ausculta cardíaca com atrito pericárdico e ausculta pulmonar compatível com derrame pleural à esquerda. Radiografia de tórax confirmou derrame pleural à esquerda e área cardíaca aumentada em relação ao pós-operatório imediato. Com base nestes dados, qual o diagnóstico e conduta mais apropriados?

- ☐ A Sepse: acionamento do protocolo de sepse e encaminhamento para unidade de terapia intensiva.
- ☐ B Síndrome pós-pericardiectomia: ecocardiograma e ibuprofeno.
- ☐ C Pneumonia bacteriana hospitalar: antibioticoterapia de amplo espectro.
- ☐ D Pericardite constritiva: encaminhar para pericardiectomia.
- ☐ E Mediastinite aguda: encaminhar para cirurgia de urgência para limpeza do mediastino.

RESPOSTAS CORRETAS

1. d

Diversos estudos nas últimas décadas compararam a evolução e os desfechos clínicos de pacientes com padrão triarterial submetidos a intervenção coronariana percutânea (ICP), tratamento medicamentoso otimizado (TMO) e cirurgia de revascularização miocárdica (CRM). Observou-se que pacientes com presença de lesões coronarianas graves em terço proximal das três grandes artérias, descendente anterior (DA), coronária direita (CD) e circunflexa (CX), especialmente quando possuem disfunção de ventrículo esquerdo, apresentam maior mortalidade no acompanhamento de até 10 anos, sendo a CRM associada ao TMO a estratégia mais indicada para esse perfil de pacientes.

Mais recentemente, o estudo Syntax acompanhou pacientes com doença triarterial ao longo de 5 anos. Nesse estudo, os pacientes com doença triarterial foram classificados como baixo, intermediário ou alto escore de Syntax, uma classificação angiográfica desenvolvida para o estudo que levou em conta a gravidade das lesões coronarianas, definida quanto a localização, extensão e complexidade.

Após a estratificação inicial, os pacientes foram selecionados para TMO associado à CRM ou TMO associado à ICP de forma aleatória. Observou-se, ao final de 5 anos de acompanhamento nos grupos com escore de Syntax intermediário e alto, que a realização de ICP está correlacionada com aumento na ocorrência de eventos cardiovasculares maiores, definidos como óbito por qualquer causa, infarto agudo do miocárdio (IAM), acidente vascular encefálico (AVE) ou nova CRM, quando comparados ao grupo de pacientes submetidos à CRM.

Assim, a CRM associada ao TMO é hoje o tratamento de escolha para pacientes portadores de doença arterial coronariana (DAC) triarterial de intermediário e alto risco, definido não somente pelo escore de Syntax, mas também por critérios clínicos como presença de diabete melito (DM), disfunção do ventrículo esquerdo, doença arterial periférica e idade avançada. No entanto, para pacientes portadores de DAC de baixo risco ou mesmo de intermediário e alto risco, mas com contraindicação à realização de CRM, a ICP pode ser considerada como tratamento alternativo.

2. d

Uma das principais causas de morte súbita em indivíduos jovens, especialmente em atletas, é a presença de origem anômala de artérias coronarianas, doença congênita caracterizada pela implantação contralateral da artéria na aorta, ou seja, a artéria coronária direita se implanta na cúspide esquerda da válvula aórtica, ou o contrário. Dessa forma, a artéria perfaz um trajeto cruzando para o lado oposto entre a aorta e o tronco da artéria pulmonar. Assim, existe risco de compressão ou espasmo da coronária anômala, por mecanismos ainda não conhecidos plenamente, ou mesmo de uma saída a 180° de uma artéria à outra, impedindo fluxo normal para a anômala, o que pode resultar em isquemia miocárdica e arritmias cardíacas durante esforço físico. A presença de uma coronária anômala frequentemente não é diagnosticada, uma vez que a maior parte dos pacientes não apresenta sintomas ao longo da vida. Especialmente nos atletas, a origem anômala de coronárias pode ser sintomática, como mostrado no caso clínico da questão, e pode levar até mesmo à morte súbita, exigindo medidas preventivas e diagnóstico precoce. Assim, mesmo assintomáticos, os atletas profissionais ou amadores portadores dessa anomalia devem ser afastados de eventos competitivos e encaminhados ao cardiologista para avaliação.

O diagnóstico é simples e pode ser realizado por qualquer método de avaliação anatômica das coronárias. A angiotomografia de artérias coronárias tem ganhado importância crescente, uma vez que se trata de um exame menos invasivo e com menores riscos quando comparado com a cineangiocoronariografia.

Os pacientes sintomáticos portadores da doença, atletas ou não, ou aqueles que apresentam isquemia miocárdica documentada (normalmente pela presença de arritmias ventriculares graves ao teste de esforço) são candidatos à CRM preferencialmente sem utilização de circulação extracorpórea, quando tecnicamente possível.

Dessa forma, a American Heart Association recomenda a avaliação cardiológica de todos os atletas, profissionais e amadores, antes de iniciarem treinamentos ou competições. O rastreamento deve ser conduzido clinicamente, por meio de anamnese, verificação de morte súbita em antecedentes familiares, além de exame físico direcionado. O uso rotineiro de exames complementares, como o teste de esforço para rastreamento de cardiopatias em atletas, não é recomendado, principalmente em razão do alto custo associado à estratégia populacional de prevenção.

3. e

A DAC continua como uma das maiores causas de morbidade e mortalidade em todo o mundo, além de ser a responsável por boa parte dos gastos com saúde em países desenvolvidos. Seu caráter progressivo e muitas vezes silencioso exige métodos de diagnóstico precoce para prevenir manifestações graves, como o IAM e a morte súbita cardíaca.

Diversos estudos ao longo da história tiveram por objetivo o desenvolvimento de métodos de rastreamento eficientes para a detecção precoce da doença, mas nenhum tem se mostrado custo-efetivo o bastante para justificar a aplicação em larga escala como estratégia populacional de prevenção primária.

Assim, a maioria das diretrizes de prevenção primária de doença aterosclerótica cardiovascular preconiza apenas a avaliação clínica periódica, sem emprego de métodos diagnósticos complementares em pacientes assintomáticos e sem critérios de alto risco (como DAC precoce familiar ou morte súbita em familiares de primeiro grau). O uso de exames complementares para rastreamento da doença estaria reservado apenas a grupos de maior risco, o que é constante alvo de debates e controvérsia.

Apesar de vários métodos disponíveis se proporem a detectar a doença aterosclerótica cardíaca ainda na forma subclínica, como a proteína C-reativa ultrassensível, o escore de cálcio coronariano e a espessura mediointimal carotídea, a avaliação clínica do paciente ainda é o método de escolha para estimativa do risco de doença cardiovascular nos próximos 10 anos.

Recentemente, o American College of Cardiology estabeleceu novas diretrizes para a prevenção primária de eventos cardiovasculares. O documento enfatiza a necessidade de se realizar a prevenção da doença aterosclerótica coronariana a partir da avaliação clínica de pacientes entre 20 e 79 anos, a cada 4 a 6 anos, por meio de uma fórmula de cálculo do risco de eventos cardiovasculares nos 10 anos seguintes de vida do paciente.

A calculadora de risco global do American College of Cardiology é derivada do escore de Framingham e leva em conta idade, sexo, raça, valor de colesterol sérico total e fração HDL, níveis pressóricos e uso de medicações anti-hipertensivas, além de tabagismo e DM. O uso da fórmula é recomendado a fim de prever o risco de eventos cardiovasculares maiores em 10 anos, possibilitando-se adoção de medidas preventivas individualizadas para cada paciente.

Assim, além do tratamento otimizado de comorbidades como DM e hipertensão arterial sistêmica (HAS) e do aconselhamento quanto à importância da cessação do tabagismo e da modificação do estilo de vida, o uso de estatinas, mesmo em pacientes sem diagnóstico de dislipidemia, pode ser adotado como estratégia preventiva.

Finalmente, o uso rotineiro de exames complementares, como teste de esforço, angiotomografia de coronárias ou espessura mediointimal carotídea, não é recomendado, exceto em casos específicos, como avaliação de indivíduos de alto risco cardiovascular, por exemplo, pacientes portadores de hipercolesterolemia familiar.

O teste ergométrico realizado pela paciente, a despeito das recomendações vigentes, apresentou alterações sugestivas de isquemia. Para prosseguir com a avaliação do risco de doença cardiovascular isquêmica, pode ser usado o escore de Duke para interpretação do teste de esforço, cujo resultado seria baixo risco de doença cardíaca coronariana grave, sendo contraindicada a realização de cineangiocoronariografia, de acordo com esse escore. No entanto, a alteração demonstrada no teste indica grande probabilidade de DAC em progresso, o que exigiria adequação do tratamento clínico, com emprego de estatinas e antiplaquetários, por exemplo.

4. b

A síndrome pós-pericardiotomia (SPP) é uma complicação comum após uma cirurgia cardíaca (8,9 a 40%), especialmente quando há grande manipulação do pericárdio, causando inflamação local. Normalmente, a SPP manifesta-se nos primeiros dias após a cirurgia, mas pode surgir até 12 meses depois do procedimento.

As complicações associadas ao surgimento da SPP incluem tamponamento cardíaco, maior tempo de internação, reinternações frequentes e necessidade de procedimentos adicionais, como pericardiocentese ou reabordagem cirúrgica. Ademais, pacientes com diagnóstico de SPP têm maior risco de desenvolvimento de arritmias pós-operatórias, especialmente fibrilação atrial.

Clinicamente, o paciente apresenta dor torácica de característica pleurítica, febre de até 38°C, inflamação sistêmica (aumento de leucócitos e provas inflamatórias sanguíneas), astenia, presença de atrito pericárdico, além de derrame pleural, achado comum à radiografia de tórax. O eletrocardiograma tradicionalmente mostra taquicardia sinusal ou fibrilação atrial, associadas a alterações de repolarização difusas (supradesnivelamento de segmento ST em várias derivações), além de infradesnivelamento do segmento P-R. Após a suspeita diagnóstica, é fundamental a realização de ecocardiograma a fim de se verificar a presença e a quantificação de derrame pericárdico. Felizmente, o tamponamento cardíaco é raro, mas o paciente deve ser reavaliado frequentemente para monitorização do derrame. A presença de pulso paradoxal é sugestiva, o que exige conduta imediata para drenagem cirúrgica da coleção.

O tratamento dos casos não complicados é simples e envolve o uso de analgésicos e anti-inflamatórios não esteroidais, com melhora significativa dos sintomas nas primeiras 48 horas. O uso de corticosteroides deve ser reservado a casos recorrentes ou não responsivos ao tratamento inicial. Recentemente, foi sugerido que o uso da colchicina, consagrada no tratamento da gota, pode ser eficaz para prevenir SPP quando iniciada até 48 horas antes da cirurgia cardíaca.

BIBLIOGRAFIA

Basso C, Maron BJ, Corrado D, Thiene G. Clinical profile of congenital coronary artery anomalies with origin from the wrong aortic sinus leading to sudden death in young competitive athletes. J Am Coll Cardiol. 2000;35:1493-501.

César LA, Ferreira JF, Armaganijan D, Gowdak LH, Mansur AP, Bodanese LC, et al. Diretriz de doença coronária estável. Arq Bras Cardiol. 2014;103(2).

Dawber TR, Kannel WB, Lyell LP. An approach to longitudinal studies in a community: the Framingham study. Ann N Y Acad Sci. 1963;107:539-56.

Drezner JA. Sudden cardiac death in young athletes. Causes, athlete's heart, and screening guidelines. Postgrad Med. 2000;108:37-50.

Eleven-year survival in the Veteran Administration randomized trial of coronary bypass surgery for stable angina. The Veterans Administration Coronary Artery Bypass Surgery Cooperative Study Group. N Engl J Med. 1984;311(21):1333-9.

Farkouh ME, Domanski M, Sleeper LA, Siami FS, Dangas G, Mack M, et al; Freedom Trial Investigators. Strategies for multivessel revascularization in patients with diabetes. N Engl J Med. 2012;367(25):2375-84.

Frye RL, August P, Brooks MM, Hardison RM, Kelsey SF, MacGregor JM, et al; BARI 2D Study Group. A randomized trial of therapies for type 2 diabetes and coronary artery disease. The BARI 2 Study Group. N Eng J Med. 2009;360(24):2503-15.

Gibbons GH, Harold JG, Jessup M, Robertson RM, Oetgen WJ. The next steps in developing clinical practice guidelines for prevention. J Am Coll Cardiol. 2013;62:1399-400.

Goff DC Jr, Lloyd-Jones DM, Bennett G, Coady S, D'Agostino RB Sr., Gibbons R, et al.; American College of Cardiology/American Heart Association Task Force on Practice Guidelines. 2013 ACC/AHA guideline on the assessment of cardiovascular risk: a report of the American College of Cardiology/American Heart Association Task Force on Practice Guidelines. J Am Coll Cardiol. 2014;63(25):2935-59.

Hueb W, Lopes N, Gersh BJ, Soares PR, Ribeiro EE, Pereira AC, et al. Ten-year follow-up survival of the medicine, angioplasty, or surgery study (MASS II): a randomized controlled clinical trial of 3 therapeutic strategies for multivessel coronary artery disease. Circulation. 2010;122(10):949-57.

Imazio M, Brucato A, Ferrazzi P, Pullara A, Adler Y, Barosi A, et al.; COPPS-2 Investigators. Colchicine for prevention of postpericardiotomy syndrome and postoperative atrial fibrillation. The COPPS-2 Randomized Clinical Trial. JAMA. 2014;312(10):1016-23.

Institute of Medicine (US) Committee on Standards for Developing Trustworthy Clinical Practice Guidelines. Clinical practice guidelines we can trust. Washington: National Academies Press; 2011.

Lehto J, Gunn J, Karjalainen P, Airaksinen J, Kiviniemi T. Incidence and risk factors of postpericardiotomy syndrome requiring medical attention: the Finland postpericardiotomy syndrome study. J Thorac Cardiovasc Surg. 2015.

Maddoux GL, Goss JE, Ramo BW, Raff GL, Heuser RR, Shadoff N, et al. Angina and vasospasm at rest in a patient with an anomalous left coronary system. Cathet Cardiovasc Diagn. 1989;16:95-8.

Mark DB, Hlatky MA, Harrell FE Jr., Lee KL, Califf RM, Pryor DB. Exercise treadmill score for predicting prognosis in coronary artery disease. Ann Intern Med. 1987;106:793-800.

Maron BJ, Thompson PD, Ackerman MJ, Balady G, Berger S, Cohen D, et al.; American Heart Association Council on Nutrition, Physical Activity, and Metabolism. Recommendations and considerations related to preparticipation screening for cardiovascular abnormalities in competitive athletes: 2007 update. Circulation. 2007;115:1643-55.

Nobre F, Serrano Jr. CV (eds.). Tratado de cardiologia SOCESP. Barueri: Manole, 2005.

Ringqvist I, Fisher LD, Mock M, Davis KB, Wedel H, Chaitman BR, et al. Prognostic value of angiographic indices of coronary artery disease from the Coronary Artery Surgery Study (CASS). J Clin Invest. 1983;71(6):1854-66.

Serryus PW, Morice MC, Kappetein P, Colombo A, Holmes DR, Mack MJ, et al; Syntax Investigators. Percutaneous coronary intervention versus coronary-artery bypass grafting for severe coronary artery disease. Trial. N Engl J Med. 2009;360(10):961-72. Erratum in N Engl J Med. 2013;368(6):584.

Vianna CB, Gonzalez MM, Dallan LA, Shiozaki AA, Medeiros FM, Britto PC, et al. Anomalous coronary artery causing transmural ischaemia and ventricular tachycardia in a high school athlete. Resuscitation. 2007;74:183-6.

CAPÍTULO

11

DOENÇA ARTERIAL CORONARIANA AGUDA

Felipe Lourenço Fernandes
Fernando Ganem
José Carlos Nicolau

QUESTÃO 1

Homem, 73 anos, hipertenso, diabético e tabagista dá entrada no pronto-socorro com quadro de precordialgia há 30 minutos de forte intensidade, com irradiação para membro superior esquerdo, acompanhado de sudorese e náuseas. Relata quadro semelhante na manhã anterior. Foi realizado eletrocardiograma (ECG) mostrado na figura a seguir. Foi prescrito ácido acetilsalicílico (AAS), 300 mg, e iniciou-se o uso de nitroglicerina com melhora da dor. Paciente com pressão arterial 160 × 90 mmHg, e estertores bibasais. Creatinina 1,6. Marcadores de necrose miocárdica ainda não disponíveis. No momento, assinale o diagnóstico e a conduta a ser tomada.

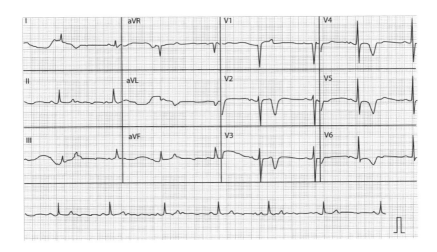

☐ A Angina instável de alto risco. Iniciar imediatamente heparina, associar outro antiagregante plaquetário e encaminhar o paciente precocemente para realização de cateterismo cardíaco.

☐ B Angina instável de alto risco. Iniciar imediatamente ácido acetilsalicílico, clopidogrel, heparina e fibrinolítico. Realizar angiotomografia ou cintilografia para pesquisa de doença coronariana.

☐ C Infarto agudo do miocárdio sem supradesnivelamento do segmento ST (IAMsSST). Iniciar imediatamente heparina, associar outro antiagregante plaquetário e encaminhar o paciente precocemente para realização de cateterismo cardíaco.

☐ D Infarto agudo do miocárdio com supradesnivelamento do segmento ST (IAMcSST). Iniciar imediatamente heparina, associar outro antiagregante plaquetário e administrar fibrinolítico intravenoso.

☐ E IAMcSST. Administrar imediatamente heparina, associar outro antiagregante plaquetário e encaminhar o paciente precocemente para realização de cateterismo cardíaco.

QUESTÃO 2

Homem, 56 anos, tabagista dá entrada com precordialgia há 60 minutos, de forte intensidade. O ECG realizado está mostrado a seguir. O paciente está hemodinamicamente estável. O hospital não dispõe de laboratório de hemodinâmica e o centro de hemodinâmica mais próximo está a 180 minutos do local de atendimento. Assinale a melhor conduta a ser tomada.

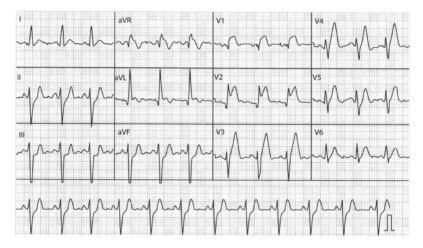

☐ A Transferir imediatamente o paciente para um hospital onde possa ser feita angioplastia primária, já que o tratamento percutâneo é a melhor opção. Iniciar administração de AAS + clopidogrel + heparina imediatamente.
☐ B Como o paciente encontra-se estável hemodinamicamente, angioplastia primária e uso de fibrinolítico não estão indicados no momento. Transferir paciente para um hospital com laboratório de hemodinâmica e administrar fibrinolítico apenas em caso de instabilidade hemodinâmica.
☐ C Enquanto não for completamente afastada a possibilidade de dissecção aguda da aorta, nenhuma forma de revascularização miocárdica deve ser tentada.
☐ D A melhor estratégia para este paciente é a farmacoinvasiva precoce (angioplastia primária facilitada), que constitui o início imediato de fibrinolítico e transferência para o cateterismo que deve ser realizado dentro de 6 horas.
☐ E Por se tratar de um caso de infarto agudo do miocárdio em hospital que não dispõe de angioplastia transluminal coronariana primária, não se justifica uma perda adicional de tempo, devendo-se iniciar terapia fibrinolítica imediatamente.

QUESTÃO 3

Homem com 64 anos apresentou quadro de dor precordial de forte intensidade, procurou um pronto-socorro com 10 horas de dor. Realizou ECG que demonstrou IAMcSST. Por não haver serviço de hemodinâmica disponível na região, optou-se por infusão de fibrinolítico. No terceiro dia pós-IAM, o paciente estava evoluindo assintomático e foi encaminhado para outro hospital onde realizou cateterismo que demonstrou DA proximal ocluída sem lesão nas demais artérias. Como o paciente vinha evoluindo assintomático, optou-se por manutenção do tratamento clínico. No quarto dia pós-IAM, evolui com quadro de mal-estar e estase jugular. Paciente hemodinamicamente estável. Foi realizado ECG demonstrado a seguir. Assinale a principal hipótese diagnóstica e a conduta a ser realizada imediatamente.

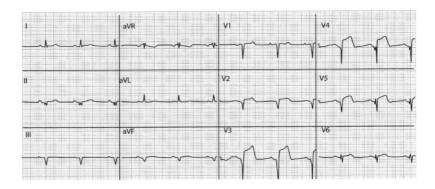

☐ A Infarto agudo do ventrículo direito. Iniciar reposição agressiva de cristaloide (2 L), encaminhar paciente para setor de hemodinâmica e evitar uso de morfina e nitrato.
☐ B Ruptura de parede livre de ventrículo esquerdo (VE) com tamponamento cardíaco. Realizar ecocardiograma de urgência no leito e encaminhar paciente para centro cirúrgico para realização de drenagem pericárdica. Caso o paciente apresente instabilidade hemodinâmica, realizar pericardiocentese de urgência.
☐ C Ruptura de parede livre de VE com tamponamento cardíaco. Ressonância magnética cardíaca para avaliar tamanho do derrame pericárdio.
☐ D Infarto agudo do miocárdio, administrar nitroglicerina intravenosa e morfina até melhora do mal-estar. Caso o paciente não melhore, encaminhar para setor de hemodinâmica pela possibilidade de nova síndrome coronariana aguda (SCA).
☐ E Dissecção aguda da aorta. Realizar angiotomografia de aorta torácica. Iniciar nitroprussiato e metoprolol para controle do duplo produto.

QUESTÃO 4

Mulher, 74 anos, antecedentes de hipertensão e tabagismo, apresentou quadro de IAMsSST. Foram realizadas medidas iniciais para SCA e estratificação precoce com cateterismo que revelou doença aterosclerótica difusa com lesões triarteriais não passíveis de revascularização, ecocardiograma sem disfunção cardíaca e cintilografia pós-IAM com isquemia de moderada intensidade em parede anterior. Assinale a melhor opção de prescrição de alta desta paciente:

☐ A AAS, betabloqueador, inibidor da enzima conversora da angiotensina (IECA), estatina, encaminhamento a um programa de cessação do tabagismo, entretanto, a utilização de agentes farmacológicos está contraindicada nos primeiros 6 meses pós--IAM.

☐ B AAS, anticoagulação com varfarina (INR 2-3), betabloqueador, IECA, estatina, encaminhamento a um programa de cessação do tabagismo e a utilização de agentes farmacológicos, se necessário.

☐ C Dupla antiagregação plaquetária, betabloqueador, IECA, estatina, encaminhamento a um programa de cessação do tabagismo, entretanto a utilização de agentes farmacológicos está contraindicada nos primeiros 6 meses pós-IAM.

☐ D Dupla antiagregação plaquetária, betabloqueador, IECA, estatina, encaminhamento a um programa de cessação do tabagismo e a utilização de agentes farmacológicos, se necessário.

☐ E Dupla antiagregação plaquetária, anticoagulação com varfarina (INR 2-3), betabloqueador, IECA, estatina, encaminhamento a um programa de cessação do tabagismo e a utilização de agentes farmacológicos, se necessário.

RESPOSTAS CORRETAS

A síndrome coronariana aguda (SCA) pode ser dividida em infarto agudo do miocárdio (IAM) com e sem supradesnivelamento do segmento ST e angina instável (AI). A presença de elevação do segmento ST > 1 mm nas derivações frontais ou > 2 mm nas derivações precordiais caracteriza o IAM com supradesnivelamento do segmento ST (IAMcSST), que normalmente acomete pacientes mais jovens e tem pior prognóstico. O IAM sem supradesnivelamento do segmento ST (IAMsSST) é caracterizado por aumento dos marcadores de necrose miocárdica e sintomatologia compatível ou nova alteração de mobilidade da parede ventricular. Já a AI indica um paciente com quadro de precordialgia compatível com SCA, mas sem elevação dos marcadores de necrose miocárdica (troponina e CKMB). O paciente com AI tem prognóstico variável quanto a eventos desfavoráveis como IAM, óbito, recorrência de angina e necessidade de revascularização miocárdica, portanto a estratificação de risco em pacientes com quadro de AI em alto, médio e baixo risco é essencial.

1. a

Na vigência de precordialgia, um ECG deve ser realizado dentro de 10 minutos após a chegada do paciente ao pronto-socorro. A análise do ECG apresentado descarta o diagnóstico de IAMcSST, mas não descarta um episódio de SCA. A história clínica é um ponto crucial para o diagnóstico correto das precordialgias. A partir de dados clínicos, classifica-se a probabilidade de o paciente estar apresentando um episódio de angina. É importante salientar que neste momento ainda não se está estratificando o risco da angina, apenas verificando o risco de este paciente estar apresentando um episódio de SCA (Quadro 1).

Quadro 1   Classificação da dor torácica

Definitivamente anginosa: desconforto retroesternal precipitado pelo esforço com irradiação típica para o ombro, mandíbula ou face interna do braço, aliviado por repouso ou nitrato
Provavelmente anginosa: tem a maioria das características de dor definitivamente anginosa, podendo ser inteiramente típica sob alguns aspectos
Provavelmente não anginosa: definida como um padrão atípico de dor torácica, que não se adapta à descrição da dor definitivamente anginosa
Definitivamente não anginosa: dor não relacionada ao esforço com aspectos evidentes de origem não cardíaca, não aliviada por nitratos

Nos pacientes classificados com quadro anginoso, é necessário realizar a estratificação da angina em alto, moderado ou baixo risco. Existem diversos métodos para a estratificação. Os mais utilizados são o TIMI *risk*, o GRACE e o escore de risco pontual.

A partir de uma análise do banco de dados do estudo Thrombolysis in Myocardial Infarction 11B (TIMI 11B) alguns marcadores independentes de pior prognóstico foram estabelecidos em pacientes com SCAsSST (TIMI *risk*). Cada item vale 1 ponto, sendo que o paciente será estratificado em baixo risco (0 a 2 pontos), risco intermediário (3 ou 4) e alto risco (5 a 7). Quanto maior for a pontuação, maior será o risco de morte e reinfarto, conforme a Figura 1.

A estratificação de risco pontual publicada por Braunwald é baseada em história clínica, exame físico, alterações eletrocardiográficas e valor dos marcadores de necrose miocárdica. A presença de um marcador de alto risco classifica o paciente como tendo alto risco de óbito cardiovascular.

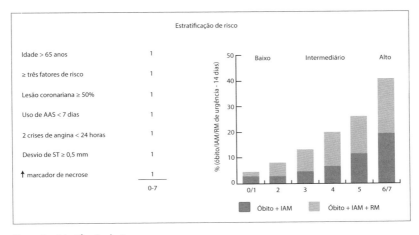

Figura 1 Estratificação de risco.

Tabela 1 Variáveis prognósticas

	Alto	Moderado	Baixo
Variável prognóstica	Pelo menos uma das características a seguir deve estar presente	Nenhuma característica de alto risco, mas com algumas das apresentadas a seguir	Nenhuma característica de risco intermediário ou alto, mas alguma das apresentadas a seguir

(continua)

Tabela 1 Variáveis prognósticas *(continuação)*

	Alto	Moderado	Baixo
História	Agravamento dos sintomas nas últimas 48 horas; idade > 75 anos	Idade entre 70 e 75 anos Infarto prévio, doença cerebrovascular ou periférica, diabete melito, cirurgia de revascularização, uso prévio de AAS	
Dor precordial	Dor prolongada (> 20 minutos) em repouso	Angina de repouso > 20 minutos, resolvida, com probabilidade de DAC moderada a alta Angina em repouso ≤ 20 minutos, com alívio espontâneo ou com nitrato	Novo episódio de angina classe III ou IV da CCS nas últimas 2 semanas sem dor prolongada em repouso, mas com moderada ou alta probabilidade de DAC
Exame físico	Edema pulmonar, piora ou surgimento de sopro de regurgitação mitral, terceira bulha, novos estertores, hipotensão, bradicardia ou taquicardia		
Eletrocardiograma	Infradesnivelamento do segmento ST ≥ 0,5 mm (associado ou não a angina), alteração dinâmica do ST, bloqueio completo de ramo, novo ou presumidamente novo Taquicardia ventricular sustentada	Inversão da onda T > 2 mm; ondas Q patológicas	Normal ou inalterado durante episódio de dor

(continua)

Tabela 1 Variáveis prognósticas *(continuação)*

	Alto	Moderado	Baixo
Marcadores séricos de isquemia*	Acentuadamente elevados (p. ex., TnTc > 0,1 ng/mL)	Discretamente elevados (p. ex., TnTc entre 0,03 e 0,1 ng/mL)	Normais

* Troponina I cardíaca (Tnic), troponina T cardíaca (TnTc) ou creatinoquinase MB (CK-MB) (preferencialmente massa) elevados: acima do percentil 99; elevação discreta: acima do nível de detecção e inferior ao percentil 99.

AAS: ácido acetilsalicílico; DAC: doença arterial coronariana; CCS: Canadian Cardiovascular Society.

O outro escore muito utilizado na prática clínica é o escore de risco Global Registry of Acute Coronary Events (GRACE), pois permite uma estratificação mais acurada, tanto na admissão quanto na alta hospitalar, graças ao seu bom poder discriminatório; entretanto, apresenta maior complexidade na implementação com necessidade da utilização de computador ou celular para o cálculo do risco (gracescore.org). As variáveis estão apresentadas no Quadro 2.

Quadro 2 Escore de GRACE

Idade em anos – variando de 0 (< 30) a 100 pontos (> 90)
Frequência cardíaca (FC em bpm) – variando de 0 (< 50) a 46 pontos (> 200)
Pressão arterial sistólica (PAS em mmHg) – variando de 0 (> 200) a 58 pontos (< 80)
Níveis de creatinina (mg/dL) – variando de 1 (< 0,40) a 28 pontos (> 4)
Insuficiência cardíaca (classe Killip) – variando de 0 (classe I) a 59 pontos (classe IV)
Parada cardíaca na admissão – variando de 0 (não) a 39 pontos (sim)
Desvio do segmento ST – variando de 0 (não) a 28 pontos (sim)
Elevação dos níveis de marcadores de necrose cardíaca – variando de 0 (não) a 14 pontos (sim)

Quando a soma dos pontos é menor que 108, o paciente é considerado de baixo risco para óbito hospitalar, cuja incidência fica abaixo de 1%, quando se situa entre 109 e 140 (risco intermediário), a mortalidade fica entre 1 e 3%; quando a soma é maior que 140 (alto risco), a mortalidade é superior a 3%.

Tabela 2 Escore de GRACE

	Baixo risco	Risco intermediário	Alto risco
Pontos	≤ 108	109-140	> 140
Mortalidade em 30 dias	1%	1-3%	>3%
Pontos	≤ 88	89-118	> 118
Mortalidade em 6 meses	< 3%	3-8%	> 8%

Portanto, o paciente da questão tem um quadro definitivamente anginoso. Levando-se em conta os escores de risco do paciente, ele apresenta risco intermediário de evento cardiovascular pelo TIMI (4 pontos), mas apresenta alto risco pelo escore pontual de Braunwald (dor > 20 minutos, novos estertores pulmonares e infradesnivelamento do segmento ST > 0,5 mm) e pelo GRACE (3,4% de mortalidade intra-hospitalar), logo pode-se classificar esse paciente como angina instável de alto risco. A melhor conduta para Killip II é uma estratégia invasiva precoce com cinecoronariografia dentro das primeiras 48 horas, idealmente o mais precocemente possível.

Em relação ao tratamento, atualmente, mais do que seguir protocolos inflexíveis, o médico precisa individualizar a conduta para cada paciente, levando em consideração a história clínica (idade, comorbidades, risco de evolução desfavorável, risco de sangramento), o *status* hemodinâmico atual, o resultado de exames preliminares e a opções terapêuticas farmacológicas ou não farmacológicas disponíveis.

Em geral, pacientes com SCAsSST devem receber anticoagulação plena (heparina não fracionada, heparinas de baixo peso molecular ou fondaparinux) associado a ácido acetilsalicílico e a inibidores de P2Y12 (clopidogrel, prasugrel ou ticagrelor). Os inibidores do receptor da glicoproteína IIb/IIIa no cenário de SCAsSST devem ficar restritos ao setor de hemodinâmica em pacientes com idade < 75 anos que serão submetidos à intervenção coronária percutânea (ICP) primária, especialmente diante de alta "carga trombótica" intracoronariana. Fibrinolítico para essa população não está indicado.

2. e

Na ausência de contraindicações (Quadro 3), a terapia fibrinolítica deve ser utilizada em pacientes com infarto agudo do miocárdio com supradesnivelamento do segmento ST (IAMcSST) e início de sintomas de isquemia nas últimas 12 horas, quando a angioplastia primária não puder ser realizada nos primeiros 120 minutos após o contato médico inicial. Se o paciente apresentar evidência clínica ou eletrocardiográfica de isquemia recorrente entre 12 e 24 horas, o fibrinolítico também pode ser utilizado.

Quadro 3   Contraindicações à terapia fibrinolítica

Contraindicações absolutas
AVE hemorrágico ou AVE de origem desconhecida em qualquer tempo
AVE isquêmico nos últimos 5 meses
Dano ou neoplasia no sistema nervoso central
Recente trauma maior, cirurgia ou lesão encefálica nos últimos 3 meses
Sangramento gastrointestinal no último mês
Discrasia sanguínea conhecida ou sangramento ativo (exceto menstruação)
Suspeita de dissecção de aorta
Doença terminal
Contraindicações relativas
Ataque isquêmico transitório nos últimos 6 meses
Terapia com anticoagulantes orais
Gravidez ou período de pós-parto na última semana
Punções não compressíveis
Ressuscitação cardiopulmonar traumática
Hipertensão arterial não controlada (PAS > 180 mmHg ou PAD > 110 mmHg)
Doença hepática avançada
Endocardite infecciosa
Úlcera péptica ativa
Exposição prévia a SK (mais de 5 dias)
Gravidez

AVE: acidente vascular encefálico; PAD: pressão arterial diastólica; PAS: pressão arterial sistólica; SK: estreptoquinase.

É importante salientar que, mesmo em hospitais em que o transporte para hemodinâmica for menor que 120 minutos, a terapia fibrinolítica pode ser utilizada e não é menos eficaz nos pacientes com início de precordialgia há menos de 2 horas.

Junto com o fibrinolítico, é importante que seja utilizada uma terapia antitrombótica com dose de ataque de ácido acetilsalicílico, 300 mg, e clopidogrel, 300 mg (exceto se o paciente tiver mais de 75 anos de idade, em que a dose de ataque é de apenas 75 mg). Paciente em uso de fibrinolítico deve utilizar heparina por no mínimo 48 horas ou até a reperfusão miocárdica ser realizada, ou até o 8° dia, o que ocorrer primeiro. O alvo de anticoagulação é um r entre 1,5 e 2 com o uso de heparina não fracionada ou enoxaparina intravenosa, seguido de heparinização plena subcutânea após 15 minutos da dose inicial, respeitando-se peso, idade e função renal do paciente.

3. b

As complicações mecânicas pós-infarto agudo do miocárdio (IAM) vêm diminuindo com a reperfusão precoce de pacientes com IAMcSST, entretanto ainda é possível ver esse tipo de complicação com certa frequência em pacientes não reperfundidos precocemente ou em uso de fibrinolíticos, portanto elas devem ser sempre lembradas, pois a detecção precoce pode reduzir a alta mortalidade associada.

A maioria dos casos ocorre nas primeiras 24 horas, enquanto o restante geralmente ocorre na primeira semana. A suspeita normalmente ocorre em paciente com novo sopro cardíaco e o diagnóstico normalmente é dado pelo ecocardiograma. As principais complicações mecânicas do IAM são insuficiência mitral isquêmica, rotura de parede livre do ventrículo esquerdo (VE) e rotura de septo interventricular.

A insuficiência mitral pós-IAM pode ocorrer por disfunção de músculo papilar associada à isquemia (remodelamento) ou por sua ruptura. A disfunção temporária é comum e pode ter resolução espontânea. A ruptura ocorre em 1% dos casos. Classicamente, ocorre entre 2 e 7 dias após um infarto de parede inferior. Mais prevalente em pacientes com IAM inferior, a condição é mais crítica se ocorrer ruptura parcial ou total do músculo papilar. Na maioria das vezes, a ruptura ocorre no músculo papilar posteromedial por conta de irrigação vascular única. A disfunção pode ser suspeitada mediante novo sopro sistólico em foco mitral, congestão pulmonar ou choque cardiogênico em paciente com IAM inferior ou por meio de ecocardiograma. Ondas V gigantes na curva de pressão capilar pulmonar do cateter de Swan-Ganz é um achado nessa complicação; no entanto, o ecocardiograma é o exame de escolha para o diagnóstico. O tratamento cirúrgico é a única terapêutica definitiva, e o tempo entre a apresentação e o tratamento cirúrgico parece ser proporcional ao índice de mortalidade. A estabilização clínica inicial deve ser realizada com vasodilatadores nos pacientes não hipotensos (nitroprussiato de sódio com o objetivo de diminuir a pós-carga do VE e reduzir a regurgitação mitral) e balão intra-aórtico (BIA) como forma de suporte até o tratamento cirúrgico.

A ruptura do septo ventricular tem sido descrita em até 3% dos IAM, contribuindo para cerca de 5% dos óbitos. Tipicamente, metade dos defeitos do septo ventricular ocorre nos infartos de parede anterior, frequentemente em pacientes apresentando o primeiro infarto, com incidência máxima de 3 a 7 dias após o infarto, principalmente nos pacientes que não receberam terapia de reperfusão ou receberam terapia com fibrinolítico. Achados associados aos defeitos do septo ventricular podem ser confundidos com regurgitação mitral aguda, porque ambos causam hipotensão, insuficiência cardíaca grave e sopro forte. Em geral, o sopro é mais forte ao longo da borda esquerda do esterno e pode haver frêmito associado. A cineangiocoronariografia e o estudo hemodinâmico confirmam o defeito septal e as lesões coronarianas, possibilitando a programação cirúrgica (indicada para todos os pacientes o mais precocemente possível). A intervenção cirúrgica imediata é recomendada, pois pode reduzir o índice de mortalidade de quase 100% para menos de 50%. A mortalidade em 30 dias em relação aos pacientes que desenvolveram defeitos do septo ventricular perinfarto é de 74%. Já em relação àqueles encaminhados para cirurgia, a mortalidade é menor que 50%. O tratamento de suporte enquanto o paciente não é encaminhado para cirurgia envolve inotrópicos e vasodilatadores associados ao BIA. O fechamento percutâneo é um método menos invasivo que pode ser considerado para estabilização inicial, mas a experiência de longo prazo ainda é muito limitada.

A ruptura da parede livre do VE é a terceira causa de óbito no IAM após a disfunção ventricular e as arritmias, e é caracterizada por rápida progressão para choque cardiogênico, dissociação eletromecânica e morte. Pode ocorrer em até 3% dos pacientes. É mais frequente em idosos, mulheres, pacientes hipertensos na entrada e em pacientes trombolisados com > 14 horas do início dos sintomas. O quadro clínico da ruptura aguda é dramático, levando muitas vezes à morte súbita. O tratamento é cirúrgico de emergência e a drenagem pericárdica pode ser realizada para alívio do tamponamento cardíaco antes da correção cirúrgica. A mortalidade que atinge a sala de cirurgia ainda fica em torno de 60%.

Tabela 3. Complicações mecânicas pós-infarto agudo do miocárdio

	Ruptura de músculo papilar	Ruptura de septo	Ruptura de parede livre
Epidemiologia	1%, pico no 1º PIM	1-3% em IAM não reperfundido, pico do 3º ao 7º PIM	1-6%, pico no 3º PIM
Quadro clínico	Choque e edema agudo de pulmão súbito; IAM inferior	Choque, hipertensão pulmonar; IAM anterior	Choque, dor torácica pleurítica

(continua)

Tabela 3. Complicações mecânicas pós-infarto agudo do miocárdio *(continuação)*

	Ruptura de músculo papilar	Ruptura de septo	Ruptura de parede livre
Exame físico	Sopro sistólico de regurgitação mitral	Sopro e frêmito em borda esternal, B3, P2 hiperfonética	Pulso paradoxal, turgência jugular
Ecocardiograma	Regurgitação mitral	*Shunt* VE-VD	Derrame pericárdico, tamponamento
Cateter de artéria pulmonar	Onda V gigante	Aumento de PSVD	Equalização das pressões diastólicas nas câmeras cardíacas
Tratamento	Vasodilatador IV, se tolerável + cirurgia	Cirurgia	Cirurgia, drenagem pericárdica

IAM: infarto agudo do miocárdio; IV: via intravenosa; PIM: pós-infarto do miocárdio; PSVD: pressão sistólica do ventrículo direito.

O paciente da questão, apesar de ainda apresentar pressão adequada, apresenta estase jugular e hipofonese de bulhas que podem levar ao diagnóstico de derrame pericárdico com tamponamento cardíaco. O principal diagnóstico diferencial é o de novo IAM, entretanto, a realização do ECG demonstra onda Q anterior em parede anterior, sem nova evidência de isquemia. O exame de escolha nesses casos é o ecocardiograma à beira do leito, que é capaz de visualizar uma lâmina de derrame pericárdico com a restrição de enchimento do ventrículo direito. O tratamento deve ser imediato por estabilização hemodinâmica e pericardiocentese nos casos de emergência e drenagem.

4. d

Os pacientes pós-síndrome coronariana aguda (SCA) de alto risco, em especial os pacientes pós-infarto agudo do miocárdio (IAM), apresentam benefício de um plano de tratamento específico. Esse plano deve contemplar um programa de exercícios para reabilitação cardiopulmonar, dieta, cessação de tabagismo e tratamento farmacológico. Os pacientes com doença aterosclerótica pós-IAM devem obrigatoriamente receber ácido acetilsalicílico por toda a vida e um segundo antiplaquetário (clopidogrel 75 mg/dia, ticagrelor 90 mg, 2 vezes ao dia ou prasugrel 10 mg/dia) por pelo menos 1 ano. Todo paciente com quadro de doença arterial coronariana deve receber ácido acetilsalicílico por toda a vida, caso não existam contraindicações. O uso de um segundo antiagregante plaquetário é mandatório por um período de pelo menos 1 ano após SCA de alto risco, independentemente de qual estratégia de tratamento foi indicada, revascularização ou tratamento clínico. A utilização de um inibidor o receptor P2Y2 após esse período ainda é motivo de discussão. Um recente trabalho publicado por Bonaca et al. demonstraram que o ticagrelor nas doses de 90 mg, 2 vezes ao dia, ou 60 mg, 2 vezes ao dia, comparado ao placebo em associação com ácido acetilsalicílico foi capaz de reduzir de forma significativa o desfecho combinado de morte cardiovascular, IAM e acidente vascular encefálico com uso após 1 a 3 anos do IAM, mas com aumento de sangramento maior de forma significativa.

A anticoagulação plena com varfarina não é indicada apenas por conta da SCA após a alta hospitalar, mesmo ao optar-se por tratamento clínico exclusivo. A varfarina associada à dupla antiagregação deve ser restrita a pacientes que apresentem outras indicações associadas, como prótese mecânica, fibrilação atrial com CHADS-VASc elevado ou tratamento de trombose sistêmica. Nesses casos, o ideal é manter a dupla antiagregação pelo menor tempo possível e o controle do INR de maneira intensiva.

Em paciente pós-IAM com disfunção cardíaca, betabloqueadores (succinato de metoprolol, carvedilol ou bisoprolol) são mandatórios, salvo contraindicações, entretanto mesmo no paciente com função ventricular preservada pós-IAM, qualquer betabloqueador é recomendado e deve ser iniciado de preferência nas primeiras 24 horas em pacientes sem contraindicação (sinais de insuficiência cardíaca, baixo débito, intervalo PR > 0,24 s, bloqueio atrioventricular avançado, asma em atividade) e mantido por tempo indeterminado.

Os inibidores da enzima conversora de angiotensina (IECA) devem ser utilizados de maneira continuada em pacientes com fração de ejeção (FE) menor que 40%, além de pacientes hipertensos, com diabete melito ou doença renal crônica estável, desde que não existam contraindicações.

As estatinas devem ser iniciadas ou continuadas nos pacientes com SCA, dando-se preferência pelas estatinas de alta potência, como atorvastatina e rosuvastatina, que são capazes de diminuir em 50% o valor do LDL colesterol. Uma dosagem de perfil lipídico dever ser realizada dentro das primeiras 24 horas pós-IAM.

A espironolactona é recomendada apenas para pacientes com IAM com disfunção cardíaca (FE < 40%), diabéticos ou com sintomas de insuficiência cardíaca, desde que não apresentem disfunção renal (creatinina > 2,5 mg/dL em homens e > 2 mg/dL em mulheres) ou hipercalemia (K^+ > 5 mEq/L) e que estejam em uso de IECA e betabloqueador.

A receita de alta deve conter sempre nitrato sublingual como terapia de resgate para episódios de angina que durarem mais do que 3 a 5 minutos. O uso deve ser sempre orientado pelo médico antes da alta, inclusive por escrito. Apesar de não diminuir a mortalidade, o nitrato é capaz de melhorar a qualidade de vida.

Em relação ao tabagismo, a suspensão é essencial para prevenção secundária. Homens com menos de 60 anos de idade que param de fumar após um episódio de IAM apresentam 5,4 vezes menos chance de morrer. Além disso, o encaminhamento para programas de cessação de tabagismo ajuda os pacientes a pararem de fumar com o auxílio de terapias em grupo, medidas educativas e utilização de gomas, adesivos e medicamentos, quando necessário. Esses medicamentos incluem a bupropiona e a vareniclina. A bupropiona é um antidepressivo atípico que atua como inibidor da recaptação de dopamina com resultados positivos na suspensão do tabagismo. Na dose de 300 mg, atinge cerca de 23% de abstinência em 1 ano contra 12,4% no grupo placebo. Atualmente, a maior taxa de sucesso no processo de cessão de tabagismo é atingida com o uso da vareniclina associado à terapia comportamental. Este medicamento é um agonista parcial seletivo dos receptores nicotínicos de acetilcolina neural. A vareniclina deve ser utilizada por período inicial de 12 semanas, podendo os pacientes continuarem o tratamento por um tempo adicional de 12 semanas, no sentido de aumentar as chances de sucesso, e reduzindo os episódios de abstinência no longo prazo. Cuidado especial deve ser tomado ao se utilizar adesivos e goma de mascar em pacientes com SCA, pois eles são contraindicados na vigência de angina e infarto recente.

BIBLIOGRAFIA

Amsterdam EA, Wenger NK, Brindis RG, Casey DE Jr., Ganiats TG, Holmes DR Jr., et al.; ACC/AHA Task Force Members. 2014 ACC/AHA guideline for the management of patients with non-ST-elevation acute coronary syndromes: a report of the American College of Cardiology/American Heart Association Task Force on Practice Guidelines. Circulation. 2014;130:e344-426.

Antman EM, Cohen M, Bernink PJ, McCabe CH, Horacek T, Papuchis G, et al. The TIMI risk score for unstable angina/non-ST elevation MI: a method for prognostication and therapeutic decision making. JAMA. 2000;284(7):835-42.

Bonaca MP, Bhatt DL, Cohen M, Steg PG, Storey RF, Jensen EC, et al.; PEGASUS-TIMI 54 Steering Committee and Investigators. Long-term use of ticagrelor in patients with prior myocardial infarction for the PEGASUS-TIMI 54 Steering Committee and Investigators. N Engl J Med. 2015; 372:1791-800.

Braunwald E, Antman EM, Beasley JW, Califf RM, Cheitlin MD, Hochman JS, et al. ACC/ AHA guidelines for the management of patients with unstable angina and non-ST-segment elevation myocardial infarction. A report of the American College of Cardiology/American Heart Association Task Force on Practice Guidelines (Committee on the Management of Patients with Unstable Angina). J Am Coll Cardiol. 2000;36(3):970-1062. Erratum in: J Am Coll Cardiol. 2001;38(1):294-5.

Daly LE, Mulcahy R, Graham IM, Hickey N. Long term effect on mortality of stopping smoking after unstable angina and myocardial infarction. Br Med J (Clin Res Ed). 1983;287(6388):324-6.

Ford ES, Ajani UA, Croft JB, Critchley JA, Labarthe DR, Kottke TE, et al. Explaining the decrease in US deaths from coronary disease,1980–2000. N Engl J Med. 2007;356(23):2388-98.

Fox KA, Dabbous OH, Goldberg RJ, Pieper KS, Eagle KA, Van de Werf F, et al. Prediction of risk of death and myocardial infarction in the six months after presentation with acute coronary syndrome: prospective multinational observational study (GRACE). BMJ. 2006;333(7578):1091.

Granger CB, Goldberg RJ, Dabbous O, Pieper KS, Eagle KA, Cannon CP, et al. Predictors of hospital mortality in the global registry of acute coronary events. Arch Intern Med. 2003;163(19):2345-53.

Kutty RS, Jones N, Moorjani N. Mechanical complications of acute myocardial infarction. Cardiol Clin. 2013;31(4):519-31.

Nicolau JC, Timerman A, Marin-Neto JA, Piegas LS, Barbosa CJDG, Franci A, Sociedade Brasileira de Cardiologia. Diretrizes da Sociedade Brasileira de Cardiologia sobre Angina Instável e Infarto Agudo do Miocárdio sem Supradesnível do Segmento ST. Arq Bras Cardiol. 2014;102(3Supl.1):1-61.

O'Gara PT, Kushner FG, Ascheim DD, Casey DE Jr., Chung MK, de Lemos JA, et al. 2013 ACCF/ AHA guideline for the management of ST-elevation myocardial infarction: a report of the American College of Cardiology Foundation/American Heart Association Task Force on Practice Guidelines. Circulation. 2013;127(4):529-55.

Piegas LS, Feitosa G, Mattos LA, Nicolau JC, Rossi Neto JM, Timerman A, et al.; Sociedade Brasileira de Cardiologia. IV Diretriz da Sociedade Brasileira de Cardiologia sobre Tratamento do Infarto agudo do Miocárdio com Supradesnível do Segmento ST. Arq Bras Cardiol. 2009;93(6 Suppl.2):e179-264.

Szymanski FM, Filipiak KJ. Cardiogenic shock: diagnostic and therapeutic options in the light of new scientific data. Anaesthesiol Intensive Ther. 2014;46(4):301-6.

CAPÍTULO

12

INTERVENÇÕES CORONARIANAS

Marcos Danillo Peixoto Oliveira
Pedro Alves Lemos Neto

QUESTÃO 1

Em relação à ultrassonografia intracoronariana (USIC) e à tomografia de coerência óptica (TCO), assinalar a alternativa correta.

☐ A A TCO permite a análise de estruturas intracoronarianas com resolução axial de 15 micra, cerca de 10 vezes maior à da USIC.

☐ B Pela elevada resolução, a TCO permite a avaliação da cobertura tecidual das hastes dos *stents* farmacológicos.

☐ C A USIC possibilita a visualização de estruturas mais profundas, permitindo a análise da parede vascular em toda a extensão.

☐ D O raio de imagem de alta resolução gerado pela TCO, aproximadamente 2 mm, limita a capacidade de análise de estruturas mais profundas na parede vascular.

☐ E Todas as assertivas anteriores estão corretas.

QUESTÃO 2

Com o crescente uso dos *stents* coronarianos, a trombose de *stent* (TS) surgiu como uma entidade importante para se entender, definir e prevenir. No tocante ao tema, assinale a alternativa correta.

☐ A A definição de TS engloba uma gradação de certeza (TS definitiva, provável ou possível) e temporalidade (TS aguda, subaguda, tardia ou muito tardia).

☐ B Cronologicamente, a partir do procedimento índice, classifica-se a TS em aguda (< 24 horas), subaguda (1 a < 30 dias), tardia (31 dias a 1 ano) e muito tardia (> 1 ano).

☐ C A TS definitiva necessita de confirmação angiográfica ou anatomopatológica de oclusão trombótica parcial ou total do segmento com *stent* além de, pelo menos, um dos seguintes critérios: sintomas isquêmicos agudos e/ou alterações eletrocardiográficas isquêmicas e/ou elevação característica de marcadores de cardiomionecrose.

☐ D Muitos fatores de risco para TS foram identificados, alguns modificáveis e outros não. Seleção adequada de paciente, lesão e *stent*; otimização do resultado técnico; e terapia antiplaquetária eficaz são críticos para minimizar o risco de TS.

☐ E Todas as alternativas anteriores estão corretas.

QUESTÃO 3

Sobre as intervenções percutâneas cardíacas estruturais, considere as assertivas propostas e assinale a alternativa correta.

I. A oclusão percutânea da comunicação interatrial do tipo *ostium secundum* tornou-se o procedimento de escolha pelo alto índice de sucesso e baixa morbimortalidade.

II. A valvoplastia mitral percutânea com cateter balão e a comissurotomia mitral cirúrgica apresentam, segundo vários estudos randomizados, resultados similares de curto e médio prazos.

III. O implante valvar aórtico transcateter é o tratamento de escolha para pacientes sintomáticos com estenose aórtica importante e risco cirúrgico alto ou proibitivo.

☐ A Apenas I.

☐ B Apenas II.

☐ C Apenas III.

☐ D Apenas I e III.

☐ E I, II e III.

QUESTÃO 4

No tocante à comparação entre intervenção coronariana percutânea (ICP) e trombólise no tratamento do infarto agudo do miocárdio com supradesnivelamento do segmento ST (IAMcSSST), assinale a alternativa incorreta.

☐ A A ICP é superior à trombólise por reduzir desfechos adversos como óbito, reinfarto, sangramento intracraniano, isquemia miocárdica e reoclusão da artéria culpada.

☐ B A ICP mantém a capacidade de salvamento miocárdico ao longo da janela temporal preconizada após o início dos sintomas, sendo, então a estratégia de escolha para tais pacientes.

☐ C O implante primário de *stents* é a abordagem preferida de ICP para pacientes com IAMcSSST.

☐ D O uso de trombolíticos para a chamada "ICP facilitada" se associa com melhores desfechos clínicos, portanto, recomendada para o manejo de pacientes com IAMcSSST.

☐ E Após tentativa malsucedida de reperfusão química, ICP de resgate permite salvar o miocárdio isquêmico e otimizar desfechos clínicos, recomendada para pacientes com IAMcSSST.

RESPOSTAS CORRETAS

1. e

A USIC permite, por meio de imagens de alta frequência, a reconstrução tridimensional do vaso. Quando normal, caracteriza-se pela perfeita visualização do lúmen e das camadas íntima, média e adventícia. Tal modalidade se aplica desde o auxílio diagnóstico até monitorização de uma intervenção coronariana percutânea. Na fase pré--implante de *stent*, otimiza a seleção da prótese ao fornecer o real diâmetro do vaso, a extensão da lesão, além das características da placa aterosclerótica, o que interfere diretamente no resultado final do procedimento.

A TCO fornece imagens com definição muito maior que qualquer outro método atualmente disponível. A resolução espacial (10 a 15 micra) é cerca de dez vezes maior que a da USIC (160 micra), aumento de resolução que, no entanto, compromete a capacidade de penetração. A absorção e a dispersão da luz quase infravermelha pelos tecidos biológicos limitam a TCO à profundidade de até 2 mm, o que impossibilita a análise de estruturas mais profundas do vaso. Por sua vez, a excelente resolução permite precisa exibição de componentes vasculares menores do que a capacidade de resolução da USIC, como os fibroateromas de capa fina e a cobertura neointimal das hastes dos *stents* farmacológicos.

2. e

Até 2007, havia grande variedade de definições de trombose de *stent* (TS), limitando a possibilidade de avaliar as reais taxas entre os estudos. O Academic Research Consortium (ARC) propôs, então, uma padronização que engloba uma gradação de certeza (TS definida, provável ou possível), bem como a cronologia da TS (aguda, subaguda, tardia ou muito tardia), o que pode ter diferentes mecanismos fisiopatológicos e implicações clínicas. A Tabela 1 expõe os detalhes pertinentes.

A apresentação clínica típica da TS consiste em dor no peito e alterações eletrocardiográficas isquêmicas no território do vaso-alvo. No entanto, também pode haver morte súbita ou, ainda, pode ser assintomática, a depender de vasos colaterais.

A pedra angular da detecção angiográfica de trombo é a presença de um defeito de enchimento. Metodologias adicionais de imagem intracoronariana, como o ultrassom e a tomografia de coerência óptica, podem ser utilizadas para detectar o mecanismo subjacente de TS (p. ex., subexpansão, má aposição, dissecção de borda do *stent*), com potencial, por conseguinte, de orientar a resolução.

A TS precoce ocorre em até 30 dias após o implante do *stent*, quando os fatores técnicos relacionados ao procedimento são significativos. Um resultado subótimo (p. ex., fluxo distal lento, dimensões luminais inadequadas, dissecção residual e prolapso tecidual) está associado à maior incidência de TS precoce. Uma vez que a reendotelização do segmento arterial tratado é postergada, a descontinuação da terapia antiplaquetária durante esse período pode ser catastrófica e provocar TS.

Cobertura endotelial atrasada, deposição persistente de fibrina e inflamação vascular contínua estão associados com TS de início após 30 dias de seu implante.

A incidência de TS precoce e tardia é semelhante entre *stents* convencionais (SC) e farmacológicos (SF), mas a TS muito tardia, embora incomum, ocorre mais frequentemente com SF de primeira geração.

Muitos fatores de risco para TS foram identificados por exames de imagem intravascular e histopatologia, alguns modificáveis e outros, não. Seleção adequada de paciente, lesão e *stent*; otimização do resultado técnico; e terapia antiplaquetária eficaz são críticos para minimizar o risco de TS.

Tabela 1 Definição de trombose de *stent* segundo o Academic Research Consortium

Gradação de certeza	Temporalidade
Definitiva	**Precoce**
Confirmação angiográfica ou patológica de oclusão trombótica parcial ou total na região peri-*stent* e, pelo menos, um dos seguintes critérios adicionais: Sintomas isquêmicos agudos Alterações isquêmicas ao eletrocardiograma Marcadores de cardiomionecrose alterados	Aguda (< 24 h) Subaguda (1 a 30 dias)
Provável	**Tardia**
Qualquer morte inexplicável até 30 dias após o implante do *stent* Qualquer infarto do miocárdio relacionado à isquemia aguda documentada no território do *stent* implantado sem confirmação angiográfica de trombose de *stent* e na ausência de qualquer outra causa óbvia	31 dias a 1 ano
Possível	**Muito tardia**
Qualquer morte inexplicável após 30 dias do implante do *stent*	> 1 ano

Fonte: modificada de Claessen et al., 2014.

3. e

O fechamento percutâneo das comunicações interatriais (CIA) tipo *ostium secundum* (OS) tornou-se o procedimento de escolha em razão do alto índice de sucesso e baixa morbidade e mortalidade. A prótese Amplatzer®, introduzida no mercado em 1996, é a mais empregada em todo o mundo, pela facilidade no manuseio e por permitir o fechamento de CIA grandes, o que não ocorria com as outras próteses disponíveis. Entretanto, em algumas situações, o procedimento torna-se mais difícil, como nos casos de defeitos maiores que 30 mm de diâmetro, com ausência da veia cava inferior, bordas muito finas, grande aneurisma do septo interatrial, septo multifenestrado, hipertensão pulmonar grave, disfunção do ventrículo esquerdo, comunicações múltiplas e válvula de Eustáquio exuberante.

A valvoplastia mitral percutânea por cateter-balão (VMPCB) é indicada para o tratamento de pacientes sintomáticos (e/ou com hipertensão pulmonar secundária) com estenose mitral moderada ou grave, de anatomia favorável, na ausência de contraindicações clássicas (trombo no átrio esquerdo e insuficiência mitral basal moderada a grave). Na técnica com duplo-balão há melhor abertura bicomissural, mas o ganho médio de aumento na área valvar final é equivalente nas séries de pacientes tratados com o duplo-balão ou com o balão de Inoue. Segundo vários estudos randomizados, a VMPCB e a comissurotomia mitral cirúrgica apresentaram resultados similares de curto e médio prazos.

Em 2002, Cribier et al. realizaram o primeiro implante de bioprótese aórtica por cateter em humanos utilizando o acesso percutâneo através dos vasos femorais. Atualmente, a indicação do implante percutâneo de biopróteses aórticas restringe-se a pacientes que, por possuírem idade avançada e/ou apresentarem comorbidades, tenham contraindicação ou risco elevado para o tratamento cirúrgico convencional. A avaliação desses pacientes e a indicação do tratamento por cateter devem ser idealmente conduzidas por equipe médica multidisciplinar. É parte integrante e essencial da avaliação a análise de parâmetros morfológicos do complexo aórtico e da via de acesso, objetivando determinar a exequibilidade técnica da substituição valvar por cateter.

4. d

A ICP primária se tornou o carro-chefe da terapia de reperfusão no infarto agudo do miocárdio com supradesnivelamento do segmento ST, suplantando os trombolíticos.

A ICP é superior à trombólise por reduzir desfechos adversos como óbito, reinfarto, sangramento intracraniano, isquemia miocárdica e reoclusão da artéria culpada, independentemente do risco ou da existência ou não de transferência inter-hospitalar para sua realização. Também mantém a capacidade de salvamento miocárdico e, por conseguinte, de otimizar desfechos clínicos ao longo de uma janela temporal mais ampla após o início dos sintomas, sendo, então, a estratégia de escolha para os pacientes com infarto agudo do miocárdio com supradesnivelamento do segmento ST (IAMcsST), independentemente de se apresentarem cedo ou tarde após o início.

O implante primário de *stents*, particularmente farmacológicos, é a abordagem preferida de ICP para pacientes com IAMcsST. Embora ensaios randomizados e metanálises não forneçam evidências robustas do efeito em mortalidade ou reinfarto, os *stents* farmacológicos demonstraram clara superioridade na redução de reestenose.

O uso de trombolíticos para a chamada ICP facilitada como estratégia para promover reperfusão dentro do intervalo de tempo da apresentação do paciente à execução da ICP se associa com piores desfechos clínicos e, por conseguinte, não é recomendado para o manejo de pacientes com IAMcsST.

ICP de resgate permite salvar o miocárdio isquêmico e otimizar desfechos clínicos, sendo, portanto, recomendada para pacientes com IAMcsST após tentativa malograda de reperfusão química. Ademais, há evidência a favor do uso rotineiro de ICP após trombólise bem-sucedida.

BIBLIOGRAFIA

Baim DS (ed.). Grossman & Baim's cardiac catheterization, angiography, and intervention. 8. ed. Philadelphia: Lippincott Williams & Wilkins; 2014.

Claessen BE, Henriques JP, Jaffer FA, Mehran R, Piek JJ, Dangas GD. Stent thrombosis: a clinical perspective. JACC Cardiovasc Interv. 2014;7(10):1081-92.

Cribier A, Eltchaninoff H, Bash A, Borenstein N, Tron C, Bauer F, et al. Percutaneous transcatheter implantation of an aortic valve prosthesis for calcific aortic stenosis. First human case description. Circulation. 2002;106:3006-8.

Cutlip DE, Windecker S, Mehran R, Boam A, Cohen DJ, van Es GA, et al.; Academic Research Consortium. Clinical end points in coronary stent trials: a case for standardized definitions. Circulation. 2007;115:2344-51.

Oliveira EC, Paupério HM, Freitas IF, Adjuto GL, Katina T, Paupério M, et al. Fechamento percutâneo de comunicação interatrial com prótese Amplatzer. Rev Bras Cardiol Invas. 2005;13(3):198-205.

Schömig A, Ndrepepa G, Byrne RA, Kastrati A. Percutaneous coronary intervention in acute ST segment elevation myocardial infarction. In: Popma J, Almonacid A, Burke D, Topol EJ (eds.). Textbook of interventional cardiology. 6. ed. Elsevier Health Sciences; 2012.

Tarasoutchi F, Montera MW, Grinberg M, Barbosa MR, Piñeiro DJ, Sánchez CRM, et al. Diretriz brasileira de valvopatias – SBC 2011/I diretriz interamericana de valvopatias – SIAC 2011. Arq Bras Cardiol. 2011;97(5 Suppl 1):1-67.

CAPÍTULO

13

CIRURGIA CARDÍACA

Luís Roberto Palma Dallan
Luís Alberto Oliveira Dallan

QUESTÃO 1

Paciente OJM, 45 anos, foi encaminhado para avaliação do cirurgião cardiovascular por apresentar alargamento mediastinal à radiografia de tórax, em exame admissional. Paciente previamente assintomático. Relata dispneia leve aos grandes esforços. Antecedentes pessoais: hipertenso, diabético não insulino-dependente, tabagista (20 maços ao ano). Antecedentes familiares: mãe viva, hipertensa. Pai falecido de forma súbita aos 50 anos durante o trabalho.

Ao exame: bom estado geral, corado, hidratado, afebril, eupneico. murmúrio vesicular presente, bilateralmente, sem ruídos adventícios. Ruído cardíaco regular a 2T, bulhas normofonéticas com sopro diastólico +/4 em foco aórtico, abdômen plano, flácido, indolor, ruídos hidroaéreos presentes, membros inferiores bem perfundidos sem sinais de trombose venosa profunda. Pressão arterial 150 × 70, frequência cardíaca = 70 bpm, saturação de oxigênio ($SatO_2$) = 95% em ar ambiente, 1,60 m, 70 kg. Baseado no quadro clínico, qual é o principal diagnóstico e qual é o exame complementar fundamental para completar a investigação?

- ☐ A Angina estável, teste de esforço e ecocardiograma.
- ☐ B Tumor de pulmão, tomografia de tórax.
- ☐ C Aneurisma de aorta, angiotomografia de tórax e ecocardiograma.
- ☐ D Insuficiência cardíaca, ecocardiograma.
- ☐ E Bócio mergulhante, ressonância nuclear magnética e tireograma.

QUESTÃO 2

O mesmo paciente do caso clínico anterior retorna ao consultório após realizar os exames. O laudo da angiotomografia de tórax mostra aneurisma de aorta ascendente de 5,5 cm iniciado desde o plano valvar e se estendendo até 1 cm do tronco braquiocefálico. O ecocardiograma mostra aneurisma de aorta ascendente com diâmetro maior de 5,7 cm e insuficiência aórtica leve, sem alterações segmentares de contratilidade miocárdica. Diante desses achados, qual seria a conduta adequada neste momento?

☐ A Acompanhamento clínico com tomografias seriadas a cada 3 meses.

☐ B Indicar tratamento cirúrgico da aorta com colocação de endoprótese (*stent*) por via femoral.

☐ C Solicitar angiografia para a confirmação diagnóstica.

☐ D Tranquilizar o paciente, pois o resultado das angiotomografias pode ser falso--positivo em até 10% dos casos, e repetir o exame.

☐ E Indicar cirurgia cardíaca convencional para substituição da aorta ascendente com tubo de dácron.

QUESTÃO 3

Paciente JCFL, 45 anos, sexo feminino, branca, analfabeta, natural e procedente do interior do Maranhão, com pouco acesso ao serviço de saúde, relata dispneia progressiva com piora no último mês. No momento, descreve desconforto respiratório aos pequenos esforços. Nega dor precordial ou febre. Antecedentes pessoais: hipertensa controlada com atenolol 25 mg, a cada 12 horas, hidroclorotiazida, 50 mg, uma vez ao dia, tabagista 30 maços/ano. Antecedentes familiares: mãe viva hipertensa. Pai vivo, acidente vascular encefálico (AVE) aos 70 anos. Ao exame: bom estado geral, corada, hidratada, afebril, taquipneia frequência respiratória (FR) = 25, FC = 70, SatO$_2$ = 94% ar ambiente. Murmúrio vesicular, bilateralmente com EC em bases bilateralmente. Ruído cardíaco regular a 2T, bulhas normofonéticas com sopro sistólico +++/4 em foco mitral com irradiação para axila direita, abdômen plano, globoso, indolor. Membros inferiores sem sinais de trombose venosa profunda. Radiografia de tórax com derrame pleural bilateral e aumento da área cardíaca. Ecocardiograma mostrando FE = 45%, átrio esquerdo 49 cm, dupla lesão mitral com predomínio de insuficiência importante e estenose. Após a discussão do caso com o *heart team*, optou-se por tratamento da valva mitral após otimização clínica. Baseado nas informações, qual é o diagnóstico e o tipo de abordagem adequada?

☐ A Doença degenerativa. Tratamento percutâneo hemodinâmico com colocação de mitral clipe.

☐ B Doença reumática. Tratamento cirúrgico com colocação de prótese mecânica.

☐ C Doença reumática. Tratamento cirúrgico com colocação de prótese biológica ou plastia.

☐ D Doença reumática. Tratamento percutâneo hemodinâmico com colocação de mitral clipe.

☐ E Doença degenerativa. Tratamento cirúrgico com plastia valvar.

QUESTÃO 4

O tratamento cirúrgico na endocardite infecciosa é indicado se houver falência da conduta clínica ou aparecimento de complicações. Assinale a situação que não é indicação de cirurgia:

☐ A Insuficiência cardíaca refratária.
☐ B Episódio de embolia.
☐ C Fungos.
☐ D Febre persistente por mais de 10 dias apesar de antibiótico adequado.
☐ E Abscesso ou fístula paravalvar.

RESPOSTAS CORRETAS

A cirurgia cardíaca é uma especialidade que apresentou grande desenvolvimento no Brasil, já que nos últimos 50 anos o país teve destaque internacional na área, com médicos renomados e pioneirismo em procedimentos complexos, com inovações que vão desde procedimentos cirúrgicos para correção de problemas congênitos, passando pela revascularização miocárdica, até o transplante cardíaco.

Em se tratando de válvulas, no Brasil e em países em desenvolvimento, a principal causa de acometimento valvar é de etiologia reumática. Em pacientes jovens com disfunção valvar, a cirurgia sempre é indicada como primeira opção, na tentativa de preservação da valva.

O aneurisma de aorta ascendente é caracterizado pela dilatação de todas as camadas da aorta maior que 1,5 vez o tamanho normal do vaso. Trata-se de uma doença geralmente silenciosa e associada a fatores como hipertensão arterial descontrolada, tabagismo e antecedentes familiares. O tratamento é feito por cirurgia convencional com a ressecção do segmento de aorta doente e a interposição com tubo sintético. Em alguns casos, também se faz necessária a substituição valvar. O tratamento endovascular com *stent* é indicado para pacientes com aneurisma na aorta descendente.

1. c

O aneurisma de aorta ascendente é uma doença caracterizada pela dilatação de todas as camadas da aorta maior que 1,5 vez o tamanho normal do vaso. É geralmente silencioso, mas que pode ter como sintomas dor torácica e dor em região dorsal, disfagia e dispneia quando acompanhado de insuficiência valvar aórtica. Alguns fatores estão associados à formação do aneurisma, como a hipertensão arterial descontrolada, o tabagismo e antecedentes familiares.

O diagnóstico é feito pela história clínica e com angiotomografia de tórax e abdome. A angiotomografia permite avaliar não apenas a dimensão do vaso, mas também a localização e a extensão, uma vez que não é incomum pacientes apresentarem mais de um aneurisma. O ecocardiograma também é um exame de grande valor, pois pode fazer o diagnóstico da doença e ainda avaliar a valva aórtica, ajudando no planejamento cirúrgico.

2. e

O tratamento dos aneurismas de aorta ascendente com diâmetro maior do que 5,5 cm em pacientes sem história familiar de morte por aneurisma de aorta ou pacientes com síndrome de Marfan é cirúrgico. Nos casos citados, pode-se indicar cirurgia já a partir de 4,5 a 5 cm. Pacientes que não realizam cirurgia com aorta com esse diâmetro têm alto risco de morte por ruptura do aneurisma ou dissecção aguda da aorta.

O tratamento é feito por cirurgia convencional com a ressecção do segmento de aorta doente e interposição com tubo sintético. Em alguns casos, é necessário fazer a troca da valva aórtica também. O tratamento endovascular com *stent* fica direcionado para pacientes com aneurisma na aorta descendente.

3. c

Trata-se de uma paciente relativamente jovem, com doença na valva mitral apresentando sintomas de insuficiência mitral grave e com a função ventricular já comprometida. No Brasil e em países em desenvolvimento, a principal causa de acometimento valvar é de etiologia reumática.

Em pacientes jovens com disfunção valvar, indica-se cirurgia sempre como primeira opção como tentativa de preservação da valva. Quando não é possível em razão da grande deformidade valvar causada pela doença, a primeira opção nesses pacientes é a colocação de prótese mecânica, pois teoricamente não necessitam de outra cirurgia para substituição da prótese. O paciente, contudo, deve ser bem orientado e ter acesso a serviço de saúde para controlar o nível da anticoagulação após a cirurgia e depois pelo resto da vida. No caso dessa paciente, que tem pouco acesso aos serviços de saúde, a opção é de colocação de prótese biológica, que apesar de não necessitar de anticoagulação, tem durabilidade autolimitada, com necessidade de reoperação para troca.

4. b

O tratamento cirúrgico na endocardite é indicado se houver falência da conduta clínica ou aparecimento de complicações. Endocardite de valva nativa, pacientes idosos, infecções por germes mais virulentos, presença de insuficiência cardíaca refratária, má resposta à antibioticoterapia e posição aórtica são situações com maior probabilidade de necessidade de tratamento cirúrgico. Indicação do tratamento cirúrgico na vigência de infecção não é a primeira opção terapêutica, pois aumentaria a possibilidade de contaminação intraoperatória do material implantado; todavia comprometimento hemodinâmico, febre persistente (por mais de 10 dias, apesar de antibioticoterapia adequada), evidências de toxemia, disfunção renal ou extensão da infecção para região perianular, além de infecção por fungos, bactérias Gram-negativas e, eventualmente, estafilococos implicam, quase sempre, má resposta ao tratamento clínico e necessidade cirúrgica.

Tabela 1 Indicações cirúrgicas em endocardite infecciosa de valva nativa

Insuficiência cardíaca refratária
Falha no tratamento etiológico apesar de antibioticoterapia adequada
Abscesso ou fístula paravalvar
Dois ou mais episódios embólicos
Fungos

BIBLIOGRAFIA

Albuquerque LC, Palma JH, Braile D. Diretrizes para a cirurgia das doenças da aorta. Arq Bras Cardiol. 2004;82(supl V).

Grinberg M, Sampaio RO. Doença valvar. Barueri: Manole; 2006.

Tarasoutchi F, Montera MW, Grinberg M, Barbosa MR, Piñeiro DJ, Sánchez CRM, et al. Diretriz Brasileira de Valvopatias – SBC 2011 / I Diretriz Interamericana de Valvopatias – SIAC 2011. Arq Bras Cardiol 2011; 97(5 supl. 1):1-67.

CAPÍTULO

14

FEBRE REUMÁTICA

Antônio Fernando B. Azevedo
Ally Nader Roquetti Saroute
Guilherme Sobreira Spina

QUESTÃO 1

Em relação à febre reumática, é incorreto afirmar que:

☐ A O tratamento da faringoamigdalite estreptocócica com uso de penicilina G benzatina 1.200.000 U, por via intramuscular (IM) profunda é suficiente para evitar o aparecimento de febre reumática.

☐ B A cardite é a manifestação mais grave, sendo que a evolução subclínica possui melhor prognóstico.

☐ C A forma aguda grave de cardite, na realidade, é uma pancardite, e os nódulos de Aschoff são achados histológicos patognomônicos de acometimento miocárdico.

☐ D A resposta imune Th1 na febre reumática correlaciona-se à apresentação da cardiopatia reumática com sequela valvar grave, assintomática na fase aguda e pouco relacionada às formas não cardíacas.

☐ E A sequela valvar é a principal causa de cirurgia cardíaca em crianças no Brasil.

QUESTÃO 2

Mulher de 19 anos procura o pronto-socorro com quadro de dor, edema e hiperemia em joelho direito, associado a febre de 38,4°C. Relata que nos últimos dias apresentou artrite em cotovelo e joelho esquerdos, além de episódios recorrentes de amigdalite nos últimos meses. Apresenta ausculta cardíaca sem sopros ou bulhas acessórias, presença de pulsos taquicárdicos e ausculta pulmonar limpa. O eletrocardiograma apresenta taquicardia sinusal sem alteração de intervalo PR. O PCR e o VHS estão elevados, assim como o anticorpo antiestreptolisina O (ASLO). Pode-se afirmar que:

☐ A A paciente apresenta surto agudo de febre reumática, pois há dois critérios maiores e dois menores, com evidência de infecção estreptocócica.

☐ B Artrite reativa pós-estreptocócica, uma vez que apresenta quadro sistêmico.

☐ C Não pode ser considerada febre reumática, pois não há sopros cardíacos sugestivos de cardite, apesar da evidência de infecção estreptocócica.

☐ D Certamente possui febre reumática, pois é um quadro agudo, com um critério maior e pelo menos dois menores, com ASLO em altos títulos.

☐ E Nada pode ser concluído nesse caso, uma vez que não se sabe o tempo entre a última amigdalite e o início dos sintomas, além de existir presença de monoartrite.

QUESTÃO 3

Homem de 23 anos procura consulta com o cardiologista por apresentar, há aproximadamente 1 semana, cansaço progressivo aos esforços, taquicardia e edema de membros inferiores. Diz ter feito uso de diclofenaco para tratar faringoamigdalite há 2 semanas. Apresenta-se febril, taquicárdico, com sopro regurgitativo mitral 3+ e estertores até dois terços do tórax. O eletrocardiograma apresenta intervalo PR aumentado, radiografia com aumento de área cardíaca e derrame pleural bilateral. Assinale o diagnóstico e o tratamento mais adequado.

☐ A Cardite reumática leve. Ácido acetilsalicílico (AAS), diureticoterapia, amoxicilina.

☐ B Cardite reumática moderada. AAS, diureticoterapia e prednisona por via oral.

☐ C Cardite reumática leve. Não administrar AAS, apenas penicilina G benzatina.

☐ D Cardite reumática grave. Pulsoterapia com metilprednisolona em regime de terapia intensiva, diureticoterapia.

☐ E Cardite reumática grave. Uso de imunoglobulina por via intravenosa.

QUESTÃO 4

Qual regime de profilaxia secundária é mais adequado?

☐ A Febre reumática sem cardite – penicilina G benzatina, 1.200.000 U, IM, a cada 21 dias, até os 18 anos ou 5 anos após o surto.

☐ B Febre reumática com cardite e sequela valvar de estenose mitral – penicilina G benzatina, 1.200.000 U, IM, a cada 21 dias, até 25 anos ou 10 anos após o último surto.

☐ C Febre reumática com cardite e sequela valvar de insuficiência mitral leve – penicilina G benzatina, 600.000 U, IM, a cada 15 dias, até os 40 anos obrigatoriamente.

☐ D Febre reumática com cardite e sequela valvar de estenose mitral com exposição ocupacional (professora de maternal) – penicilina G benzatina, com opção de eritromicina se houvesse alergia, obrigatórios até 40 anos.

☐ E Febre reumática com sequela de lesão mitral-aórtica – penicilina G benzatina, 1.200.000 U, IM, a cada 21 dias, pela vida toda.

RESPOSTAS CORRETAS

A febre reumática é uma doença inflamatória, de resposta imune tardia, que surge como complicação não supurativa da faringoamigdalite por estreptococos beta-hemolíticos do grupo A, em indivíduos predispostos.

É uma complicação que acomete crianças e adultos jovens, principalmente em países em desenvolvimento, com intervalo de 2 a 4 semanas da infecção estreptocócica.

Classicamente, o diagnóstico da doença aguda é baseado nos critérios propostos por Jones, que englobam cinco critérios maiores (cardite, artrite, coreia de Sydenham, eritema *marginatum* e nódulos subcutâneos), e critérios menores (febre, artralgia, elevação de marcadores inflamatórios de fase aguda e aumento do intervalo PR), com infecção estreptocócica recente comprovada.

Dentre os critérios maiores, sem dúvida, o mais temido é a cardite. É a única com potencial de letalidade e sequelas crônicas graves.

A cardite aguda manifesta-se como pancardite, sendo que o acometimento de endocárdio com valvulite mitral e aórtica constitui a marca diagnóstica. Na maioria das vezes, evolui de forma subclínica, desenvolvendo a cardiopatia reumática crônica, com apresentação variada, a partir das sequelas valvares já estabelecidas.

O tratamento na fase aguda busca o controle da inflamação e dos sintomas, e principalmente a erradicação do estreptococo, com o uso das penicilinas. A profilaxia secundária com penicilina G benzatina faz-se necessária bem como, em longo prazo, o tratamento da cardiopatia estabelecida, com graus variados de valvopatia, arritmias e insuficiência cardíaca.

1. b

O tratamento da faringoamigdalite estreptocócica com penicilina G benzatina, 1.200.000 U, IM profunda, dose única, é suficiente para evitar o aparecimento de febre reumática. Uma vez tratada a faringoamigdalite pelo estreptococo, evita-se a apresentação de antígenos imunogênicos, sendo o principal a proteína M, com propriedade antifagocitose. Com isso, evita-se o mecanismo imune de resposta tardia, Th1 ou Th2. Muitos dos anticorpos produzidos em indivíduos predispostos, por reação cruzada com antígenos do estreptococo, fixam-se à parede do endotélio valvar, atraem quimiocinas, com infiltração celular por neutrófilos, macrófagos e, principalmente, linfócitos T, gerando inflamação local, destruição tecidual e necrose. O uso da penicilina G benzatina é, portanto, o tratamento de escolha. É ativo contra o estreptococo, facilita a adesão ao tratamento e possui preço acessível (Tabela 1).

Tabela 1 Posologia de antibióticos

Medicamento/opção	Esquema	Duração
Penicilina G benzatina	Peso < 20 kg: 6000.000 UI, IM	Dose única
	Peso ≥ 20 kg: 1.200.000 UI, IM	
Penicilina V	25.000-50.000 UI/kg/dia, VO, a cada 8 ou 12 horas	10 dias
	Adulto: 500.000 U, a cada 8 horas	
Amoxicilina	30-50 mg/kg/dia, VO, a cada 8 ou 12 horas	10 dias
	Adulto: 500 mg a cada 8 horas	
Ampicilina	100 mg/kg/dia, VO, a cada 8 horas	10 dias
Em caso de alergia à penicilina		
Estearato de eritromicina	40 mg/kg/dia, VO, a cada 8 ou 12 horas	10 dias
	Dose máxima: 1 g/dia	
Clindamicina	15-25 mg/kg/dia, a cada 8 horas	10 dias
	Dose máxima: 1.800 mg/dia	
Azitromicina	20 mg/kg/dia, VO, uma vez ao dia (80)	3 dias
	Dose máxima: 500 mg/dia	

IM: via intramuscular; VO: via oral.

A cardite é a manifestação mais grave da doença reumática. A forma aguda consiste em quadro inflamatório sistêmico, sintomático, com sopros cardíacos regurgitativos ou de Carey-Coombs, aumento de área cardíaca, bloqueio atrioventricular e risco de morte. A forma assintomática, com evolução subclínica, é a mais comum. Determina grande morbidade, com sequelas valvares de graus variados, e evolução para insuficiência cardíaca. Por ser sintomática, a forma aguda pode ser tratada prontamente, com pouca ou nenhuma sequela. A forma crônica, entretanto, é subclínica e já se apresenta com sequelas valvares, proporcionais ao número de surtos não tratados e sem profilaxia secundária. Possui, portanto, pior prognóstico.

A forma aguda grave de cardite, na realidade, é uma pancardite. O achado histopatológico de nódulos de Aschoff – granulomas com centro necrótico fibrinoide cercado por células epitelioides, células gigantes multinucleadas e linfócitos – é marcador de miocardite reumática, sendo útil na diferenciação de outras formas de miocardites.

A resposta imune Th1 é predominantemente celular, portanto, com apresentação mais tardia, sem sintomas em fase aguda. Correlaciona-se à forma crônica subclínica, sem profilaxia à exposição estreptocócica, responsável pela cardiopatia reumática e suas sequelas valvares mais graves. A resposta Th2, humoral, tem apresentação mais precoce, e está mais relacionada à artrite e à coreia de Sydenham.

A sequela valvar reumática é a principal causa de cirurgias cardíacas em crianças no Brasil, e por mais de 30% das cirurgias cardíacas em adultos. Mais comum no Brasil é a apresentação de dupla lesão mitral, insuficiência mitral e aórtica, ou estenose mitral.

2. d

Os critérios diagnósticos de febre reumática, elaborados por Jones em 1944, são úteis apenas para a fase aguda sintomática. É útil, portanto, em apenas 5% dos casos (Quadro 1).

Quadro 1 Critérios maiores e menores para o diagnóstico de endocardite

Critérios maiores
Cardite
Artrite
Coreia de Sydenhan
Eritema *marginatum*
Nódulos subcutâneos
Critérios menores
Febre
Artralgia
Elevação dos reagentes de fase aguda (VHS, PCR)
Intervalo PR prolongado no eletrocardiograma

Evidência de infecção pelo estreptococo do grupo A por meio de cultura de orofaringe, teste rápido para EBGA, elevação dos títulos de anticorpos (ASLO).
Adaptada de Dajani et al., 1992.

Esses critérios foram adaptados pela Organização Mundial da Saúde (OMS) em 2004 para diagnóstico de recorrência de surtos, cardiopatia reumática crônica ou quadro de febre reumática "provável".

Tabela 2 Descrição das categorias diagnósticas da endocardite

Categorias diagnósticas	Critérios
Primeiro episódio de FR*	Dois critérios maiores; ou um maior e dois maiores e evidência de infecção estreptocócica anterior
Recorrência de FR em pacientes sem CRC estabelecida**	Dois critérios maiores; ou um maior e dois menores e evidência de infecção estreptocócica anterior
Recorrência de FR em paciente com CRC estabelecida	Dois critérios menores e evidência de infecção estreptocócica anterior
Coreia de Sydenham CRC de início insidioso#	Não é exigida a presença de outra manifestação maior ou evidência de infecção estreptocócica anterior
Lesões valvares crônicas da CRC: diagnóstico inicial de estenose mitral pura, ou dupla lesão de mitral e/ou doença na valva aórtica, com características de envolvimento reumático##	Não há necessidade de critérios adicionais para o diagnóstico de CRC

* Pacientes podem apresentar apenas poliartrite ou monoartrite, três ou mais sinais menores e evidência de infecção estreptocócica prévia. Esses casos devem ser considerados como febre reumática provável e devem ser orientados a realizar profilaxia II, devendo ser submetidos a avaliações periódicas.
** Endocardite infecciosa deve ser excluída.
# Alguns pacientes com recidivas não preenchem esses critérios.
Cardiopatia congênita deve ser excluída.
Fonte: adaptada de WHO, 2004.
CRC: cardiopatia reumática crônica; FR: febre reumática.

A artrite é a apresentação mais comum da febre reumática aguda, com quadro sintomático, porém benigno, predominantemente migratório, de grandes articulações, assimétrico, por vezes aditivo, e com ótima resposta aos salicilatos.

A coreia de Sydenham é o único critério maior que dispensa outros. O diagnóstico em si é marcador de febre reumática. O surto tem apresentação mais tardia e dura, em média, 2 a 3 meses.

A artrite reativa pós-estreptocócica é o principal diagnóstico diferencial da artrite na febre reumática. Pode ser diferenciada pelo menor período de latência (aproximadamente 10 dias), maior duração da artrite, característica simétrica, não migratória e/ou resposta menos eficiente aos salicilatos.

Deve-se ter cautela na avaliação de títulos elevados de antiestreptolisina O (ASLO), pois marca apenas infecção estreptocócica prévia, portanto, inespecífica para diagnóstico de febre reumática. Os títulos começam a se elevar no sétimo dia após a infecção, com auge em 4 a 6 semanas, persistindo por alguns meses até 1 ano.

Além disso, 25% dos pacientes com até 8 semanas de evolução da doença podem apresentar ASLO negativo.

3. d

Na cardite reumática aguda, o achado de sinais e sintomas de insuficiência cardíaca é suficiente para a classificação de cardite reumática grave.

Na cardite reumática grave, preconiza-se o tratamento da insuficiência cardíaca com diureticoterapia, restrição hídrica, controle da inflamação com corticoterapia oral ou preferencialmente venosa, na forma de pulso.

Corticosteroides devem ser reservados para tratamento da cardite grave. Após 2 a 3 semanas, a dose deve ser reduzida (1/4 de dose por semana) e inicia-se terapia com AAS conforme o desmame de corticosteroide.

Não há benefício no uso de corticosteroides ou imunoglobulina intravenosa para redução do risco de lesões valvares em pacientes com febre reumática.

Embora seja recomendada, a penicilina benzatina na cardite aguda tem função de profilaxia secundária. A terapia antimicrobiana não altera o curso, a frequência ou a gravidade do acometimento cardíaco.

Classificação clássica:

- Cardite leve: taquicardia desproporcional à febre, abafamento da primeira bulha, sopro sistólico mitral, área cardíaca normal, exames radiológico e eletrocardiográfico normais com exceção do prolongamento do intervalo PR, regurgitações leves a moderadas ao ecocardiograma e ventrículo esquerdo de dimensões normais.
- Cardite moderada: sinais e sintomas mais evidentes do que na cardite leve com taquicardia persistente; sopros mais intensos de regurgitação mitral e/ou aórtica, sem frêmito; sopro de Carey-Coombs pode estar presente; sinais incipientes de insuficiência cardíaca, aumento leve da área cardíaca e congestão pulmonar discreta podem ser encontrados na radiografia de tórax; no ECG, extrassístoles, alterações de ST-T, baixa voltagem, prolongamento dos intervalos PR e QTc podem estar presentes; ao ecocardiograma, a regurgitação mitral e/ou aórtica é leve a moderada; há aumento das câmaras esquerdas em grau leve/moderado.

- Cardite grave: sinais e sintomas de insuficiência cardíaca, arritmias, pericardite e sopros mais graves de regurgitação mitral e/ou aórtica; ao exame radiológico, observam-se cardiomegalia e sinais de congestão pulmonar intensos; o ECG apresenta sobrecarga ventricular esquerda e/ou direita; ao ecocardiograma, há regurgitação mitral e/ou aórtica de grau moderado/importante e câmaras esquerdas com aumento moderado/importante.

4. a

Febre reumática sem cardite prévia utiliza profilaxia secundária com penicilina G benzatina, 1.200.000 UI, IM, a cada 21 dias até os 21 anos de idade ou 5 anos após o último surto. Em algumas diretrizes, ainda é mantido limite até 18 anos em vez de 21 anos de idade, como descrito nas Diretrizes Brasileiras para Diagnóstico, Tratamento e Prevenção da Febre Reumática, publicada em 2012 (Tabela 3).

Tabela 3 Profilaxia em febre reumática

Categoria	Duração	Nível de evidência
FR sem cardite prévia	Até 21 anos de idade ou 5 anos após o último surto, valendo o que cobrir maior período	IC
FR com cardite prévia; insuficiência mitral leve residual ou resolução de lesão valvar	Até 25 anos de idade ou 10 anos após o último surto, valendo o que cobrir maior período	IC
Lesão valvar residual moderada a grave	Até 40 anos de idade ou por toda a vida	IC
Após cirurgia valvar	Por toda a vida	IC

FR: febre reumática.

A profilaxia secundária deve ser realizada a cada 15 dias pelo período de 2 anos, depois a cada 21 dias.

Pacientes com febre reumática que apresentem cardite e lesão valvar residual moderada a grave com exposição ambiental/ocupacional ao estreptococo (professores escolares, profissionais de saúde, pacientes institucionalizados etc.) têm indicação de profilaxia com penicilina G benzatina, 1.200.000 UI, IM, a cada 21 dias, por toda a vida.

Pacientes que têm alergia à penicilina, podem usar sulfadiazina, 0,5 a 1 g/dia, VO, ou até dessensibilização à penicilina. Se houver alergia à sulfa, existe a opção do uso de eritromicina, 250 mg, duas vezes ao dia (Tabela 4).

Tabela 4 Posologia dos medicamentos para a profilaxia da febre reumática

Medicamento/opção	Dose/via de administração	Intervalo
Penicilina G benzatina	Peso < 20 kg: 600.000 UI, IM	A cada 21 dias
	Peso ≥ 20 kg: 1.200.000 UI, IM	
Penicilina V	250 mg, VO	A cada 12 horas
Em caso de alergia à penicilina		
Sulfadiazina	Peso < 30 kg: 500 mg, VO	1 vez ao dia
	Peso ≥ 30 kg: 1 g, VO	
Em caso de alergia à penicilina e à sulfa		
Eritromicina	250 mg, VO	A cada 12 horas

IM: via intramuscular; VO: via oral.

BIBLIOGRAFIA

Barbosa PJB, Muller RE, Latado AL, Achutti AC, Ramos AIO, Weksler C, et al. Diretrizes Brasileiras para Diagnóstico, Tratamento e Prevenção da Febre Reumática da Sociedade Brasileira de Cardiologia, da Sociedade Brasileira de Pediatria e da Sociedade Brasileira de Reumatologia. Arq Bras Cardiol. 2009;93(3 supl.4):1-18.

Brasil. Ministério da Saúde. Portaria n. 156, de 20 de janeiro de 2006. Dispõe sobre o uso da penicilina na atenção básica à saúde e nas demais unidades do Sistema Único de Saúde (SUS). Diário Oficial da União. 2006;15(1):54.

Cilliers AM, Manyemba J, Salooje H. Anti-inflammatory treatment for carditis in acute rheumatic fever. Cochrane Database Syst Rev. 2003;(2):CD003176.

Dajani AS, Ayoub E, Bierman FZ. Guidelines for diagnosis of rheumatic fever: Jones criteria, 1992 updated. Circulation. 1993;87:302-7.

Guilherme L, Cunha-Neto E, Coelho V, Snitcowsky R, Pomerantzeff PM, Assis RV, et al. Human heart-infiltrating T-cell clones from rheumatic heart disease patients recognize both streptococcal and cardiac proteins. Circulation. 1995;92(3):415-20.

Guilherme L, Cury P, Demarchi LM, Coelho V, Abel L, Lopez AP, et al. Rheumatic heart disease: proinflammatory cytokines play a role in the progression and maintenance of valvular lesions. Am J Pathol. 2004;165(5):1583-91.

Guilherme L, Oshiro SE, Fae KC, Cunha-Neto E, Renesto G, Goldberg AC, et al. T-cell reactivity against streptococcal antigens in the periphery mirrors reactivity of heart-infiltrating T lymphocytes in rheumatic heart disease patients. Infect Immun. 2001;69(9):5345-51.

Guilherme L, Ramasawmy R, Kalil J. Rheumatic fever and rheumatic heart disease: genetics and pathogenesis. Scand J Immunol. 2007;66(2-3):199-207.

Meira ZM, Goulart EM, Colosimo EA, Mota CC. Long term follow up of rheumatic fever and predictors of severe rheumatic valvar disease in brazilian children and adolescents. Heart. 2005;91 (8):1019-22.

Sampaio RO, Fae KC, Demarchi LMF, Pomerantzeff PMA, Aiello VD, Spina GS, et al. Rheumatic heart disease: 15 years of clinical and immunological follow-up. Vascr Health Risk Manag. 2007;3(6):1007.

Spina GS. Doenças valvares. In: Spina GS (orgs.). TEC Título de Especialista em Cardiologia – Guia de Estudo. 2. ed. São Paulo: Nversos, 2014.

Spina GS, Guilherme L. Febre reumática. In: Grinberg M, Sampaio RO (eds.). Doença valvar. Barueri: Manole, 2006. p.333-45.

Tarasoutchi F, Montera MW, Grinberg M, Barbosa MR, Piñeiro DJ, Sánchez CRM, et al. Diretriz Brasileira de Valvopatias – SBC 2011 / I Diretriz Interamericana de Valvopatias – SIAC 2011. Arq Bras Cardiol. 2011;97(5 Suppl 1):1-67.

Tarasoutchi F, Spina GS. Profilaxia da febre reumática. Rev Soc Cardiol Est São Paulo. 2005;15(1):85-91.

World Health Organization. WHO Technical Series. 923. Rheumatic Fever and Rheumatic Heart Disease. Geneva; 2004.

CAPÍTULO

15

VALVOPATIAS

Vitor Emer Egypto Rosa
Flávio Tarasoutchi

QUESTÃO 1

Em relação à estenose mitral, assinale a alternativa falsa:

☐ A Pacientes com escore de Wilkins 9 podem ter benefício com a valvoplastia por cateter balão, caso a calcificação valvar e o acometimento do aparato subvalvar tenham valor ≤ 2 cada.

☐ B O estalido de abertura valvar pode estar ausente em casos de calcificação valvar significativa.

☐ C O tratamento cirúrgico pode ser indicado para pacientes com hipertensão arterial pulmonar grave, mesmo que assintomáticos.

☐ D Quanto mais distante o estalido de abertura da válvula mitral em relação à 2ª bulha, mais grave é a valvopatia.

☐ E Nos pacientes sintomáticos com valvopatia moderada pelo ecocardiograma, a medida de pressões invasiva associada à infusão de volume e atropina podem auxiliar na definição da gravidade anatômica da estenose mitral.

QUESTÃO 2

Paciente de 52 anos, com quadro de insuficiência cardíaca com dispneia aos mínimos esforços, há 3 meses. Na avaliação, foi realizado ecocardiograma transtorácico que evidenciou fração de ejeção de ventrículo esquerdo de 30%, insuficiência mitral importante e *tethering* de cúspide posterior, indicando valvopatia mitral funcional. Em relação ao caso descrito, assinale a alternativa correta:

☐ A A indicação de plástica valvar é inequívoca e, em longo prazo, há benefício quando comparada à troca valvar.

☐ B O uso de vasodilatadores orais não é benéfico em casos de valvopatia funcional anatomicamente importante.

☐ C O defeito valvar nesses casos é decorrente de lesão isquêmica miocárdica, devendo ser indicada ressonância magnética e cineangiocoronariografia.

☐ D O músculo papilar posteromedial tem irrigação coronariana dupla (artérias coronária direita e circunflexa) na grande maioria das vezes, tornando improvável o diagnóstico de insuficiência mitral isquêmica.

☐ E Em casos em que a ressonância magnética demonstrar perda de viabilidade do miocárdio, a cirurgia de correção valvar deve ser contraindicada mesmo que a sintomatologia seja refratária às medidas clínicas.

QUESTÃO 3

Paciente do sexo masculino, 68 anos, com quadro de dispneia aos pequenos esforços, há 6 meses. Nega dor torácica, síncope, sangramentos e outros sintomas. Relata antecedente de hipertensão arterial sistêmica em uso de captopril 12,5 mg, a cada 8 horas. Ao exame cardiovascular, apresenta sopro sistólico ejetivo ++/6+, com pico telessistólico e *pulso parvus et tardus*. Radiografia de tórax sem alterações e eletrocardiograma com bloqueio de ramo esquerdo e bloqueio atrioventricluar de 1° grau. Ecocardiograma com átrio esquerdo de 46 mm, septo 11 mm, parede posterior de ventrículo esquerdo 11 mm, fração de ejeção de ventrículo esquerdo 35%, fibrocalcificação importante em válvula aórtica com gradiente médio de 32 mmHg, sem outras alterações no exame. Cineangiocoronariografia com irregularidades em coronárias. Assinale a alternativa correta em relação à conduta do caso descrito:

- ☐ A Implante de prótese biológica aórtica transcateter (TAVI).
- ☐ B Acompanhamento ambulatorial com novo ecocardiograma a cada 3 meses.
- ☐ C Ecocardiograma 3D para melhor avaliação da válvula aórtica.
- ☐ D Teste ergoespirométrico e Holter 24 horas para diagnóstico diferencial da dispneia.
- ☐ E Ecocardiograma com estresse farmacológico para avaliação de reserva miocárdica.

QUESTÃO 4

Assinale a alternativa que apresente paciente com indicação cirúrgica de correção valvar classe I:

- ☐ A Homem, 37 anos, assintomático, com válvula aórtica bicúspide com insuficiência importante e aorta ascendente com 44 mm de diâmetro.
- ☐ B Mulher, 58 anos, dispneia aos moderados esforços, com insuficiência aórtica moderada e doença pulmonar obstrutiva crônica grave.
- ☐ C Homem, 33 anos, assintomático, com insuficiência aórtica reumática importante e diâmetro sistólico de ventrículo esquerdo de 58 mm.
- ☐ D Mulher, 45 anos, insuficiência aórtica importante, sintomática que se tornou assintomática após iniciar uso de vasodilatador oral.
- ☐ E Homem, 72 anos, assintomático, com dupla lesão aórtica anatomicamente importante e fração de ejeção de ventrículo esquerdo de 58%.

RESPOSTAS CORRETAS

A doença valvar é uma das principais patologias cardíacas no Brasil. De acordo com o DataSUS, em 2012 foram realizados mais de 8.500 procedimentos para correção de lesões valvares no país, sendo 7.464 implantes de prótese, 722 plásticas valvares e 403 valvoplastias mitrais percutâneas. Com o desenvolvimento socioeconômico e o envelhecimento da população, o cenário dessas doenças tornou-se peculiar em comparação com outros países, com alta incidência de sequela valvar reumática nos jovens e crescente número de doenças degenerativas nos idosos. Na avaliação desses pacientes, a presença de sintomas tem destaque, pois são marcadores de indicação de correção do defeito valvar. Além disso, o exame físico tem alta especificidade no diagnóstico e na avaliação da gravidade anatômica de tais lesões. Exames como o eletrocardiograma e a radiografia de tórax são fundamentais na avaliação das repercussões hemodinâmicas, enquanto o ecocardiograma Doppler auxilia na confirmação do diagnóstico, da gravidade anatômica e das repercussões hemodinâmicas. O cateterismo cardíaco é ferramenta útil quando existem discordâncias entre diagnósticos clínico e ecocardiográfico.

1. d

O escore de Wilkins consiste na avaliação ecocardiográfica da anatomia valvar mitral. São avaliados quatro parâmetros (mobilidade dos folhetos, espessamento valvar, grau de calcificação e acometimento do aparato subvalvar) e cada um deles é graduado de 1 a 4 conforme a intensidade da alteração. Na ausência de contraindicação, pacientes com escore ≤ 8 são candidatos ideais à valvoplastia por cateter-balão, enquanto escore ≥ 12 contraindica o procedimento. Aqueles com escore entre 9 e 11 devem ter a indicação individualizada, sabendo que o paciente ideal apresenta os folhetos valvares flexíveis, sem calcificação e pouco acometimento subvalvar.

O estalido de abertura é um ruído oriundo da vibração da valva estenótica, sendo patognomônico de estenose mitral ou tricúspide. Pode ocorrer estenose mitral sem estalido caso haja intensa calcificação mitral em razão de uma diminuição da mobilidade e consequente vibração.

Pacientes com estenose mitral grave, assintomáticos (classe funcional I ou II), com hipertensão pulmonar grave (PSAP ≥ 80 mmHg), não candidatos à valvoplastia por cateter-balão, têm indicação classe IIa de cirurgia de correção valvar atualmente.

Quanto mais precoces são o estalido e o início do sopro, mais grave é a estenose.

O cateterismo está indicado quando existe discrepância entre as medidas ecocardiográficas e os sintomas do paciente. Caso os sintomas sejam desproporcionais à avaliação hemodinâmica não invasiva em repouso (p. ex., paciente sintomático com lesão moderada), deve ser realizado cateterismo esquerdo mediante prova de volume associada à infusão de atropina.

2. c

No caso clínico descrito, o mecanismo de *tethering* (tração) sugere etiologia isquêmica da insuficiência mitral. O remodelamendo da parede posterior "traciona" os músculos papilar e cúspide posterior, afastando a parede do plano de fechamento valvar e causando insuficiência mitral. Nesses casos, a realização de cineangiocoronariografia é útil para a avaliação da possibilidade de correção da lesão coronariana, com consequente melhora da função ventricular e da insuficiência valvar caso exista viabilidade miocárdica. O músculo papilar posterior é acometido em cerca de 2/3 dos casos pela irrigação coronariana exclusiva (artéria coronária direita ou circunflexa), enquanto o músculo papilar anterior tem irrigação das artérias coronária descendente anterior e circunflexa. Caso não seja possível a revascularização percutânea ou cirúrgica, inicialmente deve-se tentar o tratamento medicamentoso e, caso o paciente mantenha-se sintomático, pode-se indicar a correção cirúrgica do defeito valvar, apesar de pouca evidência em relação a aumento da sobrevida.

3. e

Trata-se de um caso de estenose aórtica de baixo fluxo e baixo gradiente com fração de ejeção reduzida, definida por: área de orifício aórtico $\leq 1,0$ cm², gradiente médio transaórtico < 40 mmHg e fração de ejeção de ventrículo esquerdo $\leq 40\%$. O desafio diagnóstico é distinguir a estenose aórtica verdadeiramente grave de uma estenose pseudograve, causada pela doença miocárdica. Nesses casos, a gravidade da valvopatia é hiperestimada pela abertura valvar incompleta por causa do estado de baixo fluxo e, dessa forma, não há benefício na correção do defeito valvar. Para tal distinção, deve-se avaliar a reserva contrátil ventricular por meio de testes com estresse, como o ecocardiograma com dobutamina. Nos casos em que houver aumento do volume sistólico $\geq 20\%$, aumento do gradiente médio ≥ 40 mmHg e área do orifício aórtico $< 1,2$ cm², confirma-se o diagnóstico da estenose aórtica verdadeiramente significativa e tais pacientes têm benefício na correção do defeito valvar.

4. d

Paciente assintomático, sem indicação de cirurgia de correção valvar, com aorta ascendente com diâmetro de 40 a 44 mm. Deve ser acompanhado com vigilância com exames de imagem, enquanto aqueles com diâmetro > 45 já podem ser submetidos à correção a depender do risco cirúrgico.

Paciente com insuficiência aórtica moderada só tem indicação de cirurgia se em programação de cirurgia de revascularização miocárdica, correção de aneurisma de aorta ou correção de outra valvopatia concomitante.

Pacientes com insuficiência aórtica grave de etiologia reumática e diâmetro sistólico de ventrículo esquerdo > 55 mm têm indicação classe IIb de cirurgia de correção valvar.

Não há atualmente evidências definitivas para indicar o uso de vasodilatadores para pacientes com insuficiência aórtica crônica, apenas como ponte enquanto aguardam a cirurgia de correção valvar. Uma vez sintomático, o paciente tem indicação de cirurgia independentemente da melhora dos sintomas com medicação vasodilatadora.

A disfunção ventricular esquerda é marcador de desadaptação do miocárdio, sendo que fração de ejeção < 50% é indicadora de cirurgia valvar classe I.

BIBLIOGRAFIA

Accorsi TA, Machado FP, Grinberg M. Semiologia cardiovascular. In: Martins MA, Carrilho FJ, Alves VAF, Castilho EA, Cerri GG, Wen CL (eds.). Clínica médica. vol. 2. Barueri: Manole; 2009. p. 9-44.

Brasil. Ministério da Saúde. Sistema Único de Saúde. Departamento de Informática do SUS (Datasus). Disponível em: http://www2.datasus.gov.br/DATASUS/index.php. Acesso em: 15 jun 2014.

Martins MA, Carrilho FJ, Alves VAF, Castilho EA, Cerri GG, Wen CL (eds.). Clínica médica. vol. 2. Barueri: Manole; 2009.

Nishimura RA, Otto CM, Bonow RO, Carabello BA, Erwin JP 3rd, Guyton RA, et al.; American College of Cardiology; American Heart Association. 2014 AHA/ACC guideline for the management of patients with valvular heart disease: executive summary: a report of the American College Of Cardiology/American Heart Association task force on practice guidelines. J Am Coll Cardiol. 2014;148(1):e1-132.

Perloff JK. Physical examination of the heart and circulation. 4. ed. New York: Peoples Medical Publishing House (PMPH-USA); 2009.

Pibarot P, Dumesnil JG. Low-flow, low-gradient aortic stenosis with normal and depressed left ventricular ejection fraction. J Am Coll Cardiol. 2012;60(19):1845-933.

Silbiger JJ. Novel pathogenetic mechanisms and structural adaptations in ischemic mitral regurgitation. J Am Soc Echocardiogr. 2013;26(10):1107-17.

Tarasoutchi F, Montera MW, Grinberg M, Barbosa MR, Piñeiro DJ, Sánchez CR, et al. Diretriz Brasileira de Valvopatias – SBC 2011/I Diretriz Interamericana de Valvopatias – SIAC 2011. Arq Bras Cardiol. 2011;97(5 Suppl 1):1-6.

Verma S, Siu SC. Aortic dilatation in patients with bicuspid aortic valve. N Engl J Med. 2014;370:1920-9.

Wilkins GT, Weyman AE, Abascal VM, Block PC, Palacios IF. Percutaneous balloon dilatation of the mitral valve: an analysis of echocardiographic variables related to outcome and the mechanism of dilatation. Br Heart J. 1988;60(4):299-308.

CAPÍTULO

16

ENDOCARDITE

George Barreto Miranda
Roney Orismar Sampaio

QUESTÃO 1

Como se define um caso rejeitado pelos critérios de DUKE?

☐ A Diagnóstico alternativo sólido.
☐ B Resolução do quadro com quatro dias ou menos de antibioticoterapia.
☐ C Nenhuma evidência de endocardite infecciosa (EI) na cirurgia ou necrópsia com antibioticoterapia por quatro dias ou menos.
☐ D Nenhuma das anteriores.
☐ E As alternativas 1, 2 e 3 estão corretas.

QUESTÃO 2

Paciente de 64 anos, natural e procedente de São Paulo, viúva, vive atualmente na companhia de seu gato de estimação. É portadora de prolapso de valva mitral com regurgitação moderada. Admitida no pronto-socorro com relato de febre, astenia e hiporexia há 10 dias. Negava disúria, tosse, catarro ou dispneia. Ao exame, apresentava estado geral regular, consciente e orientada; pressão arterial = 130 × 80 mmHg; frequência cardíaca = 88 bpm; ritmo cardíaco regular, com sopro regurgitativo em foco mitral 3+/6. Com irradiação para região axilar. Demais sistemas sem particularidades. Exames laboratoriais: 10.600 leucócitos/mm³, sem desvio, hemoglobina de 11,1 g/dL, plaquetas 140.000/mm³, creatinina 1 mg/dL, ureia 40 mg/dL, sódio 140 mg/dL, potássio 4 mEq/L PCR 7 mg/L. Foram colhidos três pares de hemoculturas. Realizado ecocardiograma transtorácico que apresentou vegetação de 4 mm em face atrial da valva mitral. A paciente foi internada, com indução de antibioticoterapia (ceftriaxona e gentamicina). Depois de sete dias, mantinha curva febril. Observou-se então que as culturas solicitadas na admissão se mostraram todas negativas. Sabendo que até 20% das hemoculturas podem se apresentar negativas, o que devemos considerar nesse momento?

☐ A Considerar agentes atípicos ou de crescimento lento como *Bartonella* sp, *Coxiella burnetti*, clamídia, fungos.

☐ B Coletar sorologias para agentes atípicos.

☐ C A maioria das endocardites com hemoculturas negativas ocorre por uso de antibióticos antes da coleta das culturas.

☐ D Alternativas a, b e c estão corretas.

☐ E Todas as alternativas estão incorretas.

QUESTÃO 3

Endocardite em prótese valvar (EPV) é uma afecção bastante temida pela alta letalidade (20 a 50%). A incidência varia de 0,1 a 2,3% ao ano. Qual é o principal microrganismo relacionado à endocardite precoce em prótese valvar?

☐ A *Staphylococcus aureus*.

☐ B Fungos.

☐ C *Staphylococcus* coagulase-negativo.

☐ D *Enterococcus* spp.

☐ E Bacilos Gram-negativos.

QUESTÃO 4

Em relação à profilaxia da endocardite infecciosa, de acordo com a Sociedade Brasileira de Cardiologia, como devemos orientar os pacientes de alto risco antes de um procedimento envolvendo os tratos gastrointestinal e genitourinário?

☐ A Não há mais necessidade de profilaxia.

☐ B Amoxacilina 2 g, via oral (VO), 1 hora antes do procedimento, e em caso de alergia, cefalexina 2 g, VO, ou azitromicina 500 mg, VO, uma hora antes.

☐ C Oxacilina 2 g, intravenosa (IV), e gentamicina 1,5 mg/kg.

☐ D Ampicilina 2 g, IV, e gentamicina 1,5 mg/kg, mais ampicilina 1 g, IV, 6 horas após.

☐ E Ampicilina 2 g, IV.

RESPOSTAS CORRETAS

A endocardite infecciosa (EI) é uma doença com peculiaridades diagnósticas por suas múltiplas formas de apresentação. A sistematização de critérios diagnósticos é descrita desde a década de 1970, porém a diretriz mais utilizada foi confeccionada na década de 1990, na universidade DUKE, e posteriormente, no ano 2000, esses critérios foram atualizados. Há três situações a considerar para o diagnóstico, de acordo com critérios maiores e menores, propostos em 1994 na DUKE: definitivo, possível ou rejeitado (Tabelas 1 e 2). A EI com hemocultura negativa é sempre um problema para o clínico. A escolha do melhor esquema antibiótico é difícil e deve ser orientada pela epidemiologia. O tratamento cirúrgico na endocardite é indicado se houver falência da conduta clínica ou aparecimento de complicações. Já endocardite em prótese valvar cardíaca (EPV) representa uma grave complicação infecciosa após cirurgias de troca valvar, apesar de avanços no seu tratamento e profilaxia.

A EI persiste com elevadas taxas de morbidade e mortalidade, apesar de melhora nas condições gerais de saúde da população. Por isso, é necessária a prevenção em grupos de risco. As diretrizes brasileiras de valvopatias mantiveram a recomendação para profilaxia de procedimentos odontológicos, assim como de procedimentos geniturinários ou gastrointestinais.

1. e

A EI é uma doença com peculiaridades diagnósticas por suas múltiplas formas de apresentação. A sistematização de critérios diagnósticos foi introduzida por Pelletier e Petersdorf, em 1977, e revista por Von Reyn, em 1981. Todavia, em 1994, na Universidade de Duke, Durack et al. propuseram uma nova diretriz para o diagnóstico. Posteriormente, no ano 2000, esses critérios foram atualizados. Há três situações a se considerar para o diagnóstico: definitivo, possível ou rejeitado (Tabela 1).

Tabela 1 Diagnóstico de endocardite infecciosa

Definitivo	Dois critérios maiores, ou um critério maior + três menores, ou cinco critérios menores
Possível	Um critério maior + um critério menor, ou três critérios menores
Rejeitado	Diagnóstico alternativo sólido Resolução do quadro com 4 dias ou menos de antibioticoterapia Nenhuma evidência de endocardite infecciosa na cirurgia ou necrópsia com antibioticoterapia por 4 dias ou menos

Tabela 2 Diagnóstico de endocardite infecciosa, critérios de Duke adaptados

Critérios maiores	
Hemoculturas positivas	Organismos típicos cultivados em duas hemoculturas diferentes: *Streptococcus* do grupo *viridans, Staphylococcus aureus,* HACEK (*Haemophilus, Actinobacillus, Cardiobacterium, Eikenella* ou *Kingella)* ou *Streptococcus bovis, Enterococcus* adquiridos em comunidade na ausência de uma fonte primária de infecção
	Hemoculturas persistentemente positivas com outros organismos: duas hemoculturas positivas com mais de 12 horas de intervalo entre elas; ou positividade em todas de três ou na maioria de quatro, com intervalo entre a primeira e a última coleta maior do que 1 hora
	Cultura, teste de biologia molecular ou sorologia IgG fase 1 > 1:800 para *Coxiella burnetti*
Evidências de envolvimento endocárdico	Ecocardiograma demonstrando massa intracardíaca oscilante sem outra explicação ou abscesso ou nova deiscência parcial de uma valva protética ou nova regurgitação valvar
Critérios menores	
Predisposição à endocardite infecciosa	Endocardite infecciosa prévia, uso de droga injetável, valva cardíaca protética, ou lesão cardíaca causando fluxo sanguíneo turbulento
Febre > 38°C	
Fenômeno vascular	Embolismo arterial, infarto pulmonar, aneurisma micótico, hemorragia intracraniana ou conjuntival, ou lesões de Janeway
Fenômeno imunológico	Glomerulonefrite, nódulos de Osler, manchas de Roth, fator reumatoide positivo
Achados microbiológicos que não preenchem os critérios maiores	

Obs.: o diagnóstico definitivo de endocardite infecciosa requer dois critérios maiores ou um maior + três menores. Endocardite infecciosa provável requer um critério maior + um menor ou três critérios menores.
Fonte: adaptada de Li et al., 2000.

2. d

A EI com hemocultura negativa é sempre um problema para o clínico. A escolha do melhor esquema antibiótico é difícil e deve ser orientada pela epidemiologia para cada caso. Os pacientes se dividem em dois grupos: aqueles que receberam antibióticos antes da coleta das culturas, pois talvez essa seja a causa da negatividade da cultura, e aqueles que têm agentes de difícil recuperação na hemocultura, como bactérias de crescimento lento e agentes raros como *Bartonella* sp., *Brucella* sp., *Coxiella burnetii*, *Legionella*, entre outros.

Pacientes que receberam antibióticos antes da coleta de sangue para culturas podem ser tratados com agentes antiestafilococos e antiestreptococos. Pode-se utilizar uma associação de penicilina G cristalina mais gentamicina e oxacilina ou ampicilina/sulbactam mais gentamicina.

Em paciente com suspeita de infecção por agente etiológico incomum, deve-se colher sorologias de acordo com o perfil epidemiológico, por exemplo, *Bartonella* sp. se tiver contato com animais domésticos, sobretudo cães e gatos. O uso da proteína-C reativa (PCR) pode ajudar no esclarecimento do agente etiológico.

Suspeita de EI por *Bartonella* é tratada durante 6 semanas com ceftriaxona mais gentamicina (1 mg/kg, a cada 8 horas, ao menos por 2 semanas) com adicional de 6 semanas com doxicilina (100 mg, IV ou VO, a cada 12 horas) se os estudos se confirmarem. O tratamento da endocardite por *Coxiella* deve ser prolongado, pois há dificuldade na erradicação da C*oxiella burnetii* da vegetação, o que requer meses de terapia. Outra particularidade é que essa bactéria é resistente aos antibióticos habitualmente empregados de forma empírica em endocardites com hemoculturas negativas, como a associação de betalactâmicos com aminoglicosídeo. A doxiciclina associada à hidroxicloroquina parece ser o esquema terapêutico mais curto e eficaz (18 meses de tratamento), embora necessite de acompanhamento regular em razão da toxicidade ocular. Outra opção terapêutica é a associação de doxiciclina e uma fluoroquinolona; entretanto, esse esquema terapêutico necessita ser mantido por até 4 anos. Esquemas de monoterapia com macrolídeos têm boa resposta inicial, mas apresentam alto risco de recidiva após a suspensão.

3. C

A endocardite em prótese valvar cardíaca (EPV) representa uma grave complicação infecciosa após cirurgias de troca valvar, apesar dos avanços no seu tratamento e na profilaxia. O implante de material protético predispõe à adesão de microrganismo e ao desenvolvimento do processo infeccioso. O risco de EPV é maior nos primeiros 2 a 3 meses de pós-operatório, mantendo-se elevado até o sexto mês e então declinando até atingir uma taxa relativamente constante de 0,3 a 0,6%. A EPV é tradicionalmente classificada como precoce quando ocorre nos primeiros 60 dias após a cirurgia, mas alguns estudos indicam 90 dias e outros até 1 ano para definir a EPV como precoce.

Fala-se em EPV tardia quando a infecção se apresenta após esse período. A etiologia de endocardites precoce aponta o *Staphylococcus* coagulase-negativo como o principal agente, seguido pelo *Staphylococcus aureus*.

Tabela 3   Microbiologia de endocardite de prótese valvar, 1970-2006

Organismo	Número de casos (%)	
	Precoce (n = 290) < 12 meses	Tardia (n = 331) > 12 meses
Streptococcus	7 (2%)	93 (28%)
Staphylococcus aureus	29 (10%)	46 (14%)
Staphylococcus coagulase-negativo	85 (29%)	41 (12%)
Hacek	–	13 (4%)
Bacilos Gram-negativos	38 (13%)	18 (5%)
Fungos	6 (2%)	15 (5%)
Coxiella burnetti	–	5 (2%)
Hemocultura negativa	22 (8%)	31 (9%)

Fonte: adaptada de Bonow et al., 2011.

4. C

A EI persiste com elevadas taxas de morbidade e mortalidade, apesar das melhoras nas condições gerais de saúde da população. Por isso, é necessária a prevenção em grupos de risco. As "Diretrizes brasileiras de valvopatias" mantiveram a recomendação para profilaxia de procedimentos odontológicos, assim como de procedimentos genituri-nários ou gastrointestinais.

Manipulação genin urinária é a segunda porta de entrada mais frequente de EI, princi-palmente na presença de infecção do trato urinário. Entre os procedimentos passíveis de bacteriemia significativa, destaca-se a ressecção transuretral com ocorrência de até 31%. A American Heart Association (AHA), por falta de evidência científica, não recomenda profilaxia para pacientes valvopatas que se submeterão a outros procedimentos que não odontológicos de alto risco.

Estudos epidemiológicos não mostraram aumento no número de EI após a adoção das recomendações da AHA e da Sociedade Europeia de Cardiologia para o uso mais restrito da profilaxia. Apesar disso, as "Diretrizes brasileiras de valvopatia" fazem as recomendações apresentadas nas Tabelas 4 e 5.

Tabela 4 Profilaxia antibiótica da endocardite infecciosa em valvopatias

Classe de recomendação	Indicação	Nível de evidência
I	Pacientes com risco elevado para endocardite infecciosa grave e que serão submetidos a procedimentos odontológicos de alta probabilidade de bacteriemia significativa	C
IIa	Pacientes com valvopatia ou cardiopatia congênita sem risco elevado de endocardite infecciosa grave e que serão submetidos a procedimentos odontológicos de alta probabilidade de bacteriemia significativa	C
IIa	Pacientes com risco elevado para endocardite infecciosa grave e que serão submetidos a procedimentos geniturinários ou gastrointestinais associados à lesão de mucosa	C
IIa	Pacientes com risco elevado para endocardite infecciosa grave e que serão submetidos a procedimentos esofágicos ou do trato respiratório associados à lesão de mucosa	C
IIb	Pacientes com valvopatia ou cardiopatia congênita sem risco elevado de endocardite infecciosa grave e que serão submetidos a procedimentos odontológicos sem alta probabilidade de bacteriemia significativa	C
IIb	Pacientes com valvopatia ou cardiopatia congênita sem risco elevado de endocardite infecciosa e que serão submetidos a procedimentos geniturinários ou gastrointestinais associados à lesão de mucosa	C
IIb	Pacientes com valvopatia ou cardiopatia congênita sem risco elevado de endocardite infecciosa e que serão submetidos a procedimentos esofágicos ou do trato respiratório associados à lesão de mucosa	C
III	Pacientes com CIA isolada, com CIV ou PCA corrigidas e sem fluxo residual, com PVM sem regurgitação, após cirurgia de revascularização miocárdica ou após colocação de *stents*, com sopros cardíacos inocentes, portadores de marca-passo ou CDI, com doença de Kawasaki ou FR sem disfunção valvar, que serão submetidos a procedimentos odontológicos, dos tratos respiratório, geniturinário ou gastrointestinal	C
III	Pacientes submetidos a procedimentos que não envolvam risco de bacteriemia	C

Tabela 5 Esquemas de profilaxia para endocardite infecciosa antes de procedimentos dos tratos gastrointestinal e geniturinário

Via de administração	Medicação	Dose única 30 minutos antes do procedimento	
		Criança	Adulto
Parenteral (IV)	Ampicilina* + gentamicina	50 mg/kg	2 g
		1,5 mg/kg	1,5 mg/kg
Parenteral (IV) – alergia à penicilina	Vancomicina + gentamicina	20 mg/kg	1 g
		1,5 mg/kg	1,5 mg/kg

* Fazer esforço com 1 g, 6 horas após o procedimento.
CIA: comunicação interatrial; CDI: cardioversor desfibrilador implantável; CIV: comunicação interventricular; PCA: persistência do canal arterial; PVM: prolapso da valva mitral; IV: via intravenosa.

BIBLIOGRAFIA

Bonow RO, Mann DL, Zippes DP, Libby P. Braunwald's heart disease: a textbook of cardiovascular medicine. 9. ed. Philadelphia: Elsevier/Saunders; 2011.

Grinberg M, Sampaio RO (eds.). Doença valvar. Barueri: Manole; 2006.

Li JS, Sexton DJ, Mick N, Nettles R, Fowler VC, Ryan T, et al. Proposed modifications to the Duke criteria for the diagnosis of infective endocarditis. Clin Infect Dis. 2000;30:633-8.

Nishimura RA, Otto CM, Bonow RO, Carabello BA, Erwin JP 3rd, Guyton RA, et al. 2014 AHA/ACC guideline for the management of patients with valvular heart disease: a report of the American College of Cardiology/American Heart Association Task Force on Practice. J Thorac Cardiovasc Surg. 2014;148(1):e1-132(19-21).

Siciliano RF, Ribeiro HB, Furtado RHM, Castelli JB, Sampaio RO, Santos FC, et al. Endocardite por Coxiella burnetii (febre Q): doença rara ou pouco diagnosticada? Relato de caso. Rev Soc Bras Med Trop. 2008;41(4):409-12.

Sociedade Brasileira de Cardiologia, Bacelar AC, Lopes AS, Fernandes JR, Pires LJ, Moraes RC, et al. Diretriz Brasileira de Valvopatias – SBC 2011/I Diretriz Interamericana de Valvopatias – SIAC 2011. Arq Bras Cardiol. 2011;97(5 Suppl 1):1-67.

CAPÍTULO

17

HEMOSTASIA, TROMBOSE E FIBRINÓLISE NA DOENÇA CARDIOVASCULAR

Pedro Pio da Silveira
Luís Augusto Palma Dallan

QUESTÃO 1

Todas as afirmações a seguir sobre os inibidores da glicoproteína IIb/IIIa (GP) são verdadeiras, exceto:

☐ A A administração de abciximab antes do transporte para o laboratório de cateterismo cardíaco reduz as complicações isquêmicas em pacientes com infarto do miocárdio com elevação do segmento ST pré-tratados com clopidogrel que são submetidos à intervenção percutânea.

☐ B Eptifibatide é um heptapeptídeo cíclico relacionado com o veneno de cascavel pigmeia.

☐ C A tirofibana possui meia-vida aproximada de 2 horas.

☐ D Os inibidores da GP IIb/IIIa devem ser administrados com heparina.

☐ E Anticorpos antiquiméricos humanos se desenvolvem em aproximadamente 5% dos pacientes tratados com abciximab.

QUESTÃO 2

Cada uma das afirmações a seguir sobre terapias antitrombóticas no tratamento da angina instável está correta, exceto:

☐ A O ácido acetilsalicílico (AAS) reduz a incidência de morte cardiovascular e infarto não fatal do miocárdio (IM).

☐ B A combinação de AAS e heparina não fracionada é superior ao AAS isolado na prevenção da morte e IM não fatal.

☐ C Os efeitos cardíacos benéficos iniciais do clopidogrel nas síndromes coronarianas agudas persistem por 12 meses após a alta hospitalar.

☐ D O tratamento agudo com a heparina de baixo peso molecular, enoxaparina, mostrou-se superior ao tratamento com heparina não fracionada, reduzindo o índice de morte, IM não fatal e isquemia recorrente.

☐ E Em comparação com enoxaprina, o tratamento das síndromes coronarianas agudas com inibidor do fator Xa fondaparinux resulta em grande sangramento.

QUESTÃO 3

Cada uma das afirmações a seguir sobre agentes antiplaquetários orais está correta, exceto:

☐ A A principal ação antiplaquetária do AAS ocorre pela inibição da cicloxigenase.

☐ B Clopidogrel e presugrel são inibidores reversíveis do receptor adenosina difosfato P2Y12 de plaquetas.

☐ C O prasugrel demonstra início de ação mais rápido do que o clopidogrel.

☐ D Medicamentos anti-inflamatórios não esteroidais como o ibuprofeno podem inbir o efeito do AAS.

☐ E O mecanismo de ação do cilostazol é a via inibição da fosfodiesterase-3.

QUESTÃO 4

Sobre os agentes trombolíticos, pode-se afirmar, exceto:

☐ A A estreptoquinase é uma droga que pode gerar antigenemia.

☐ B Entre os agentes ativadores do plasminogênio, o alteplase é o agente com menor meia-vida.

☐ C O tenecteplase é o agente mais específico para a fibrina.

☐ D O tenecteplase é o agente com maior meia-vida e pode ser administrado em *bolus*.

☐ E A estreptoquinase é o agente com maior risco em causar hemorragia intracraniana.

RESPOSTAS CORRETAS

O sistema hemostático humano evoluiu como um esquema notavelmente orquestrado de atividades interligadas projetadas para preservar a integridade da circulação sanguínea. A hemostasia promove a fluidez do sangue em circunstâncias normais. Também está preparada para coagular o sangue com velocidade e precisão, a fim de deter o fluxo hemorrágico quando e onde a integridade da circulação for rompida. Finalmente, a hemostasia tem a capacidade de restaurar o fluxo sanguíneo e a perfusão por meio da subsequente recuperação do vaso danificado. Os principais componentes do sistema hemostático são: a própria parede do vaso (endotélio); as proteínas plasmáticas (fatores de coagulação e fibrinolíticos); e as plaquetas. Esses componentes funcionam virtualmente de modo inseparável.

O endotélio normal inativo exibe uma potente superfície antitrombótica, anticoagulante, profibrinolítica e inibitória das plaquetas. Quando ativado ou lesado, porém, logo se transforma em uma superfície protrombótica que realmente promove a coagulação, inibe a fibrinólise e ativa as plaquetas.

O sistema de coagulação foi originalmente descrito como em cascata, a qual culmina com a formação da proteína estabilizadora do trombo (a trombina). Da mesma forma que a trombina é a enzima-chave do sistema de coagulação, a plasmina é a enzima principal do sistema fibrinolítico. O funcionamento saudável do sistema cardiovascular depende do perfeito equilíbrio entre fibrina e plasmina.

O sistema plaquetário desempenha o papel hemostático em três fases: adesão, ativação e agregação plaquetária. A inibição da função plaquetária pode ser objetivada em qualquer uma dessas etapas.

1. a

Os inibidores da glicoproteína IIb/IIIa representam uma classe poderosa de agentes antiplaquetários. Por dificultar a via final comum da agregação plaquetária, eles limitam enormemente a formação de trombos. Existem diferenças significativas entre os três agentes dessa classe atualmente aprovados para uso. O abciximabe é um anticorpo monoclonal que possui alta afinidade, mas especificidade relativamente baixa para o receptor da glicoproteína IIb/IIIa. Apesar de o anticorpo monoclonal murino original (7E3) ter sido quimerizado com a imunoglobulina humana para minimizar a formação de anticorpos, anticorpos antiquiméricos se desenvolvem em 5 a 6% dos pacientes tratados com abciximabe.

Apesar de não haver evidências de reações alérgicas graves após a readministração de abciximabe em pacientes previamente expostos, foi observada trombocitopenia. Eptifibatide e tirofibana são pequenas moléculas inibidoras da glicoproteína IIb/IIIa que possuem afinidade menor, mas especificidade muito maior para o receptor da glicoproteína IIb/IIIa. O eptifibatide é um heptapeptídeo cíclico relacionado com o veneno de cascavéis pigmeias, enquanto a tirofibana é uma molécula não peptídea baseada na estrutura do fibrinogênio. Ambos possuem meia-vida de aproximadamente 2 horas. Evidências atuais sugerem que os benefícios de longo prazo dos inibidores da glicoproteína IIb/IIIa são maiores quando administrados em conjunção com a heparina.

A administração de um inibidor da glicoproteína IIb/IIIa antes do transporte para o laboratório de cateterismo, nos casos de infarto agudo do miocárdio com elevação do segmento ST, não demonstrou benefício para pacientes pré-tratados com terapia antiplaquetária dupla (AAS e clopidogrel, 600 mg).

Tabela 1   Diferenças entre os inibidores da glicoproteína IIb/IIIa

	Abciximabe	Eptifibatide	Tirofibana
Tipo	Fragmento de anticorpo	Peptídeo	Não peptídeo
Inibição plaquetária	Longa (horas)	Pequena (segundos)	Pequena (segundos)
Afinidade plaquetária	Alta	Baixa	Baixa
Especificidade	Baixa	Alta	Alta
Retorno da função plaquetária	12 horas	4 horas	4 horas
Reversibilidade com transfusão plaquetária	Sim	Não	Não
Imunogenicidade	Sim*	Não	Não

* Indução de resposta antigênica vista em 5 a 6% dos pacientes testados.

2. e

A angina instável tipicamente é causada pela ruptura de uma placa aterosclerótica com a formação de trombo não oclusivo intracoronariano rico em plaquetas. O AAS, presumivelmente em razão de seu efeito antitrombótico, reduz o risco de morte cardiovascular e infarto do miocárdio (IM) não fatal em aproximadamente 50%. O acréscimo da heparina não fracionada (HNF) melhora os resultados clínicos mais do que o AAS isolado, resultando em mais 33% de redução nesses riscos.

O clopidogrel inibe a atividade plaquetária via bloqueio do receptor plaquetário ADP. O estudo Cure demonstrou que o acréscimo do clopidogrel à terapia-padrão para a síndrome coronariana aguda (SCA) resultou em 20% de redução no risco de morte, IM ou acidente vascular encefálico. Uma maior análise dessa pesquisa demonstou que os efeitos benéficos se tornaram aparentes 24 horas após o início do tratamento e persistiram por 12 meses.

As heparinas de baixo peso molecular (HBPM) também foram estudadas nos casos de angina instável. A enoxaparina é a HBPM preferida para SCA com base em várias pesquisas clínicas que demonstraram eficácia, enquanto a experiência com outras HBPM não foram tão convincentes.

O inibidor do fator Xa fondaparinux foi estudado em pacientes com angina instável/ IM sem elevação do segmento ST no estudo Oasis-5 e foi associado a menor risco de sangramento e mortalidade após 30 dias quando comparado com a enoxaparina.

Tabela 2 Diferenças entre os antiplaquetários inibidores do receptor P2Y12

	Clopidogrel	Prasugrel	Ticagrelor
Classe	Tienopiridínico	Tienopiridínico	Triazolopirimidínico
Ativação	Pró-droga, limitada por metabolização	Pró-droga, não limitada por metabolização	Droga ativa
Reversibilidade	Irreversível	Irreversível	Reversível
Início de ação	2 a 4 horas	30 minutos	30 minutos
Duração do efeito	3 a 10 dias	5 a 10 dias	3 a 4 dias
Suspensão antes de cirurgias	5 dias	7 dias	5 dias
Estudo	Cure-PCI	Triton-Timi 38	Plato

3. b

Agentes plaquetários atuam em vários sítios para inibir a agregação plaquetária. O AAS é um inibidor irreversível da cicloxigenase (COX), bloqueando, dessa forma, a formação de tromboxano A2, um potente mediador da agregação plaquetária e da vasoconstrição. Como as plaquetas são incapazes de nova síntese de COX, o efeito é permanente durante a vida de 7 a 10 dias da plaqueta afetada. Outros medicamentos anti-inflamatórios não esteroidais (AINE) podem prevenir a acetilação da COX pelo AAS. Por exemplo, existem evidências de que a administração concomitante de alguns

AINE não seletivos, como o ibuprofeno, pode inibir os efeitos do AAS sobre a COX e reduzir a eficácia antiplaquetária.

O clopidogrel e o prasugrel são derivados da tienopiridina que bloqueiam a via dependente adenosino-difosfato da ativação plaquetária. Ambos resultam em um bloqueio irreversível do receptor ADP P2Y12 e, portanto, possuem longas meias-vidas efetivas. O prasugrel é um inibidor mais potente do receptor P2Y12 e possui farmacocinética mais favorável com início de ação mais rápido do que o clopidogrel. No estudo Triton-Timi 38, com pacientes com risco moderado a alto para SCA, os que receberam prasugrel apresentaram menor índice composto para morte por causas cardiovasculares, infarto não fatal do miocárdio ou acidente vascular encefálico (AVE) não fatal em comparação com aqueles que receberam clopidogrel, mas com risco elevado de grandes sangramentos. Nesse estudo, o índice de sangramentos foi aumentado em pacientes com idade maior ou igual a 75 anos, peso menor que 60 kg ou naqueles com passado de acidente vascular encefálico/ataques isquêmicos transitórios, sendo contraindicado o uso de prasugrel nesses pacientes.

O cilostazol é um inibidor potente da fosfodiesterase-3 que possui propriedades vasodilatadoras. Demonstrou-se que esse medicamento beneficia indivíduos com claudicação intermitente decorrente de doença arterial periférica.

4. e

Cada um dos medicamentos fibrinolíticos disponíveis para uso no IM com elevação do segmento ST possui características únicas. O agente fibrinolítico de primeira geração foi a estreptoquinase (SK), que é um ativador do plasminogênio e, portanto, relativamente inespecífico para a fibrina. Em pesquisas comparativas, apresenta o menor índice de hemorragias intracranianas. Produzida por estreptococos beta-hemolíticos, a SK é antigênica, podendo ocorrer reações alégicas em 5 a 6% dos pacientes. O alteplase (ativador do plasminogênio tecidual – tPA) representa uma segunda geração, um fibrinolítico mais específico para a fibrina. Ele possui a menor meia-vida (4 a 8 minutos) de todos os fibrinolíticos atuais e, portanto, é administrado em *bolus*, seguido por uma infusão por 90 minutos ou mais.

Modificações na estrutura básica do tPA geraram uma série de fibrinolíticos de terceira geração com índices de eliminação plasmática mais prolongados, incluindo reteplase (RPA) e tenecteplase (TNK-tPA). O RPA é uma deleção mutante do tPA com meia-vida mais longa (15 minutos), mas menor especificidade para fibrina. É administrada em *bolus* intravenoso duplo, com 30 minutos de intervalo entre as doses. O TNK-tPA é uma mutação tripla com maior especificidade para a fibrina, meia-vida mais longa e menor sensibilidade para ativação do inibidor-1 do plasminogênio. É administrada em *bolus* intravenoso único.

Os fibrinolíticos de terceira geração resultam em índices de mortalidade para 30 dias pós-IM similares ao do tPA administrado do modo-padrão; entretanto, oferecem a conveniência da administração em *bolus*.

Tabela 3 Diferenças entre os trombolíticos

	SK	tPA	RPA	TNK-tPA
Meia-vida	+	++	+++	++++
Infusão	1 hora	1 hora e 30 minutos	*Bolus* duplo: intervalo de 30 minutos	*Bolus* único
Êxito esperado	50 a 70%	60 a 80%	60 a 80%	60 a 80%
Hipotensão	++	+	+	+
Alergias	Sim	Não	Não	Não
Custo	+	++++	+++++	+++++
Especificidade para fibrina	+	++	+++	++++

+: ação do medicamento.

BIBLIOGRAFIA

Aird WC. Endothelial cell heterogenity and atherosclerosis. Curr Atheroscler Rep. 2006;8(1):69-75.

Anderson JL, Adams CD, Antman EM, Bridges CR, Califf RM, Casey DE Jr., et al. ACC/AHA 2007 Guidelines for the Management of Patients with Unstable Angina/Non ST-elevation Myocardial Infarction: Executive Summary – a report of the American College of Cardiology/American Heart Association Task Force on Practice Guidelines. Circulation. 2007;116:803-77.

Antman EM, Bennett JS, Daugherty A, Furberg C, Roberts H, Taubert KA; American Heart Association. Use of nonsteroidal antiinflammatory drugs: an update for clinicians – a scientific statement from the American Heart Association. Circulation. 2007;115(12):1634-42.

Castellino FJ, Ploplis VA. Structure and function of the plasminogen/plasmin system. J Thrombo Haemost. 2005;93(4):647-54.

Fifth Organization to Assess Strategies in Acute Ischemic Syndromes Investigators; Yusuf S, Mehta SR, Chrolavicius S, Afzal R, Pogue J, Granger CB, et al. Comparison of fondaparinux and enoxaparin in acute coronary syndromes. N Engl J Med. 2006;354(14):1464-76.

King SB 3rd, Smith SC Jr., Hirshfeld JW Jr., Jacobs AK, Morrison DA, Williams DO, et al.; 2005 Writing Committee Members, et al. 2007 focused update of the ACC/AHA/SCAI 2005 guideline update for percutaneous coronay intervention: a report of the American College of Cardiology/American Heart Association Task Force on Practice Guideline: 2007 Writing Group to Review New Evidence and Update the ACC/AHA/SCAI 2005 Guideline Update for Percutaneous Coronary Intervention, Writing on Behalf of the 2005 Writing Commitee. Circulation. 2008;117(2):261-95.

Klonkle AB, Simon D, Shafer AI. Hemostasia, trombose, fibrinólise e doença cardiovascular. In: Bonow RO, Libby P, Mann DL, Zipes DP (eds.). Braunwald: tratado de doenças cardiovasculares. 9. ed. Philadelphia: Saunders Elsevier; 2013. p. 2049-75.

Meadows TA, Bhatt DL. Clinical aspects of platelet inhibitors and thrombus formation. Cir Res. 2007;100(9):1261-75.

Mehilli J, Kastrati A, Schulz S, Früngel S, Nekolla SG, Moshage W, et al. Abciximab in patients with acute ST-segment-elevation myocardial infartion undergoing primary percutaneous coronary intervention after clopidogrel loading: a randomized double-blind trial. Circulation. 2009;119(14):1933-40.

Petersen JL, Mahaffey KW, Hasselblad V, Antman EM, Cohen M, Goodman SG, et al. Efficacy and bleeding complication, among patients randomized to enoxaparin or unfractionated heparin for antithrombin therapy in non-ST-segment elevation acute coronary syndromes: a systematic overview. JAMA. 2004;292(1):89-96.

Roth GJ. Antiplatelet therapy. In: Colman RW, Marder VG, Clowes AW, et al. (eds.). Hemostasis and thrombosis: Basic principles and clinical practice. 5. ed. Philadelphia: Lippincott Williams & Wilkins; 2006. p. 1725-38.

Van de Werf FJ, Topol EJ, Sobel BE. The impact of fibrinolytic therapy for ST-segment-elevation acute myocardial infarction. J Thromb Haemost. 2009;7(1):14-20.

Wiviott SD, Braunwald E, McCabe CH, Montalescot G, Ruzyllo W, Gottlieb S, et al.; Triton-Timi 38 Investigators. Prasugrel versus clopidogrel in patients with acute coronary syndromes. N Engl J Med. 2007;357(20):2001-15.

Yusuf S, Mehta SR, Zhao F, Gersh BJ, Commerford PJ, Blumenthal M, et al.; Clopidogrel in Unstable Angina to Prevent Recurrent Events Trial Investigators. Early and late effects of clopidogrel in patients with acute coronary syndromes. Circulation. 2003;107(7):966-72.

CAPÍTULO

18

ARRITMIAS

Wallyson Pereira Fonseca
Francisco Darrieux

QUESTÃO 1

Em relação aos novos anticoagulantes orais, assinale a alternativa correta:

☐ A A dabigatrana é uma pró-droga inibidora do fator Xa que tem como vantagem a baixa taxa de excreção renal e a dose única diária, facilitando o manejo em paciente com disfunção renal e melhor adesão ao tratamento.

☐ B A rivaroxabana é uma droga inibidora direta da trombina, com *clearance* renal em torno de 65%, administrada em dose única diária. Foi testada no estudo ROCKET-AF e mostrou-se superior à varfarina na prevenção de eventos embólicos.

☐ C Pacientes com fibrilação atrial e valvopatias de grau importante, candidatos à anticoagulação oral devem ser tratados com varfarina, uma vez que essa população de alto risco para eventos tromboembólicos foi excluída dos estudos até então realizados.

☐ D A apixabana, inibidor do fator Xa, foi comparada à varfarina no estudo ARISTO-TLE, demonstrando não inferioridade na prevenção de acidente vascular encefálico (AVE) isquêmico e maior taxa de sangramento gastrointestinal.

☐ E Os pacientes em uso de novos anticoagulantes orais não necessitam realizar exames de controle para testar efeito terapêutico dos medicamentos, porém o tempo de trombina e o tempo de protrombina podem ser utilizados pelo médico para avaliar adesão ao tratamento com rivaroxabana e dabigatrana, respectivamente.

QUESTÃO 2

Paciente do sexo masculino, 18 anos, sem antecedentes patológicos, admitido com queixa de palpitações taquicárdicas há cerca de 6 horas. Relatou quatro episódios semelhantes, precipitados por esforço. Negava dor torácica, dispneia, síncope, uso de medicamentos e drogas. Pressão arterial (PA) = 115 × 75 mmHg. Apresentou relatório médico com diagnóstico de taquicardia supraventricular paroxística. Ecocardiograma e eletrocardiograma (ECG) de base sem alteração. ECG da taquicardia demonstrado a seguir. Assinale a alternativa correta:

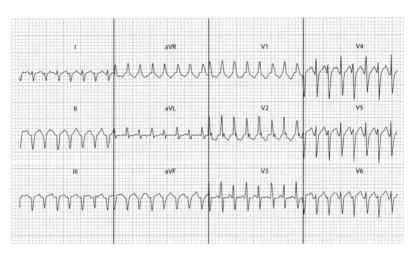

☐ A A taquicardia em questão pode ser revertida com o uso de verapamil e pode ser tratada de forma definitiva por ablação.
☐ B Trata-se de uma taquicardia supraventricular, já que o ECG demonstra taquicardia com QRS estreito.
☐ C A taquicardia tem origem no ventrículo esquerdo, por mecanismo de reentrada no fascículo anterossuperior do ramo esquerdo.
☐ D O paciente apresenta uma taquicardia ventricular (TV) ramo a ramo, característica de pacientes jovens, sem cardiopatia estrutural.
☐ E O ECG demonstra uma taquicardia ventricular frequentemente relacionada a instabilidade hemodinâmica e morte súbita em pacientes jovens.

QUESTÃO 3

Paciente do sexo masculino, 22 anos, com história de palpitações taquicárdicas, em torno de três vezes ao ano, com duração de cerca de minutos e resolução espontânea desde os 15 anos. Nunca procurou um médico. Admitido com palpitações taquicárdicas, sustentadas, com mal-estar e dor torácica. Relato de um episódio de síncope há duas semanas. PA = 90 × 60 mmHg. ECG demonstrado a seguir. Assinale a alternativa correta:

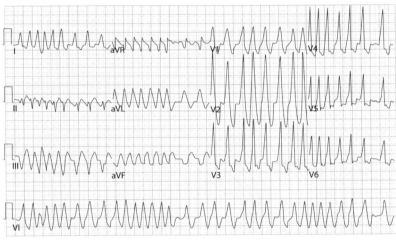

☐ A O paciente apresenta TV polimórfica e, após estabilização do quadro, deve-se pesquisar causa isquêmica, síndrome do QT longo congênito ou adquirido, TV catecolaminérgica e síndrome de Brugada.

☐ B O paciente deve ser tratado com drogas bloqueadoras no nó atrioventricular, como betabloqueadores e bloqueadores dos canais de cálcio, visando ao controle da frequência ventricular.

☐ C Trata-se de uma TV catecolaminérgica, cujo tratamento é o uso de betabloqueadores e implante de desfibrilador.

☐ D De acordo com o ECG, o estudo eletrofisiológico desse paciente deverá demonstrar presença de via acessória com período refratário longo, maior do que 250 ms.

☐ E Deve-se realizar cardioversão elétrica imediata. O tratamento farmacológico de manutenção pode ser realizado com propafenona ou sotalol. Está indicado tratamento definitivo por ablação de via acessória, já que se trata de paciente de alto risco de morte súbita.

QUESTÃO 4

Em relação à síndrome do QT longo congênito, assinale a alternativa incorreta:

☐ A É uma canalopatia hereditária, de penetrância variável, associada a arritmias ventriculares e morte súbita em pacientes jovens com o coração estruturalmente normal.

☐ B A síndrome de Romano-Ward é caracterizada pela associação de surdez neurossensorial e prolongamento do intervalo QT. Representa um fenótipo mais grave, com incidência elevada e precoce de eventos cardíacos.

☐ C A síndrome do QT longo tipo 3 é causada por mutação do gene SCN5A e os eventos estão mais associados ao sono e ao repouso.

☐ D O intervalo QT deve ser corrigido para frequência cardíaca e mulheres apresentam intervalo QT maior do que homens.

☐ E Os betabloqueadores são efetivos na redução de morte súbita, sobretudo na síndrome do QT longo tipo 1, mas não apresentam correlação com encurtamento do intervalo QT.

RESPOSTAS CORRETAS

As arritmias cardíacas possuem apresentações diversas, desde queixas como palpitações taquicárdicas e dispneia a quadros dramáticos de síncope e morte súbita. São mais frequentes em pacientes cardiopatas, destacando-se, nesse grupo, a fibrilação atrial. Algumas arritmias potencialmente graves, no entanto, são mais frequentes em pacientes jovens, sem cardiopatia estrutural, como síndrome do QT longo, síndrome de Brugada e taquicardia ventricular catecolaminérgica.

Os mecanismos responsáveis pelas arritmias cardíacas podem ser divididos em categorias: distúrbios da formação do impulso (automatismo e atividade deflagrada), distúrbios da condução do impulso (reentrada) ou ainda uma combinação de ambos. O automatismo é a propriedade das células cardíacas de iniciar o impulso cardíaco espontaneamente, sem estímulo prévio. É o principal mecanismo relacionado à taquicardia atrial focal. A atividade deflagrada é a iniciação do impulso em fibras cardíacas causada por pós-potenciais que ocorrem consequentemente a um ou mais impulsos precedentes. Os pós-potenciais podem ocorrer durante a fase de repolarização (pós-potencial precoce) ou após a repolarização (pós-potencial tardio). A reentrada é o mecanismo da maioria das arritmias cardíacas no consultório do cardiologista. É o principal mecanismo para fibrilação atrial, *flutter* atrial, taquicardias mediadas por vias acessórias e taquicardias ventriculares. Ocorre em zonas de condução lenta, como em áreas de fibrose, permitindo que o estímulo seja redirecionado nas regiões de bloqueio, reativando regiões que recuperaram a excitabilidade.

Os estudos realizados, sobretudo nas últimas décadas, proporcionaram melhor entendimento desses mecanismos, avanços no tratamento das arritmias cardíacas com a criação de novos antiarrítmicos e uso cada vez mais frequente e seguro do tratamento invasivo com ablação por cateter.

1. c

Os novos anticoagulantes orais (NOACS) surgiram da necessidade de medicamentos eficazes na prevenção de eventos tromboembólicos, com maior comodidade posológica, sem necessidade de realizar exames de rotina e com pouca interação medicamentosa. Ao contrário da varfarina, que inibe os fatores dependentes da vitamina K (II, VII, IX, X), os NOACS inibem diretamente a trombina (dabigatrana) ou o fator Xa (rivaroxabana, apixabana, endoxabana).

O etexilato de dabigatrana é uma pró-droga rapidamente convertida, por esterases séricas, em dabigatrana, um inibidor direto da trombina, com meia-vida de 12 a 17 horas, e deve ser administrado em duas doses diárias. Possui taxa de excreção renal de 80% e, portanto, deve ser evitado em paciente com disfunção renal grave (ClCr < 30 mL/min), inclusive em pacientes dialíticos. Não há interação com drogas que atuam no citrocromo P450 (p.ex., atorvastatina, diclofenaco). Não requer teste de coagulação para monitorar o efeito anticoagulante, porém o tempo de trombina (TT) pode ser utilizado para avaliar a presença do efeito anticoagulante da dabigatrana.

O estudo RELY demonstrou que, em pacientes com fibrilação atrial (FA) e com risco de acidente vascular encefálico (AVE), dabigatrana na dose 150 mg, duas vez ao dia, foi superior à varfarina na prevenção de AVE (total e isquêmico) e embolia sistêmica, com taxa similar de sangramento maior. Ao ser usada na dose de 110 mg, duas vezes ao dia, a dabigatrana apresentou eficácia similar à varfarina, com menor taxa de sangramento maior.

A rivaroxabana, um inibidor do fator anti-Xa, é administrada em dose única ao dia e possui taxa de excreção renal de cerca de 35% na forma intacta. Foi comparada à varfarina no estudo ROCKET-AF, demonstrando não inferioridade na prevenção de AVE e fenômeno tromboembólico. A taxa de sangramento maior foi similar (5,6 *versus* 5,4%), porém com taxa de sangramentos fatais (0,4 *versus* 0,8%) e hemorragia intracraniana (0,8 *versus* 1,2%) menores do que a rivaroxabana. Sangramentos gastrointestinais, entretanto, foram mais frequentes com rivaroxabana. A presença de atividade anticoagulante e, portanto, da adesão ao tratamento pode ser avaliada pelo tempo de protrombina.

A apixabana, outro inibidor do fator anti-Xa, possui a menor taxa de excreção renal entre os NOACS, cerca de 25%. Foi comparada à varfarina no estudo ARISTOTLE, demonstrando superioridade na prevenção de AVE total ou embolia sistêmica (1,27 *versus* 1,6%/ano). Sangramento maior (2,13 *versus* 3,09%/ano), hemorragia intracraniana (0,33 *versus* 0,8%/ano) e sangramento gastrointestinal (0,76 *versus* 0,86%/ano) foram menos frequentes com apixabana (Tabela 1).

Pacientes com valvopatias moderadas a graves foram excluídos desses estudos; portanto, não existe até o momento evidência para uso de NOACS nesse grupo.

Tabela 1 Perfil dos principais novos anticoagulantes orais

	Dabigatrana	Rivaroxabana	Apixabana	Edoxabana
Estudo	RELY	ROCKET-AF	ARISTOTLE	ENGAGE-AF
Alvo	Trombina	Anti-Xa	Anti-Xa	Anti-Xa
Dose-padrão/ atenuada	150 mg, 2 vezes ao dia 110 mg, 2 vezes ao dia	20 mg, 1 vez ao dia 15 mg, 1 vez ao dia	5 mg, 2 vezes ao dia 2,5 mg, 2 vezes ao dia	60 mg, 2 vezes ao dia 30 mg, 2 vezes ao dia
Clearance renal	80%	35%	25%	50%
Meia-vida	12-17 horas	5-9 horas	12 horas	10 horas
Antídoto	Não	Não	Não	Não

2. a

O eletrocardiograma (ECG) demonstra uma taquicardia regular, QRS relativamente estreito (cerca de 130 ms) com morfologia de bloqueio de ramo direito (BRD) e hemibloqueio do fascículo anterossuperior esquerdo. Utilizando-se os critérios de Brugada, conclui-se que se trata de uma taquicardia ventricular monomórfica: R monofásico em V1, rS em V6. Pode-se, ainda, utilizar os critérios de Vereckei para diferenciação entre taquicardia ventricular (TV) e taquicardia supraventricular (TSV), pois nesse caso existe R puro em aVR. Nesse paciente jovem, sem cardiopatia estrutural aparente, apresentando TV bem tolerada com morfologia de BRD e bloqueio divisional anterossuperior (BDAS), portanto, proveniente do ventrículo esquerdo, a principal hipótese é de uma TV idiopática, de origem fascicular. Ocorre tipicamente entre 15 e 40 anos, sendo que os homens representam 60 a 80% dos acometidos. Os sintomas, na maioria dos casos, são de leve a moderada intensidade, com tontura, palpitações, fadiga e pré-síncope. Síncope e morte súbita são raras. Têm geralmente curso benigno e excelente prognóstico. Em casos de TV incessante por longos períodos, pode ocorrer taquicardiomiopatia.

Na maioria dos casos, é originada na região inferosseptal do ventrículo esquerdo por mecanismo de microreentrada no nível do fascículo posteroinferior esquerdo, produzindo o padrão clássico com morfologia de BRD e BDAS com QRS relativamente estreito (às vezes confundido com taquicardia paroxística supraventricular (TPSV), já que é originada no sistema His-Purkinje). Circuitos no fascículo anterior esquerdo ou em região de septo alto são menos comuns.

A TV fascicular é caracterizada por ser verapamil-sensível, já que esse medicamento é efetivo tanto em terminar o episódio de taquicardia quanto na prevenção de recorrências. Em pacientes refratários ou intolerantes à medicação, a ablação está indicada, com taxa de sucesso de 85 a 90%.

Outras causas de TV monomórfica em coração estruturalmente normal incluem as com origem principal nos tratos de saída do ventrículo direito e ventrículo esquerdo, sendo parte delas adenosina-sensíveis, bem como adrenérgicas-dependentes.

A TV ramo a ramo, citada na alternativa "d", ocorre em paciente com cardiopatia estrutural grave, em sua maioria com bloqueio de ramo esquerdo no ECG de base. É uma TV de QRS largo, rápida, associada à instabilidade hemodinâmica. O tratamento de escolha é a ablação por radiofrequência (Tabela 2).

Tabela 2   Diferenças entre os principais tipos de taquicardia ventricular (TV) no coração estruturalmente normal e TV ramo a ramo

	TV via de saída	TV fascicular	TV ramo a ramo
Cardiopatia estrutural	Não	Não	Sim
Mecanismo	Atividade deflagrada	Reentrada entre fascículos do ramo esquerdo	Reentrada ramo D-E ou E-D
ECG de base	Normal	Normal	BRE (mais comum)
ECG na taquicardia	Eixo inferior: BRE: VSVD (mais comum) ou VSVE; BRD: VSVE	BRD + BDAS + rS em V6	BRE (mais comum); BRD
Medicação	Adenosina-sensível	Verapamil-sensível	Amiodarona é escolha
Prognóstico	Bom	Bom	Ruim – associado à cardiopatia de base

BDAS: bloqueio divisional anterossuperior; BRD: bloqueio de ramo direito; BRE: bloqueio de ramo esquerdo; VSVD: via de saída do ventrículo direito; VSVE: via de saída do ventrículo esquerdo.

3. e

O ECG demonstra uma taquicardia de QRS largo, irregular, com variação na duração dos complexos QRS durante a taquicardia. A principal hipótese para o caso é a fibrilação atrial na presença de pré-excitação ventricular por via acessória, neste caso em localização posterosseptal esquerda. As diferentes morfologias dos complexos QRS ocorrem por causa da variação do grau de condução do estímulo entre a via acessória e do sistema His-Purkinje (complexos de fusão), causando complexos QRS com diferentes graus de pré-excitação.

Em casos de taquicardia com instabilidade hemodinâmica, deve-se proceder à cardioversão elétrica sincronizada. Pacientes estáveis podem ser tratados com procainamida ou amiodarona, por via venosa, já que essas drogas exercem bloqueio da via acessória, interrompendo o circuito da taquicardia. Drogas que bloqueiam o nó atrioventricular, como betabloqueadores e bloqueadores dos canais de cálcio, são contraindicadas, já que podem aumentar a condução dos estímulos pela via acessória, provocando aumento da frequência da taquicardia e até degeneração para fibrilação ventricular (FV). Quanto menor o período refratário da via mais largos serão os QRS durante a taquicardia antidrômica. Vias acessórias com períodos refratários curtos, menores do que 250 ms, predispõem a taquicardias com resposta ventricular alta e são consideradas como critério de alto risco para FV. Pacientes com média de intervalos R-R pré-excitados maior do que 250 ms ou cujo mais curto intervalo R-R pré-excitado é maior do que 220 ms durante episódios de fibrilação atrial (FA), são considerados de baixo risco para morte súbita cardíaca. Esse caso, em especial, possui menor RR pré-excitado em torno de 160 ms, o que resulta em alto risco de morte súbita.

A FA paroxística ocorre em 20% dos pacientes com síndrome de Wolff-Parkinson-White (WPW). É mais comum em paciente com condução anterógrada pela via e, em paciente com taquicardia atrioventricular (TAV) antidrômica, está relacionada à presença de múltiplas vias e período refratário efetivo mais curto. Alguns trabalhos sugerem maior risco de FA na presença de vias posterosseptais. O WPW é considerado critério de alto risco para morte súbita, mesmo em paciente assintomático, indicando-se ablação da via anômala (Figura 1).

4. b

A síndrome do QT longo (SQTL) congênito é uma doença hereditária caracterizada pela mutação de genes relacionados à função de canais de potássio e sódio cardíacos, cau-

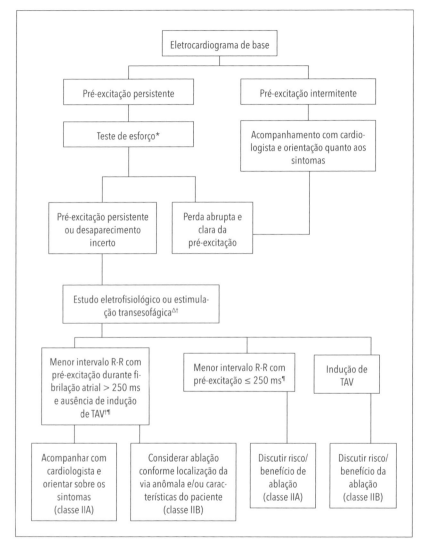

Figura 1 Manejo de pacientes com pré-excitação assintomática (modificado de Cohen et al., 2012).
* Pacientes incapazes de realizar o teste de esforço devem ser submetidos à estratificação de risco por meio de estudo eletrofisiológico; Δ antes da realização de testes invasivos, paciente e pais devem ser aconselhados a discutir os riscos e benefícios do estudo invasivo, tratamento medicamento somente observação;
† pacientes participantes de esportes competitivos de moderado a alto nível devem ser aconselhados sobre os riscos e os benefícios de ablação (classe IIA); ¶ na ausência de indução de fibrilação atrial, o mais curto intervalo R-R durante estimulação atrial rápida é uma alternativa razoável.
TAV: taquicardia atrioventricular (ortodrômica e antidrômica).

sando prolongamento anormal do intervalo QT, com aumento do risco de síncope e morte súbita por arritmias ventriculares em pacientes com coração estruturalmente normal. São conhecidas atualmente mais de 500 mutações responsáveis por 13 tipos de QT longo congênito, mas prevalecem QTL 1, 2 e 3. O QTL1 é o mais frequente (42%) e é causado por mutação do gene KCNQ1, causando redução da função dos canais IK. O eletrocardiograma (ECG) é caracterizado por onda T de base larga e as arritmias ventriculares são associadas a estresse emocional e físico (natação, mergulho). O QTL 2 (35 a 45% dos casos) é causado por mutação do gene KCNH2. O ECG demonstra onda T bífida, de baixa amplitude. Os triggers clássicos para arritmias são estresse emocional e barulhos súbitos, como alarme ou telefone. O QTL3 é menos frequente (8 a 10%), associado à mutação do gene SCN5A. A maioria do eventos ocorre durante o sono e o repouso. Ao ECG, observa-se segmento ST longo e retificado.

Para diagnóstico da SQTL, utilizam-se os critérios de Schwartz (Tabela 3). Na análise do intervalo QT (iQT), deve-se realizar sua correção pela frequência cardíaca, utilizando a fórmula de Bazett (QTc: $QT/\sqrt{RR}$). O QTc é considerado normal até 440 ms para homens e 460 ms para mulheres. Devem ser excluídas causas reversíveis para o prolongamento do iQT, sobretudo medicamentos como antiarrítmicos das classes IA, IC e III; antibióticos como quinolonas e macrolídeos; anti-histamínicos (hidroxizina, loratadina etc.); e antipsicóticos. A lista completa está disponível em www.torsades.org.

O tratamento tem como base o uso de betabloqueadores de ação central (propranolol e nadolol) e está associado com redução de 53 a 64% de eventos, sobretudo em pacientes com QTL 1. Em pacientes com QTL 3, os betabloqueadores, embora ainda indicados, não apresentam benefício tão expressivo. Pacientes que persistem com sintomas apesar do tratamento com betabloqueador podem ser submetidos à simpatectomia cervicotorácica esquerda. O cardiodesfibrilador implantável é indicado para prevenção secundária de morte súbita, refratariedade ao tratamento clínico e formas graves como na síndrome de Jervel Lange-Nielsen (associada à surdez neurossensorial) e na síndrome de Timothy. O marca-passo pode ser considerado para suporte terapêutico aos betabloqueadores, *torsades* induzido por bradicardia e QTL 3. Os pacientes devem ser afastados de esportes competitivos.

Tabela 3 Critérios diagnósticos de síndrome do QT longo congênito (modificados em 2011)

			Pontos
Achados eletrocardiográficos *	A	QTc[1]	
		≥ 480 ms	3
		460-470 ms	2
		450-459 ms (homens)	1
	B	QTc[1] 4º minuto de recuperação do teste de esforço ≥ 480 ms	1
	C	*Torsades de pointes*[2]	2
	D	Onda T alternante	1
	E	Onda T entalhada em 3 derivações	1
	F	Baixa frequência cardíaca para idade[3]	0,5
História clínica	A	Síncope[2]	
		Com esforço	2
		Sem esforço	1
	B	Surdez congênita	0,5
História familiar	A	Familiares com SQTL definida[4]	1
	B	Morte súbita de causa inexplicada em familiares de 1º grau	0,5

* Na ausência de medicações ou distúrbios conhecidos que afetem o intervalo QT; [1] QTc calculado pela fórmula de Bazzet, em que QTc: $QT/\sqrt{RR}$; [2] mutuamente exclusivo; [3] frequência cardíaca de repouso abaixo do segundo percentil para idade; [4] o mesmo membro da família não pode ser incluído em A e B.
Escore: ≤ 1 ponto: baixa probabilidade de SQTL; 1,5 a 3 pontos: probabilidade intermediária de SQTL; ≥ 3,5 pontos: alta probabilidade.
SQTL: síndrome do QT longo.

BIBLIOGRAFIA

Badhwar N, Scheinman MM. Idiopathic ventricular tachycardia: diagnosis and management. Curr Probl Cardiol J. 2007;32:7-43.

Camm AJ, Lip GYH, De Caterina R, Savelieva I, Atar D, Hohnloser SH, et al.; ESC Committee for Practice Guidelines (CPG). 2012 focused update of the ESC guidelines for the management of atrial fibrillation: an update of the 2010 ESC guidelines for the management of atrial fibrillation. Developed with the special contribution of the European Heart Rhythm Association. Eur Heart J. 2012;33:(21):2719-47.

Connolly SJ, Ezekowitz MD, Yusuf S, Eikelboom J, Oldgren J, Parekh A, et al.; RE-LY Steering Committee and Investigators. Dabigatran versus warfarin in patients with atrial fibrillation. N Engl J Med. 2009;361(19):1139-51.

Giugliano RP, Ruff CT, Braunwald E, Murphy SA, Wiviott SD, Halperin JL, et al.; ENGAGE AF-TIMI 48 Investigators. Edoxaban versus warfarin in patients with atrial fibrillation. N Engl J Med. 2013;369(22):2093-104.

Granger CB, Alexander JH, McMurray JJV, Lopes RM, Hylek EM, Hanna M, et al.; ARISTOTLE Committees and Investigators. Apixaban versus warfarin in patients with atrial fibrillation. N Engl J Med. 2011;365:981-92.

Issa ZF, Miller JM, Zipes DP. Verapamil-sensitive (fascicular) ventricular tachycardia. In: Issa ZF, Miller JM (eds.). Clinical arrhythmology and electrophysiology. 2nd ed. Philadelphia: Elsevier Saunders; 2012.

Patel MR, Mahaffey KW, Garg J, Pan G, Singer DE, Hacke W, et al.; ROCKET AF Investigators. Rivaroxaban versus warfarin in nonvalvular atrial fibrillation. N Engl J Med. 2009;365(810):83-91.

Pediatric and Congenital Electrophysiology Society; Heart Rhythm Society; American College of Cardiology Foundation; American Heart Association; American Academy of Pediatrics; Canadian Heart Rhythm Society; et al. PACES/HRS expert consensus statement on the management of the asymptomatic young patient with o Wolff-Parkinson-White (WPW, Ventricular Preexcitation) electrocardiographic patter. Heart Rhythm. 2012;9:1006-24.

Roberts-Thomson KC, Lau DH, Sanders P. The diagnosis and management of ventricular arrhythmias. Nature R Cardiol. 2011;8:311-21.

Roden DM. Long-QT syndrome. N Engl J Med. 2008;358:169-76.

Schwartz PJ, Crotti L, Insolia R. Long-QT syndrome: from genetics to management. Circ Arrhyt Electrophysiol. 2012;5:868-77.

CAPÍTULO

19

MARCA-PASSO

Alex Guabiru
Martino Martinelli

QUESTÃO 1

Assinale a alternativa correta:

☐ A Na síncope neuromediada, do tipo cardioinibitório, sempre estará indicado marca-passo definitivo com função *drop rate response*.

☐ B No bloqueio atrioventricular de terceiro grau adquirido sem etiologia reversível, caso seja intermitente e assintomático, não está indicado marca-passo definitivo.

☐ C Pacientes portadores de bloqueio atrioventricular total congênito, mesmo que assintomáticos, com escape ventricular estreito e resposta cronotrópica satisfatória, deverão ser submetidos a implante de marca-passo definitivo.

☐ D Em pacientes com histórico de síncope precedida de pródromos, o achado de pausas sinusais de 2 segundos durante o sono fecha o diagnóstico de doença do nó sinusal, estando indicado marca-passo definitivo que operará preferencialmente em modo AAI.

☐ E Em pacientes com síncope de etiologia não esclarecida e estudo eletrofisiológico com demonstração de intervalo HV > 70 ms, está indicado marca-passo definitivo.

QUESTÃO 2

Com relação à terapia de ressincronização cardíaca (TRC), é correto afirmar que:

☐ A Os pacientes que mais se beneficiam são mulheres, portadores de bloqueio de ramo direito, ritmo sinusal e cardiomiopatia de etiologia isquêmica.

☐ B Quando bem indicada, não apresentou evidência de diminuição de mortalidade, redução no número de internação e melhora de qualidade de vida.

☐ C O benefício dessa terapia é proporcional à classe funcional (CF), sendo máximo nos pacientes em CF IV e duvidoso nos pacientes em CF II.

☐ D Pacientes com indicação de marca-passo definitivo por qualquer etiologia, desde que portadores de disfunção ventricular importante e expectativa de estimulação ventricular > 40% do tempo, deverão ter indicação expandida para ressincronizador atriobiventricular.

☐ E A ressonância magnética com realce tardio não tem papel na investigação, quantificação e localização de zonas de fibrose, não sendo útil na avaliação pré--implante de ressincronizadores cardíacos.

QUESTÃO 3

Sobre o uso de cardiodesfibriladores implantáveis (CDI), assinale a alternativa incorreta:

☐ A Está indicado aos pacientes recuperados de fibrilação ventricular secundária a eventos coronarianos agudos há pelo menos 30 dias.

☐ B Sempre estará indicado na profilaxia secundária de morte súbita recuperada, desde que excluídas causas reversíveis, apresentando maior benefício nos pacientes com fração de ejeção do ventrículo esquerdo (FEVE) > 35%.

☐ C Pacientes portadores de cardiopatia isquêmica e FEVE ≤ 30%, mesmo que assintomáticos, possuem indicação de CDI como profilaxia primária, visando à redução de mortalidade por eventos arrítmicos.

☐ D A estratificação de candidatos a CDI para prevenção primária de morte súbita cardíaca é essencial para aumentar a atratividade do procedimento.

☐ E O estudo MADIT II incluiu pacientes com disfunção ventricular pós-infarto agudo do miocárdio e CF I-III e demonstrou que o CDI reduz mortalidade total.

QUESTÃO 4

A análise do traçado a seguir permite afirmar que:

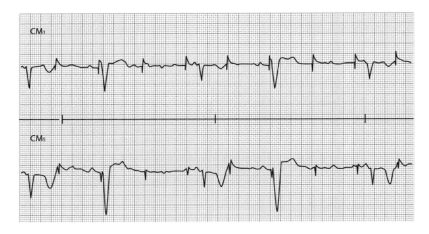

☐ A Existem episódios de perda de captura ventricular e de *undersensing* ventricular.

☐ B Provavelmente trata-se de um marca-passo bicameral, funcionando em modo VAT.

☐ C Episódios de *oversensing* no canal atrial levam ao *trigger* do ventrículo de maneira inadequada.

☐ D Todas as espículas não seguidas de complexos QRS podem ser justificadas por coincidirem com o período refratário ventricular.

☐ E No caso em questão, há fusão e pseudofusão evidentes.

RESPOSTAS CORRETAS

As inúmeras condições patológicas que levam a bradicardia, distúrbios de condução avançados, taquiarritmias e dissincronismo ventricular podem culminar em morbidade e mortalidade significativas. Algumas das terapias mais efetivas e modificadoras de desfechos desenvolvidas no último século foram o marca-passo cardíaco, o cardiodesfibrilador implantável (CDI) e o ressincronizador cardíaco. O uso aplicado desses dispositivos foi relatado por Senning, em 1959, inicialmente com implante epicárdico, necessidade de toracotomia e maior estrutura hospitalar, passando a ser implantado por via transvenosa no mesmo ano por Furman, diminuindo a complexidade dos insumos necessários. Em 1980, Mirowski et al. descreveram o primeiro implante de CDI em humanos. Desde então, tais técnicas tornaram-se difundidas mundialmente, chegando a 18 mil implantes de dispositivos anualmente no Brasil.

Nenhum procedimento invasivo é isento de riscos ou custos, sendo mandatório, antes da indicação, pesá-los diante dos possíveis benefícios. Estima-se a taxa de complicações potencialmente fatais para implante de marca-passo atrioventricular em torno de 0,4 a 2% e o custo de aproximadamente US$ 16 mil para implante. Contudo, no caso de indicação precisa do desfibrilador, a redução de mortalidade pode chegar até 54%. Tais dados demonstram que a excelência em custo-efetividade, tanto na esfera de desfechos clínicos, quanto na redução de gastos em saúde, está fortemente ligada à criteriosa avaliação clínica pré-implante.

1. e

A síncope neuromediada é a principal causa de síncope no mundo, chegando à prevalência de 21%, seguida de síncope de origem cardíaca (9,5% dos casos). Sua ocorrência não foi totalmente elucidada, porém relaciona-se à insuficiência dos mecanismos reflexos compensatórios responsáveis por manter os níveis de pressão arterial. O tratamento inicial deve consistir em medidas comportamentais (Quadro 1) que podem ser associadas a corticosteroides, sendo o de escolha a fludrocortisona na dose de 0,1 mg, 1 vez ao dia, chegando a 0,1 mg, 2 vezes ao dia. A associação com alfa-adrenérgicos pode ser interessante, sendo a midodrina o fármaco mais utilizado, iniciando-se com 5 mg, 3 vezes ao dia e chegando a 40 mg/dia.

O bloqueio atrioventricular total (BAVT) adquirido, desde que não decorra de situação potencialmente reversível (p. ex., intoxicação por betabloqueadores ou digoxina), mesmo que assintomático ou intermitente, determina doença avançada no sistema de condução (bloqueio em nível hissiano ou infra-hissiano), sendo indicação de marca-passo definitivo. Contudo, no BAVT congênito, quando há ritmo de escape estreito, boa resposta cronotrópica no teste ergométrico, ausência de sintomas e dilatação ventricular, o prognóstico de morbidade e mortalidade é favorável, não estando indicado marca-passo definitivo.

A disfunção do nó sinusal se apresenta eletrocardiograficamente de várias formas: pausas sinusais, bloqueios sinoatriais, alternância entre bradi e taquicardia, fibrilação atrial de baixa resposta ventricular e incompetência cronotrópica. Quando acompanhada de sintomas, define-se a síndrome da disfunção do nó sinusal. Pausas no sono são comuns, na maioria assintomáticas, e não determinam pior prognóstico de longo prazo. A indicação de marca-passo definitivo atualmente aceita é pausa assintomática de 2 segundos na vigília ou pausas assintomáticas > 6 segundos durante o sono.

Em pacientes com síncope investigada e não esclarecida, o estudo eletrofisiológico pode estar indicado, sobretudo na presença de bloqueio de ramo associado. Em pacientes sintomáticos que apresentem intervalo HV (intervalo que representa a condução do estímulo do Hiss para os ventrículos) > 70 ms ou assintomáticos com HV > 100 ms, está definida doença avançada do sistema de condução e indica-se marca-passo definitivo.

Quadro 1 Tratamento não medicamentoso da síncope neuromediada

Evitar situações desencadeadoras (calor, desidratação)
Aumentar o consumo hídrico e de sal
Descontinuar medicações precipitadoras (diuréticos, vasodilatadores)
Praticar exercício físico isométrico e manobras de contrapulsação
Assumir posição supina diante dos pródromos
Realizar *tilt training*
Usar meias elásticas

2. d

Os dessincronismos inter e intraventriculares são comuns entre portadores de insuficiência cardíaca, podendo contribuir para deterioração clínica e agravar a função ventricular. A terapia de ressincronização cardíaca (TRC) consiste no implante de marca-passo com estimulação multissítio (comumente átrio direito, ventrículo direito e ventrículo esquerdo) e foi consagrada em pacientes com fração de ejeção < 35% com bloqueio de ramo (sobretudo esquerdo). Atualmente, preconiza-se como fatores de boa resposta ao tratamento: sexo feminino, ausência de fibrose transmural na parede lateral do ventrículo esquerdo, ritmo sinusal, classes funcionais II-III (benefício duvidoso em classe funcional IV ambulatorial) e etiologia dilatada da cardiomiopatia. Pacientes que possuam ritmo de fibrilação atrial, bloqueio de ramo direito ou que tenham etiologia isquêmica também podem responder à terapia, contudo apresentam menor custo-benefício que o subgrupo anterior.

Os benefícios da TRC não se limitam à melhora de classe funcional. Estudos randomizados demonstram redução de desfecho combinado de mortalidade de até 36%, além de melhora de qualidade de vida, na intensidade de sintomas e no número de internações em 37%.

Em pacientes com disfunção ventricular (fração de ejeção do ventrículo esquerdo < 40 a 50%), que tenham indicação de marca-passo por qualquer causa e tenham predição de *pacing* ventricular (tempo em que o ritmo ventricular será comandado pelo dispositivo) > 40%, a TRC está indicada visando à redução de desfecho combinado de mortalidade, internação hospitalar, melhora de qualidade de vida/parâmetros ecocardiográficos.

A ressonância nuclear magnética com realce tardio é o método de imagem padrão-ouro para diagnóstico e quantificação de fibrose miocárdica. Pacientes que apresentam alta carga de fibrose na parede lateral do ventrículo esquerdo são piores respondedores à TRC e representam maior desafio técnico, visto que essa região é ponto fundamental da estimulação multissítio.

3. b

O uso do CDI em pacientes com eventos coronarianos agudos (< 40 dias) foi testado no estudo Dinamit, que não evidenciou diferença de mortalidade global entre os grupos. Na realidade, houve diminuição da mortalidade por arritmias, o que possibilitou maior expressão de mortalidade por insuficiência cardíaca, não gerando diferença estatística no cômputo geral de eventos.

A indicação de CDI para profilaxia secundária perpassa exclusão de causas potencialmente reversíveis, por exemplo, intoxicações exógenas, isquemia miocárdica aguda e tratável ou distúrbios hidroeletrolíticos passíveis de correção. Afastadas tais causas, todos os pacientes recuperados de parada cardiorrespiratória têm indicação de CDI, independentemente da fração de ejeção do ventrículo esquerdo. Contudo, existe maior benefício para pacientes com disfunção ventricular instalada, pois a chance de recorrência nessa população é maior.

O implante de CDI visando à profilaxia primária de morte súbita pode representar redução de mortalidade de até 54% quando bem indicado. O estudo Madit II envolveu pacientes isquêmicos, em classes funcionais I-III e fração de ejeção do ventrículo esquerdo < 30%, sem obrigatoriedade de realizar estudo eletrofisiológico ou documentar arritmias ventriculares em exames não invasivos. Os resultados desse trabalho evidenciaram redução de mortalidade geral de 31% e seus realizadores já chamavam a atenção para o papel da fibrose miocárdica (cicatriz) gerada pelo infarto agudo do miocárdio como um fator crucial na formação de circuitos de reentrada que favoreceriam arritmias ventriculares. Atualmente, reconhecem-se diversos fatores de risco para morte súbita, como presença de fibrose, etiologia isquêmica da cardiomiopatia e disfunção ventricular. O sinergismo desses dados reforça a indicação do dispositivo, sendo a avaliação pré-procedimento peça fundamental na escolha dos pacientes candidatos ao implante, melhorando assim a custo-efetividade. As indicações de CDI encontram-se resumidas na Quadro 2.

Quadro 2 Indicação de CDI em profilaxia primária

Sobreviventes de IAM há mais de 40 dias ou portadores de cardiopatia isquêmica crônica (sem isquemia ativa) e expectativa de vida > 1 ano e uma das características a seguir:
Classe Ia
1. FEVE ≤ 35% e CF II-III, ou FEVE ≤ 30% e CF I, II ou III
2. FEVE ≤ 40%, TVNS espontânea e TVS indutível ao EEF
Classe IIa
1. Pacientes com cardiomiopatia dilatada não isquêmica, CF II-III, com FEVE ≤ 35%
2. Pacientes com cardiopatia isquêmica ou não isquêmica, CF III-IV, FEVE ≤ 35%, QRS ≥ 120 ms, para os quais tenha sido indicada TRC e expectativa de vida de pelo menos 1 ano
CDI: cardiodesfibrilador implantável; CF: classe funcional; EEF: estudo eletrofisiológico; FEVE: fração de ejeção do ventrículo esquerdo; TVNS: taquicardia ventricular não sustentada; TVS: taquicardia ventricular sustentada.

4. a

Os traçados em questão são simultâneos e demonstram ondas p dissociadas dos eventos ventriculares, caracterizando BAVT. O primeiro batimento do traçado é espontâneo, seguido de espícula de marca-passo sem captura ventricular. Na sequência, observa-se uma captura ventricular (QRS precedido de espícula), duas espículas sem captura, um batimento espontâneo e outra espícula com perda de captura. Observa-se, ainda, que as espículas ocorrem em intervalos absolutamente regulares e não seguem o ritmo de base do paciente (*undersensing*). Portanto, trata-se de marca-passo com disfunção (perda de captura e *undersensing*) operando em VVI. Nota-se que esse comportamento é idêntico ao funcionamento em modo VOO associado à perda de captura sem *undersensing*. Relembrar o código de letras para dispositivos na Quadro 3.

Quadro 3 Indicação de CDI em profilaxia secundária

Classe I
Parada cardíaca por TV/FV de causa não reversível, com FE ≤ 35% e expectativa de vida de pelo menos 1 ano
TVS espontânea com comprometimento hemodinâmico ou síncope, de causa não reversível com FE ≤ 35% e expectativa de vida de pelo menos 1 ano
Classe IIa
Sobreviventes de parada cardíaca, por TV/FV de de causa não reversível, com FE ≥ 35% e expectativa de vida de pelo menos 1 ano
Pacientes com TV espontânea, de causa não reversível, com FE ≥ 35%, refratária a outras terapêuticas e expectativa de vida de pelo menos 1 ano
Pacientes com síncope de origem indeterminada com indução de TVS hemodinamicamente instável e expectativa de vida de pelo menos 1 ano

O conceito de *undersensing* é a incapacidade de o dispositivo reconhecer despolarização, seja atrial ou ventricular, própria do paciente. Tal evento pode ser relacionado a inúmeras situações que vão desde programações inadequadas do marca-passo a macro/micro fraturas ou até desposicionamento dos eletrodos. Já a perda de captura é a incapacidade de uma espícula provocar despolarização da câmara estimulada, seja ela de átrio ou ventrículo. Compartilha as mesmas causas de *undersensing*, somadas a exaustão do gerador e flutuações no limiar de captura intrínsecas ao *status* do paciente, por exemplo, aumento de limiar com perda de captura em pacientes sépticos. É importante salientar que espículas que ocorrem na repolarização ventricular e não são seguidas de QRS estimulado não configuram perda de captura pois nessa fase as células encontram-se fisiologicamente no período refratário.

O termo fusão refere-se à ativação simultânea (artificial e espontânea) do tecido cardíaco, provocando complexos híbridos. Por exemplo, no caso de fusão ventricular, a espícula ventricular é acompanhada de QRS com características mistas entre o QRS espontâneo (ritmo próprio do paciente) e estimulado (ritmo de marca-passo). Pseudofusão ocorre quando a ativação é espontânea (ritmo próprio do paciente), porém sincrônica à emissão de espícula de marca-passo, que não chega a despolarizar o tecido cardíaco. Sendo assim, tem-se, no caso de pseudofusão ventricular, espícula precedendo QRS espontâneo. Não se observa nenhum evento citado no traçado em questão.

BIBLIOGRAFIA

Brignole M, Auricchio A, Baron-Esquivias G, Bordachar P, Boriani G, Breithardt OA, et al. 2013 ESC guidelines on cardiac pacing and cardiac resynchronization therapy. Eur Heart J. 2013;34:2281-329.

Cleland JG, Daubert JC, Erdmann E, Freemantle N, Gras D, Kappenberger L, et al.; Cardiac Resynchronization-Heart Failure (CARE-HF) Study Investigators. The effect of cardiac resynchronization on morbidity and mortality in heart failure. N Engl J Med. 2005;352:1539-49.

Curtis AB, Worley SJ, Adamson PB, Chung ES, Niazi I, Sherfesee L, et al.; Biventricular versus Right Ventricular Pacing in Heart Failure Patients with Atrioventricular Block (BLOCK HF) Trial Investigators. Biventricular pacing for atrioventricular block and systolic dysfunction. N Engl J Med. 2013;368:1585-93.

Furman S, Schwedel JB. An intracardiac pacemaker for Stokes-Adams. N Engl J Med. 1959;26:943.

Hohnloser SH, Kuck KH, Dorian P, Roberts RS, Hampton JR, Hatala R, et al. Prophylactic use of an implantable cardioverter-defibrillator after acute myocardial infarction. DINAMIT Investigators. N Engl J Med. 2004;351(24):2481-8.

Martinelli Filho M, de Siqueira SF, Costa R, Greco OT, Moreira LF, D'Avila A, et al. Conventional versus biventricular pacing in heart failure and bradyarrhythmia: the COMBAT study. J Card Fail. 2010;16(4):293-300.

Martinelli Filho M, de Siqueira SF, Nishioka SAD. Atlas de marca-passo: a função através do eletrocardiograma. 2. ed. São Paulo: Atheneu; 2012.

Martinelli Filho M, Zimerman LI, Lorga AM, Vasconcelos JTM, Rassi A Jr. Guidelines for implantable electronic cardiac devices of the Brazilian Society of Cardiology. Arq Bras Cardiol. 2007;89(6):e210-38.

Mirowski M, Reid PR, Mower MM, Watkins L, Gott VL, Schauble JF, et al. Termination of a malignant ventricular arrhythmia with an implanted automatic defibrillator in human beings. N Engl J Med. 1980;303(6):322-4.

Moss AJ, Zareba W, Hall WJ, Klein H, Wilber DJ, Cannom DS, et al.; Multicenter Automatic Defibrillator Implantation Trial II Investigators. Prophylactic implantation of a defibrillator in patients with myocardial infarction and reduced ejection fraction. N Engl J Med. 2002;346(12):877-83.

Senning A. Second international conference on medical electronics, 1959.

CAPÍTULO

20

INSUFICIÊNCIA CARDÍACA

Giuliano Serafino Ciambelli
Thiago Marques Mendes

QUESTÃO 1

FGP, 37 anos, sexo feminino, procedente de Mossoró (RN), apresenta histórico de dispneia aos esforços com limitação para suas atividades domésticas, ortopneia, edema de membros inferiores, apatia e inapetência. Os sintomas se iniciaram na 34ª semana de gestação e estão presentes até o momento, 30° dia de pós-parto cesáreo sem intercorrências. A paciente tem antecedentes de doença hipertensiva específica na gravidez controlada com alfametildopa. Na avaliação em primeira consulta, observa-se frequência cardíaca (FC) = 102 bpm, regular, pulso fino, pressão arterial (PA) = 90 × 62 mmHg, simétrica, estase jugular positiva, fígado palpável a 2,5 cm RCD, abdome globoso, útero não palpável, sem ascite. Apresenta edema de membros inferiores depressível 2+/4. Ausculta pulmonar com estertores discretos em bases. Ausculta com sopro sistólico regurgitativo em platô, 2++/6 em foco mitral. Eletrocardiograma (ECG) com taquicardia sinusal, baixa voltagem global, bloqueio atrioventricular (BAV) de 1° grau. Radiografia com cardiomegalia, sinais de congestão e derrame pleural bilateral mínimo. Ecocardiograma transtorácico revelou disfunção biventricular, hipocinesia difusa de ventrículo esquerdo (VE), fração de ejeção (FE) = 34%, aumento moderado de átrios esquerdo e direito, PSAP = 40 mmHg, presença de trombo apical no VE. Entre as alternativas a seguir, considere aquela que descreve melhor o caso e mais se aproxima da abordagem inicial pertinente:

☐ A Insuficiência cardíaca (IC). Etiologia mais provável: doença de Chagas. Solicitar sorologia para Chagas e Holter. Realizar biópsia endomiocárdica confirmatória e tratamento com benzonidazol.

☐ B IC. Etiologia: miocardiopatia hipertensiva. Solicitar exame de fundo de olho, urina tipo I, função renal, eletrólitos e BNP. Iniciar tratamento medicamentoso para IC e considerar anticoagulação.

☐ C IC. Etiologia: miocardiopatia periparto. Solicitar hemograma, eletrólitos, funções renal e hepática, TSH/T4L, sorologia para Chagas, PCR, VHS, fundo de olho e BNP. Iniciar tratamento para IC e considerar anticoagulação.

☐ D IC. Etiologia: miocardiopatia de origem valvar. Considerar ecocardiograma transesofágico, cateterismo à direita e à esquerda. Iniciar medicamentos para IC e provável indicação de cirurgia cardíaca para correção de insuficiência mitral.

☐ E IC. Etiologia: hipotireoidismo. Solicitar hemograma, eletrólitos, função renal e hepática, TSH/T4L, sorologia para Chagas, PCR, VHS, BNP, ultrassonografia de tireoide e obrigatoriamente ressonância magnética (RM) cardíaca. Iniciar tratamento para IC, considerar anticoagulação.

QUESTÃO 2

Paciente do sexo masculino, 55 anos, hipertenso desde os 34 anos e diabético há 5 anos, em acompanhamento regular com cardiologista que forneceu o diagnóstico de IC há 3 anos. Desde o início do acompanhamento, mantinha-se assintomático, sem limitação para suas atividades diárias. Medicado com: atenolol, 50 mg, a cada 12 horas; enalapril, 20 mg, a cada 12 horas; anlodipino, 5 mg, uma vez ao dia; sinvastatina, 20 mg; metformina, 850 mg, três vezes ao dia. Há 6 meses, iniciou quadro de dispneia progressiva, ortopneia, tosse e anorexia. Deixou de praticar jardinagem e caminhada acelerada no parque por conta dos sintomas. Há 1 mês, não consegue mais dirigir por cansaço. Ao exame clínico no ambulatório: PA = 118 × 76 mmHg, FC = 68 bpm, estase jugular positiva, boa perfusão periférica, BRNF com sopro sistólico em foco mitral +/6, ausculta pulmonar com estertores finos em bases. ECG com ritmo sinusal, bloqueio de ramo esquerdo. Comparativamente, um ecocardiograma transtorácico feito há 1 ano demonstrava fração de ejeção (FE) preservada, o atual evidenciou FE de 35%, com hipocinesia difusa de ventrículo esquerdo e insuficiência mitral discreta. Assinale a alternativa que melhor explica o racional fisiopatológico e a conduta mais adequada.

☐ A Progressão da IC, classe funcional III atual. Considerar ajuste medicamentoso e iniciar avaliação para transplante cardíaco por conta da rápida progressão dos sintomas.

☐ B Progressão da IC, classe funcional II atual. Medicações inadequadas para *status* funcional atual; com ajuste, pode haver remodelamento reverso, contribuindo para melhora de prognóstico.

☐ C Progressão da IC, classe funcional III atual. Considerar ajuste medicamentoso e indicação de terapia de ressincronização pela função ventricular debilitada e presença de bloqueio de ramo esquerdo (BRE).

☐ D Progressão da IC, ajuste medicamentoso e considerar pesquisa de isquemia com teste ergométrico como medida não invasiva inicial e prosseguir para cineangiocoronariografia, caso haja positividade do exame.

☐ E Progressão da IC. Ajuste medicamentoso e solicitar cineangiocoronariografia em paciente potencialmente elegível para revascularização de miocárdio hibernante.

QUESTÃO 3

Homem, 18 anos, procedente de Guarulhos (SP), previamente hígido, com história de dispneia rapidamente progressiva há 4 dias, palpitações frequentes, episódios de síncope e dor torácica de curta duração, náuseas e vômitos. Na avaliação inicial em um pronto-socorro cardiológico terciário, apresentava sinais de má perfusão sistêmica, terceira bulha patológica, oligúria, sinais de congestão pulmonar e hipotensão. Os exames iniciais demonstraram ECG evidenciando taquicardia sinusal, sinais de sobrecarga de câmaras esquerdas com ESV frequentes, TVNS no D2 longo. Troponina aumentada dez vezes acima do valor de referência, BNP = 3.768 (nL < 100), proteína C reativa 170 (nL < 5). O ECG à beira do leito apresentava grave disfunção ventricular global esquerda com 20% de FE, insuficiência mitral moderada e ventrículo direito preservado. Iniciou-se suporte inotrópico e monitorização hemodinâmica invasiva para posterior transferência para unidade de terapia intensiva (UTI). No primeiro dia de internação, apresentou TVS com piora aguda hemodinâmica, hipotensão, sendo submetido a cardioversão elétrica e infusão de amiodarona posterior. Permaneceu com episódios frequentes de TVNS, foram indicados dispositivo de assistência circulatória de contrapulsação (balão intra-aórtico) e intubação orotraqueal com 24 horas de internação, adjuvante à dobutamina máxima tolerada. Em 36 horas, evoluiu para piora do nível de consciência, episódios de baixo débito, aumento de creatinina de 1,2 para 3,0, TGO = 3.430, TGP = 3.790, INR = 1,8; apresentou-se oligúrico, com acidose metabólica e hiperlactatemia persistente. Óbito após 48 horas da admissão, a despeito das medidas empregadas. O exame anatomopatológico do coração demonstrou infiltrado linfocitário difuso no ventrículo esquerdo, com extensa necrose, formação de células gigantes sem elaboração de granulomas, sem evidência de bactérias ou fungos na análise. Assinale a alternativa que melhor representa o caso, alternativa diagnóstica e terapêutica factível:

☐ A Choque cardiogênico de rápida progressão com inúmeros episódios de arritmia ventricular, configurando tempestade elétrica. Etiologia principal: doença de Chagas aguda. Poderia ter sido considerada biópsia endomiocárdica e início empírico de benzonidazol.

☐ B Miocardite fulminante, cuja etiologia principal deve ser viral, destacando-se *coxsackie*, EBV, HIV, entre outros. Não é necessária biópsia, porém o paciente nas últimas 24 horas de vida poderia ter sido avaliado para transplante cardíaco de emergência.

☐ C Miocardite fulminante, com caso típico de sarcoidose em paciente jovem. Imprescindível realizar biópsia endomiocárdica, início empírico de imunossupressão. Neste caso, o balão intra-aórtico não teve função hemodinâmica e deveria ter sido associado outro inotrópico antes do implante do dispositivo.

☐ D Choque cardiogênico de rápida progressão com inúmeros episódios de arritmia ventricular, configurando tempestade elétrica. Etiologia principal: miocardite viral. Poderia ter sido dispensada a biópsia miocárdica para que fosse priorizado o transplante cardíaco de emergência.

☐ E Miocardite fulminante. Evolução desfavorável compatível com miocardite de células gigantes. Poderia ter sido realizada a biópsia endomiocárdica, bem como imunossupressão. Considerar ECMO precocemente antes de evolução para disfunção de múltiplos órgãos das últimas 24 horas.

QUESTÃO 4

Paciente de 38 anos, chagásica, em acompanhamento irregular no ambulatório de cardiologia. Faltou na última consulta. Não há relatos de internações prévias. Recebia as seguintes medicações: carvedilol, 3,125 mg, a cada 12 horas; enalapril, 5 mg, a cada 12 horas; furosemida, 40 mg, uma vez ao dia; espironolactona, 25 mg, uma vez ao dia. Compareceu ao pronto-socorro por história de piora de dispneia há 3 dias, tosse, ortopneia, febre não aferida e tontura. Na avaliação inicial, apresentou-se taquidispneica, nauseada, pálida, consciente, porém sonolenta, PA = 90 × 72 mmHg, saturação de oxigênio (SatO$_2$) de 90%, estertores creptantes em base D, estase jugular positiva, reflexo hepatojugular positivo, ascite positiva, perfusão periférica lentificada, extremidades frias. O ECG inicial evidenciou ritmo sinusal, FC = 82 bpm, bloqueio de ramo direito em associação com BDAS e baixa voltagem global. Assinale a alternativa mais condizente com quadro clínico, perfil hemodinâmico, causa de descompensação e medidas iniciais cabíveis.

☐ A IC descompensada. Perfil C (frio e úmido). Início de diurético e inotrópico imediato, sintomáticos. Provável causa de descompensação: isquemia miocárdica.

☐ B IC descompensada. Perfil L (frio e úmido). Início de diurético e inotrópico imediato, sintomáticos. Provável causa de descompensação: evolução da doença.

☐ C IC descompensada. Perfil B (frio e úmido). Início de diurético e inotrópico imediato, sintomáticos. Provável causa de descompensação: infecciosa.

☐ D IC descompensada. Perfil B (frio e úmido). Início de diurético e inotrópico imediato, sintomáticos. Provável causa de descompensação: má adesão às medicações.

☐ E IC descompensada. Perfil C (frio e úmido). Início de diurético e inotrópico imediato, sintomáticos. Provável causa de descompensação: infecciosa.

RESPOSTAS CORRETAS

Define-se insuficiência cardíaca (IC) como uma síndrome complexa, resultante de um processo que se inicia com lesão miocárdica. Contempla o remodelamento ventricular progressivo e suas consequências, como perda de função e de massa muscular miocárdicas.

Nesse contexto, a ativação dos mecanismos regulatórios neuro-hormonais e imunológicos determina um estado pró-inflamatório, que é interessante em um primeiro momento enquanto tentativa de manutenção do débito cardíaco em níveis adequados. Entretanto, em prazos variados, ocorre piora substancial da adaptação miocárdica a esses mecanismos e a doença se faz presente como síndrome clínica, conferindo altas taxas de internações hospitalares e, adicionalmente, elevadas taxas de morbidade e mortalidade.

O diagnóstico é essencialmente clínico, com história detalhada e exame físico minucioso, apoiado em exames laboratoriais, de imagem e ECG, para melhor definição da síndrome. Sua etiologia primária e seu prognóstico são parâmetros essenciais para o tratamento eficaz e individualizado.

O tratamento atual da IC tem o objetivo de aliviar os sintomas, melhorar a qualidade de vida e reduzir o risco de morte súbita e a mortalidade geral ao longo do tempo. Para que este amplo objetivo seja atingido, a proposta terapêutica deve ser multidisciplinar, medicamentosa, com ênfase na tríade inibidores da enzima conversora da angiotensina (IECA), betabloqueador e inibidor de receptor de aldosterona – diminuidores de mortalidade amplamente estudados. Em grupos selecionados, pode-se utilizar dispositivos implantáveis como ressincronizador, cardiodesfibrilador e, mais recentemente, dispositivos de assistência ventricular. O transplante cardíaco permanece como alternativa viável no Brasil e em nível mundial para casos refratários à terapia individualmente otimizada.

1. C

A IC deve ser suspeitada em todo paciente que apresente como sintomas cardinais dispneia e limitação aos esforços. O diagnóstico diferencial pode ser amplo, sobretudo entre causas cardíacas e pulmonares. A retenção de fluidos está presente na evolução da doença, mas não é exclusiva. Em termos diagnósticos, a história minuciosa e o exame físico cuidadoso apoiam o diagnóstico de IC. Os exames complementares orientam a procura etiológica, bem como a gravidade da doença instalada. Os critérios de Framingham possuem seu papel no sentido de confirmar a suspeita inicial do ponto de vista prático (Quadro 1).

Quadro 1   Critérios de Framingham

Critérios maiores
Dispneia paroxística noturna
Ortopneia
Estase jugular
Crepitação pulmonar
Terceira bulha patológica (B3)
Cardiomegalia na radiografia de tórax
Sinais de congestão na radiografia de tórax
Perda ≥ 4,5 kg em 5 dias de tratamento empírico para insuficiência cardíaca
Critérios menores
Taquicardia
Tosse no período noturno
Edema de membros inferiores
Dispneia aos esforços habituais
Hepatomegalia
Derrame pleural
Perda de peso > 4,5 kg involuntariamente

Diagnóstico de insuficiência cardíaca se presentes dois critérios maiores ou um maior e dois menores, não atribuíveis a outra condição clínica.

Fonte: adaptada de Senni et al., 1998.

Os exames complementares iniciais devem contemplar o ECG, que, via de regra, apresenta alguma alteração. Alguns exames de sangue são básicos e importantes no que diz respeito a possível repercussão e pesquisa etiológica da IC: hemograma, funções renal e hepática, eletrólitos. O sódio, por exemplo, pode ser usado como marcador prognóstico. Aumento dos níveis de TGO/TGP pode indicar congestão hepática. O BNP, enquanto hormônio natriurético secretado, sobretudo pelos ventrículos, possui papel relevante como exame diferenciador da origem da dispneia no pronto-socorro e em situações de diagnóstico não evidente. Entretanto, possui algumas limitações que devem ser conhecidas, como seu aumento em situações outras como sepse, acidente vascular encefálico, queimaduras, insuficiência renal, anemia, hipertensão, embolia pulmonar, doença pulmonar obstrutiva crônica, dentre outras. O NT pró-BNP possui a particularidade de aumentar com a idade.

Tabela 1 Comparação entre BNP e NT pró-BNP

BNP *versus* causa de dispneia	NTpró-BNP *versus* causa de dispneia
< 100 pg/mL: IC improvável em todas as idades	< 300 pg/mL: IC improvável
100 a 400 pg/mL em todas as idades: considerar diagnósticos diferenciais	300 a 450 pg/mL: < 50 anos 450 a 900 pg/mL: entre 50 e 75 anos 900 a 1.800 pg/mL: > 75 anos
> 400 pg/mL em todas as idades: IC provável	> 450 pg/mL: < 50 anos > 900 pg/mL: entre 50 e 75 anos > 1.800 pg/mL: > 75 anos

IC: insuficiência cardíaca.
Fonte: adaptada de Maisel, 2002; e Januzzi et al., 2006.

A etiologia da IC é importante para seu correto tratamento, bem como conhecimento de particularidades de cada tipo de lesão inicial e prognóstico global. Em alguns casos, pode ser desafiador e, muitas vezes, só é possível em situações após transplante cardíaco. A solicitação de exames complementares deve ser direcionada conforme as principais suspeitas clínicas. Desta forma, em nosso meio podem ser destacadas como sendo mais prevalentes as etiologias isquêmica, hipertensiva, valvar, pós-miocardite e chagásica. A miocardiopatia periparto é uma causa rara de etiologia para IC de FE reduzida. A suspeita é feita com base em seu aparecimento durante o período final da gestação e no puerpério. Devem-se excluir outras causas para que o diagnóstico seja confirmado.

A fisiopatologia da lesão inicial ainda não é clara, com contribuição de fatores neuro-hormonais, hemodinâmicos e predisposição genética. Alguns fatores de risco foram identificados desde seu reconhecimento na década de 1930 (Quadro 2).

Tabela 2 Etiologia da IC *versus* achados clínicos/síndromes associadas

Etiologia	Achados
Isquêmica	Angina, infarto prévio
Hipertensiva	HAS crônica, hipertrofia ventricular, FE normal
Chagásica	Epidemiologia e sorologia positivas, ECG com BRD, BDAS
Miocardiopatias	Hipertrófica, restritivas, displasia arritmogênica de VD
Doença valvar	Sopro, febre reumática
Genéticas	Síndromes correlatas

(*continua*)

Tabela 2 Etiologia da IC *versus* achados clínicos/síndromes associadas (continuação)

Etiologia	Achados
Doenças extracardíacas	Beribéri, fístulas atriovenosas, anemia crônica
Doenças endocrinológicas	Diabete melito, síndrome de Cushing, hipertireoidismo ou hipotireoidismo, insuficiência adrenal
Toxinas	Abuso de álcool, cocaína
Infecciosas	Vírus da imunodeficiência humana
Drogas	Quimioterapia
Outros	Periparto, radioterapia, idiopática, taquicardiomiopatia

BRD: bloqueio de ramo direito; BDAS: bloqueio divisional anterossuperior; ECG: eletrocardiograma; FE: fração de ejeção; HAS: hipertensão arterial sistêmica; IC: insuficiência cardíaca; VD: ventrículo direito.
Fonte: adaptada de Diretriz brasileira de Insuficiência cardíaca – SBC - 2009

Quadro 2 Fatores de risco

Idade > 30 anos
Afrodescendentes
Gestação com mais de um feto
História de doença hipertensiva da gestação ou eclâmpsia
Abuso de drogas (cocaína)

O quadro clínico é semelhante à IC de outras causas, com possível acometimento biventricular, formação de trombos e risco embólico aumentado em caso de fração de ejeção reduzida (FE < 35%).

2. e

A pesquisa etiológica da IC permanece como um desafio em alguns casos. Em termos epidemiológicos, a hipertensão arterial e, sobretudo, a isquemia miocárdica representam os dois grandes agentes etiológicos relacionados à disfunção ventricular nos países desenvolvidos. A piora recente de classe funcional e perda de função miocárdica reforça a suspeita de isquemia subjacente e significativa. A miocardiopatia isquêmica, enquanto definição, tem sido alvo de controvérsia. Por conta da variabilidade de apresentações clínicas, acredita-se que a presença de disfunção ventricular, em associação com a doença arterial coronariana difusa, bem como o histórico de infarto prévio ou a presença de miocárdio hibernante definam a miocardiopatia isquêmica.

A abordagem de pacientes com disfunção ventricular recente ("de novo") e fatores de risco para aterosclerose, com suspeita de miocardiopatia isquêmica estão esquematizados na Figura 1.

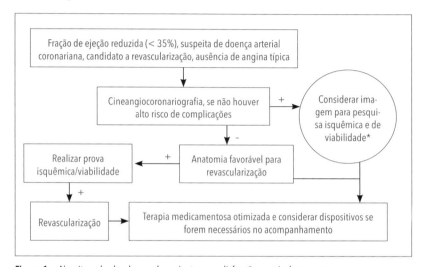

Figura 1 Algoritmo de abordagem de pacientes com disfunção ventricular recente.
*Reconsiderar revascularização em caso de isquemia extensa documentada. Adaptada de ACCF/AHA, 2013.

Em termos de terapia farmacológica, consideram-se as medicações habituais para IC com FE reduzida, com algumas particularidades advindas da etiologia isquêmica, como o uso do ácido acetilsalicílico e estatinas para controle da doença aterosclerótica. Os inibidores de enzima conversora de angiotensina e os betabloqueadores permanecem como elementos cruciais no tratamento medicamentoso. As medicações mais usadas no nosso meio para tratamento da IC com FE reduzida estão apresentadas na Tabela 3. Algumas medicações de uso frequente na prática clínica podem propiciar piora de função ventricular e, eventualmente, causar descompensação da IC, como anti-inflamatórios não hormonais, corticosteroides, antidepressivos tricíclicos e bloqueadores de canais de cálcio. Estes, particularmente, há muito tempo têm sido encarados como classe deletéria em pacientes com IC. Entretanto, o anlodipino atualmente é considerado neutro e pode ser uma opção após terapia de primeira linha no controle da pressão arterial em pacientes com disfunção ventricular.

Tabela 3 Mecanismo-alvo da insuficiência cardíaca e benefícios com a medicação

Mecanismo-alvo e benefícios	Classe	Medicamentos	Dose inicial	Dose máxima
Sobrecarga hídrica	Diuréticos	Furosemida	20 a 40 mg, 1 a 3 vezes ao dia	600 mg
		Clortalidona	12,5 a 25mg, 1 vez ao dia	100 mg
		Hidroclorotiazida	25 mg, 1 a 2 vezes ao dia	200 mg
Bloqueio do sistema renina-angio-tensina-aldosterona, remodelamento, melhora prognóstica e dos sintomas	Inibudores da enzima conversora da angiotensina (IECA)	Captopril	6,25 mg, 3 vezes	150 mg
		Enalapril	2,5 mg, 2 vezes	40 mg
		Lisinopril	2,5 a 5 mg, 1 vez	20 mg
		Ramipril	1,25 a 2,5, 1 vez	10 mg
Bloqueador receptor de angiotensina (BRA): alternativa aos IECA	BRA	Losartana	25 mg, 1 a 2 vezes	100 mg
		Candesartana	4 a 8 mg, uma vez	32 mg
		Valsartana	40 mg, 2 vezes	320 mg
Bloqueio de hiperativação adrenérgica, remodelamento, diminuição de sintomas e hospitalizações, melhora prognóstica	Betabloqueadores	Carvedilol	3,125 mg, 2 vezes	50 ou 100mg se > 85kg
		Bisoprolol	1,25 mg, uma vez	10 mg
		Succinato de metoprolol	12,5-25mg, 2 vezes	200 mg
Antagonismo à aldosterona, diminuir hospitalizações e melhorar prognóstico, remodelamento (FE reduzida < 35%)	Antagonista da aldosterona	Espironolactona	12 a 25 mg, 1 vez	50 mg
Vasodilatadores, associação ou alternativa ao IECA na persistência de sintomas	Combinação de hidralazina e nitratos	Hidralazina	12 a 25 mg, 3 vezes	225 mg
		Dinitrato (mononitrato) de isossorbida	10 mg, 3 vezes	120 mg
Redução de hospitalizações e controle de frequência cardíaca (fibrilação atrial)	Digital	Digoxina	0,125 mg, uma vez	0,375 mg (ajuste de nivel sérico)
Controle de frequência (ritmo sinusal) e redução de hospitalizações	Ivabradina	Ivabradina	5 mg, 2 vezes	15 mg

Fonte : adaptada de ACCF/AHA, 2013.

A terapia de ressincronização cardíaca deve ser avaliada em pacientes com FE reduzida ($\leq$ 35%) que permanecem sintomáticos (classe funcional II-IV) , com bloqueio de ramo esquerdo importante (> 150 ms) e terapia medicamentosa otimizada com IECA, betabloqueador e espironolactona.

3. e

A miocardite é descrita como inflamação do músculo cardíaco e representa uma das possíveis etiologias para um quadro agudo de IC. Em casos extremos, é associada até mesmo a morte súbita em jovens. O fenômeno de necrose ocorre na ausência de isquemia. A etiologia viral é muito frequente, destacando-se adenovírus, parvovírus B19, herpes simples, vírus da hepatite C, citomegalovírus, Epstein-Barr, vírus da imunodeficiência humana (HIV), entre outros. Outras causas são descritas, como infecções bacterianas, alérgicas, autoimunes, tóxicas e fúngicas.

A apresentação clínica mais comum é de IC aguda, em níveis variados de gravidade. Pródromos virais, como fadiga e febre baixa, são relatados. A dor torácica em paciente jovem é um sinal de alerta para esta situação. Arritmias são descritas, porém as alterações eletrocardiográficas mais frequentes são as alterações de repolarização inespecíficas e de segmento ST. Ondas Q patológicas podem ser evidenciadas. Os marcadores de necrose miocárdica podem estar elevados, com especificidade de até 90%. A miocardite fulminante é descrita em até 10% das ocorrências que passam por biópsia em séries de casos e constitui importante causa que direciona ao transplante cardíaco pela rápida deterioração hemodinâmica. Entre as causas fulminantes, uma rara é a miocardite por células gigantes, frequentemente fatal, mas que por possível resposta à terapia imunossupressora deve ser conhecida. Seu curso geralmente é agudo, agressivo, com choque cardiogênico, arritmias frequentes e possibilidade de bloqueios atrioventriculares. O ecocardiograma é imprescindível para avalição da função global das quatro câmaras, bem como possíveis dilatações cavitárias, insuficiências de valvas atrioventriculares secundárias, sinais de espessamento miocárdico (edema inflamatório) e derrame pericárdico. Ocasionalmente são descritas alterações segmentares, o que pode acarretar a necessidade de aprofundamento diagnóstico. A cintilografia é reservada para casos de suspeita de sarcoidose. Outros exames podem ser considerados, como a ressonância magnética (RM) cardíaca, que fornece informações precisas com o artifício do realce tardio. Quanto maior for a quantidade de realce tardio nas regiões meso e epicárdica, maior será a quantidade de fibrose, o que conferirá pior prognóstico ao paciente. A RM tem sensibilidade de até 86% e especificidade de 96%.

A biópsia endomiocárdica é o método de confirmação do quadro, com possível infiltrado inflamatório linfocítico, eosinofílico e granulomatoso, eventual isolamento viral ou de outro patógeno com técnicas imuno-histoquímicas e PCR. A especificidade pode variar de 80 a 100%, com isolamento do material genético viral, mas a sensibilidade é baixa. A principal indicação de biópsia contempla IC de início recente (menos de 2 semanas), sem causa definida, não responsiva ao tratamento padrão e com piora progressiva hemodinâmica. O manejo dos casos de miocardite está esquematizado na Figura 2.

Vale destacar que a menor parte dos pacientes com miocardite necessitará de suporte circulatório para manutenção de débito adequado. O balão intra-aórtico (Quadro 3) constitui o método de assistência circulatória mais utilizado no nosso meio com o objetivo de melhora inicial, estabilização e até mesmo ponte para o transplante cardíaco ou melhora em curto/médio prazo. O benefício hemodinâmico na prática é imediato, respeitando-se as contraindicações e técnicas adequadas.

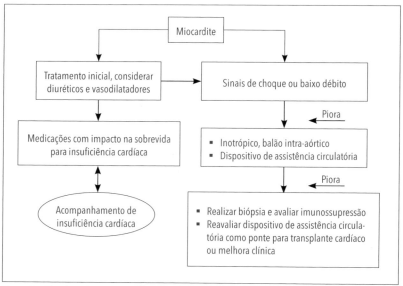

Figura 2 Algoritmo de tratamento da miocardite.
Fonte: adaptada de: Zipes et al., 2013.

A utilização em nosso país de outros dispositivos de assistência circulatória uni ou biventriculares ainda não é uma realidade disseminada, por conta do alto custo. A indicação, porém, deve ser avaliada em pacientes com miocardite aguda ou fulminante que não respondem à terapia inicial com inotrópicos e balão intra-aórtico. O intuito deve ser de ponte para melhora ou como ponte para decisão futura, como transplante cardíaco. Da mesma forma, a membrana extracorpórea de oxigenação (ECMO) deve ser considerada como ponte para melhora rápida e posterior decisão com estabilização hemodinâmica garantida. Os estudos acerca da imunossupressão na miocardite aguda são conflitantes e limitados a séries de casos. Acredita-se que em miocardite de células gigantes, autoimunes ou de hipersensibilidade com indubitável deterioração hemodinâmica haja espaço para este artifício terapêutico como forma de melhora cardiocirculatória.

Quadro 3 Contraindicações e complicações do uso de balão intra-aórtico

Contraindicações
Insuficiência aórtica moderada a grave
Dissecção de aorta
Sepse/choque séptico
Diátese hemorrágica
Doença arterial periférica grave
Complicações
Isquemia de membros
Lesão arterial no local de punção
Sangramento
Dissecção arterial
Hemólise, queda de plaquetas
Infecção

4. e

A miocardiopatia chagásica constitui importante causa de insuficiência cardíaca no Brasil. A evolução pode ocorrer em poucos anos para IC grave, com múltiplas descompensações, baixa tolerância a betabloqueadores e vasodilatadores, bem como disfunção biventricular, o que confere piora prognóstica. A mortalidade global no contexto de IC permanece alta, com até 50% dos pacientes falecidos em até 1 ano se permanecerem em classe funcional avançada (III-IV).

A descompensação de IC geralmente é acompanhada de um histórico de cardiopatia de base. Os sintomas e sinais devem ser detalhadamente avaliados e classificados em indícios de congestão sistêmica e pulmonar, bem como indicativos de boa ou má perfusão periférica. Com esse binômio, é possível classificar o paciente em um perfil clínico-hemodinâmico, o que facilita o manejo correto e prático na emergência.

Quadro 4 Sintomas e sinais e congestão

Sintomas e sinais de congestão
Dispneia, ortopneia
Estase jugular
Estertores pulmonares
Derrame pleural
Reflexo hepatojugular
Queda de saturação de oxigênio
Edema/anasarca/ascite
Sintomas e sinais de má perfusão
Cianose
Tempo de enchimento capilar aumentado
Extremidades frias/pulsos finos
Oligúria/anúria
Rebaixamento do nível de consciência/confusão mental
Vômitos frequentes
Pressão arterial pinçada, hipotensão, ausência de pulso pedioso

Desta forma, os perfis de IC estão classificados como apresentado na Figura 3:

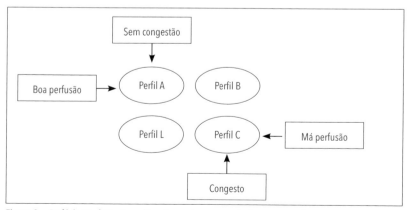

Figura 3 Perfil de insuficiência cardíaca de acordo com a perfusão e a congestão.

Neste caso, há marcadamente alguns sintomas e sinais que sugerem baixo débito e congestão sistêmica. Dessa forma, o melhor ambiente para início de terapia é na sala de emergência até estabilização inicial.

As causas de descompensação podem ser identificadas e, eventualmente, estar associadas entre si. Descontinuidade medicamentosa, sobrecarga hidrossalina, isquemia miocárdica e infecções constituem as principais etiologias causais. Desde a admissão, o mecanismo de piora da IC deve ser investigado e tratado ativamente.

Quadro 5 Causas de descompensação

Má adesão
Drogas (anti-inflamatório não hormonal, bloqueador de canal de cálcio, antiarrítmicos)
Arritmias
Infecção
Isquemia miocárdica
Valvopatias
Miocardites
Distúrbios de tireoide e insuficiência renal

O esquema terapêutico inicial está sumarizado no Quadro 6.

Quadro 6 Tratamento dos pacientes com diferentes perfis de insuficiência cardíaca

Perfil A
Ajuste medicamentoso e alta hospitalar com retorno ambulatorial precoce
Perfil L
Administrar prova de volume cuidadosamente
Soro fisiológico: 250 mL, IV
Atenção para sinais de melhora ou congestão (evolução para perfil C)
Perfil B
Furosemida: 0,5 a 1 mg/kg, IV
Iniciar IECA ou outro vasodilatador
Não suspender betabloqueador

(continua)

Quadro 6 Tratamento dos pacientes com diferentes perfis de insuficiência cardíaca (*continuação*)

Perfil C
Furosemida: 0,5 a 1 mg/kg, IV
Iniciar inotrópico: • Dobutamina: 2 a 20 mcg/kg/min, IV, na maioria dos casos • Considerar levosimendana ou milrinona se usar betabloqueador • Considerar vasodilatador IV após estabilização inicial

IECA: inibidor da enzima conversora da angiotensina; IC: insuficiência cardíaca; IV: via intravenosa.

O perfil B é o típico paciente de pronto-socorro cardiológico com IC descompensada, representando até 90% dos casos. Alívio dos sintomas dos sinais de congestão e manutenção de boa hemodinâmica são os principais objetivos. O betabloqueador não deve ser descontinuado neste momento. O IECA é o principal tipo de agente vasodilatador, em razão de seu benefício hemodinâmico incontestável e diminuidor de mortalidade em longo prazo. Os objetivos da terapia diurética são a perda de peso e o alívio dos sintomas. A terapia deve ser individualizada de acordo com a resposta inicial e a função renal prévia. Pacientes com uso prévio de diurético e doença renal crônica podem requerer doses maiores do fármaco. Em casos de síndrome cardiorrenal com congestão maciça, altas doses de diuréticos podem ser necessárias, bem como em casos refratários à ultrafiltração.

O perfil L é incomum na emergência e, via de regra, apresenta histórico de perda excessiva de volume com diurético ou diarreia profusa e perdas aumentadas. A reversão do quadro deve ser lenta e cuidadosa, com alta vigilância para sinais de congestão e evolução para perfil C.

O paciente que se enquadrar no perfil C deve ser encarado como de maior gravidade, por conta do incremento na mortalidade advindo do colapso hemodinâmico e da progressão para outras disfunções orgânicas em caso de refratariedade. A terapia diurética é importante para alívio sintomático e o inotrópico constitui elemento central na estabilização inicial. Em pacientes hipotensos, a escolha é pela dobutamina (pressão arterial sistólica < 90 mmHg). Nos pacientes normotensos com sinais de má perfusão pode-se administrar dobutamina, milrinona e levosimendana. Em caso de uso de betabloqueador prévio, pode-se diminuir a dose para 50% do fármaco e observar a resposta ao inotrópico inicialmente. Neste caso, a preferência pode ser por milrinona e levosimendana. Em caso de piora progressiva e evolução para choque cardiogênico franco, o benefício da manutenção do betabloqueador é questionável e preconiza-se sua suspensão até melhora clínica.

BIBLIOGRAFIA

Amabile CM, Spencer AP. Keeping your patient with heart failure safe: a review of potentially dangerous medications. Arch Intern Med. 2004;164(7):709.

Bonow RO, Mann DL, Zipes DP, Libby P, Braunwald E. Braunwald – Tratado de doenças cardiovasculares. 9. ed. Rio de Janeiro: Elsevier; 2013.

Canesin MF, Oliveira Jr. MT, Pereira-Barreto AC. Suporte Avançado de Vida em Insuficiência Cardíaca (SAVIC). 3. ed. Barueri: Manole; 2014

Davie AP, Francis CM, Love MP, Caruana L, Starkey IR, Shaw TR, et al. Value of the electrocardiogram in identifying heart failure due to left ventricular systolic dysfunction. BMJ. 1996;312(7025):222.

Demakis JG, Rahimtoola SH, Sutton GC, Meadows WR, Szanto PB, Tobin JR, et al. Natural course of peripartum cardiomyopathy. Circulation. 1971;44(6):1053.

Elkayam U, Akhter MW, Singh H, Khan S, Bitar F, Hameed A, Shotan A. Pregnancy-associated cardiomyopathy: clinical characteristics and a comparison between early and late presentation. Circulation. 2005;111(16):2050.

Felker GM, Shaw LK, O'Connor CM. A standardized definition of ischemic cardiomyopathy for use in clinical research. J Am Coll Cardiol. 2002;39(2):210.

He J, Ogden LG, Bazzano LA, Vupputuri S, Loria C, Whelton PK. Risk factors for congestive heart failure in US men and women: NHANES I epidemiologic follow-up study. Arch Intern Med. 2001;161(7):996

Janucci JL, van Rimenade R, Lainchbury J, Bayes-Genis A, Ondonez-Lianos J, Sanlalo-Bel M, et al. NT-proBNP testing for diagnosis and short-term prognosis in acute destabilized heart failure: an international pooled analysis of 1256 patients: the International Collaborative of NT-proBNP Study. Eur Heart J. 2006;27(3):330-7.

Kato S, Morimoto S, Hiramitsu S, Nomura M, Ito T, Hishida H. Use of percutaneous cardiopulmonary support of patients with fulminant myocarditis and cardiogenic shock for improving prognosis. Am J Cardiol. 1999;83(4):623.

Lainchbury JG, Campbell E, Frampton CM, Yandle TG, Nicholls MG, Richards AM. Brain natriuretic peptide and n-terminal brain natriuretic peptide in the diagnosis of heart failure in patients with acute shortness of breath. J Am Coll Cardiol. 2003;42(4):728.

Maisel A. B-type natriuretic peptide levels: diagnostic and prognostic in congestive heart failure: what's next? Circulation. 2002;105(20):2328.

McCarthy RE 3rd, Boehmer JP, Hruban RH, Hutchins GM, Kasper EK, Hare JM, et al. Long-term outcome of fulminant myocarditis as compared with acute (nonfulminant) myocarditis. N Engl J Med. 2000;342(10):690.

McKee PA, Castelli WP, McNamara PM, Kannel WB. The natural history of congestive heart failure: the Framingham study. N Engl J Med. 1971;85:1441.

McMurray JJ, Adamopoulos S, Anker SD, Auricchio A, Böhm M, Dickstein K, et al. ESC Guidelines for the diagnosis and treatment of acute and chronic heart failure 2012: The Task Force for the Diagnosis and Treatment of Acute and Chronic Heart Failure 2012 of the European Society of Cardiology. Developed in collaboration with the Heart Failure Association (HFA) of the ESC. Eur Heart J. 2012;33(14):1787.

Montena MW, Almeida RA, Tinolo EM, Rocha RM, Moura LZ, Réa-Neto A, et al.; Sociedade Brasileira de Cardiologia. II Diretriz Brasileira de Insuficiência Cardíaca Aguda. Arq Bras Cardiol. 2009;93:1-65

Multicenter Giant Cell Myocarditis Study Group Investigators; Cooper LT Jr, Berry GJ, Shabetai R. Idiopathic giant-cell myocarditis: natural history and treatment. N Engl J Med. 1997;336(26):1860.

Roberts WC, Roberts CC, Ko JM, Filardo G, Capehart JE, Hall SA. Morphologic features of the recipient heart in patients having cardiac transplantation and analysis of the congruence or incongruence between the clinical and morphologic diagnoses. Medicine (Baltimore). 2014;93(5):211.

Senni M, Tribouilloy CM, Rodeheffer RJ, Jacobsen SJ, Evans JM, Bailey KR, et al. Congestive heart failure in the community: a study of all incident cases in Olmsted County, Minnesota, in 1991. Circulation. 1998;98:2282.

Sliwa K, Hilfiker-Kleiner D, Petrie MC, Mebazaa A, Pieske B, Buchmann E, et al; Heart Failure Association of the European Society of Cardiology Working Group on Peripartum Cardiomyopathy. Current state of knowledge on etiology, diagnosis, management, and therapy of peripartum cardiomyopathy: a position statement from the Heart Failure Association of the European Society of Cardiology Working Group on peripartum cardiomyopathy. Eur J Heart Fail. 2010;12(8):767.

Tan LB, Williams SG, Tan DK, Cohen-Solal A. So many definitions of heart failure: are they all universally valid? A critical appraisal. Expert Rev Cardiovasc Ther. 2010;8(2):217-28.

Yancy CW, Jessup M, Bozkurt B, Butler J, Casey DE Jr., Drazner MH, et al; American College of Cardiology Foundation; American Heart Association Task Force on Practice Guidelines. 2013 ACCF/AHA guideline for the management of heart failure: a report of the American College of Cardiology Foundation/American Heart Association Task Force on Practice Guidelines. Am Coll Cardiol. 2013;62(16):e147-239.

CAPÍTULO

21

RESSUSCITAÇÃO CARDIOPULMONAR

Ewandro Luiz Rey Moura
Maria Margarita Castro Gonzalez
Natali Schiavo Giannetti

QUESTÃO 1

Em relação à reanimação cardiopulmonar em situações de parada cardiorrespiratória intra-hospitalar, assinalar a resposta correta:

□ A As compressões torácicas devem ser realizadas continuamente com frequência maior que 100 por minuto, rebaixando o tórax 5 centímetros, permitindo retorno completo do tórax, com a mínima interrupção possível, em uma relação de 15 compressões para 2 ventilações.

□ B Assim que iniciadas as manobras de reanimação, a intubação orotraqueal é obrigatória, devendo ser realizada imediatamente.

□ C Em situações nas quais a parada cardíaca foi presenciada, deve-se fornecer 2 minutos de reanimação cardiopulmonar antes de aplicar a desfibrilação.

□ D Dispositivos de confirmação do posicionamento da via aérea devem ser sempre utilizados. E quando disponíveis dispensam a checagem clínica da intubação orotraqueal.

□ E Trabalho em equipe, comunicação em alça fechada, mensagens claras, funções predefinidas e revezamento para compressão torácica a cada ciclo de reanimação cardiopulmonar auxiliam na qualidade da reanimação.

QUESTÃO 2

Em relação aos cuidados pós-parada cardíaca assinalar a resposta correta.

☐ A A hipotermia deve ser empregada em todo sobrevivente de parada cardíaca, independentemente do *status* neurológico pós-parada.

☐ B O paciente no pós-parada cardíaca deve ser mantido monitorado com cardioscopia, oxímetro de pulso, pressão arterial não invasiva, capnografia (se via aérea avançada) em ambiente de enfermaria.

☐ C Após o retorno da circulação espontânea, deve-se empregar medidas para estabilidade clínica e hemodinâmica, visando à proteção neurológica, saturação de oxigênio acima de 94%, pressão arterial sistólica acima de 90 mmHg com perfusão periférica e volume urinário adequados.

☐ D A hipotermia pode ser empregada em qualquer ambiente hospitalar sem necessidade de treinamento prévio ou aperfeiçoamento da equipe visto que não traz complicações graves.

☐ E Não há mais interesse na busca das causas de parada cardíaca (5H e 5T), após o retorno da circulação espontânea, perde-se o valor.

QUESTÃO 3

Em relação a taquiarritmias, assinalar a resposta incorreta.

☐ A Na presença de taquicardia supraventricular estável, está indicada inicialmente a manobra vagal. Caso não haja reversão do ritmo, faz-se em sequência uma dose de adenosina de 6 mg com a possibilidade de mais doses de adenosina de 12 mg caso não haja reversão do ritmo.

☐ B A amiodarona está indicada para o tratamento das taquicardias de provável origem ventricular estáveis, sejam mono- ou polimórficas.

☐ C A cardioversão elétrica para reversão de arritmias instáveis necessita de sedação. Sendo assim deve-se aguardar o mínimo de 4 a 6 horas de jejum para o procedimento.

☐ D Na presença de taquicardia com qrs estreito, com intervalo RR irregular com estabilidade hemodinâmica, a primeira escolha é a tentativa de reversão do ritmo com amiodarona.

☐ E Os sintomas de instabilidade hemodinâmica a serem pesquisados são dispneia, dor torácica anginosa, diminuição da pressão arterial, diminuição do nível de consciência, síncope e palpitações.

QUESTÃO 4

Em relação às bradiarritmias, assinalar a alternativa correta:

☐ A O marca-passo provisório é sempre superior a terapia com medicamentos: dopamina ou adrenalina na bradicardia instável e deve sempre ser o tratamento de escolha.

☐ B Hipotireoidismo, uso de medicações cronotrópicas negativas, distúrbios eletrolíticos são situações que podem levar a bradicardias graves e devem ser descartadas como causa deste distúrbio. Caso haja uma causa que justifique a bradicardia instável, não é necessário tratamento para a bradicardia e sim tratamento da causa.

☐ C Pacientes que não apresentem sintomas de instabilidade, mas que se apresentem em bradicardia abaixo de 50 bpm também devem ser tratados com marca-passo transcutâneo ou drogas cronotrópicas positivas.

☐ D Em uma situação de bradicardia instável, após a estabilização inicial é necessária avaliação de especialista.

☐ E Nas paradas cardíacas por atividade elétrica sem pulso com frequência cardíaca abaixo de 50 bpm, deve-se utilizar o marca-passo transcutâneo.

RESPOSTAS CORRETAS

1. e

O suporte básico e avançado de vida em parada cardíaca é uma estruturação algorítmica do atendimento de emergências clínicas. O conhecimento dos algoritmos melhora a qualidade do atendimento da parada cardíaca, favorecendo o retorno da circulação espontânea e a resolução do processo que ocasionou o colapso.

As bases para um bom suporte avançado de vida são o conhecimento técnico e a realização adequada do suporte básico de vida. A qualidade da ressuscitação cardiopulmonar é fundamental e os elementos de uma boa ressuscitação são vários. O trabalho em equipe é fundamental, com cada integrante reconhecendo bem sua função e executando-a da melhor maneira possível. Após a constatação da ausência de responsividade, deve-se chamar ajuda e pedir o desfibrilador externo automático (DEA), instruindo o auxiliar a ligar para 192/193 e solicitar o DEA. Constatando-se ausência de pulso central, deve-se iniciar a ressuscitação cardiopulmonar, começando pelas compressões torácicas.

As compressões torácicas devem ser realizadas com frequência de compressão acima de 100 por minuto, com força para rebaixar o tórax 5 cm, permitindo o completo retorno até a posição inicial, e minimizando ao máximo as pausas na compressão. Após 30 compressões, o mesmo ou outro socorrista executa 2 ventilações de resgate, com bom acoplamento à via aérea do paciente, com via aérea aberta, com ventilação que eleve o tórax, com duração em torno de 1 segundo. Executam-se esses ciclos até a chegada do DEA.

Quando da chegada do DEA, as pás devem ser imediatamente aplicadas ao paciente, aplicando choques, se forem necessários. Não há necessidade de um número mínimo de compressões antes da colocação das pás, sendo a parada presenciada ou não.

A cada 2 minutos, deve-se revezar o compressor, para que se possa manter uma qualidade adequada das compressões. Para que todas essas etapas ocorram adequadamente, é importante a comunicação em alça fechada, com mensagens claras, e a presença do líder, que deve estabelecer funções a cada participante da equipe.

A intubação orotraqueal não faz parte do suporte básico de vida, sendo aplicada quando da chegada da equipe de suporte avançado de vida, e deve ser realizada quando a ventilação com bolsa-valva-máscara não for eficaz. Não é imprescindível, *a priori*, e não deve preterir manobras mais importantes como a desfibrilação precoce. Quando for realizada, deve-se primeiramente realizar a checagem clínica da intubação, conferindo posteriormente com a capnografia.

2. c

Os cuidados pós-parada reforçam as medidas para manutenção da estabilidade clínica do paciente e aumentam as chances de uma sobrevida neurológica. Após o retorno da circulação espontânea, deve-se monitorar adequadamente o paciente com saturação periférica de oxigênio, pressão arterial não invasiva e cardioscopia. O melhor ambiente para um paciente que retorna de uma parada cardíaca é a terapia intensiva, pois são importantes o restabelecimento da estabilidade hemodinâmica, respiratória e neurológica o mais brevemente possível e a vigilância para uma possível nova parada cardíaca ou instabilidade deve ser premente. A busca pela causa da parada cardíaca continua sendo importante, sendo necessário tratá-la prontamente. É possível, por exemplo, combinar angioplastia com hipotermia subsequente.

Do ponto de vista hemodinâmico, deve-se manter a frequência cardíaca dentro de valores adequados, tratando-se eventuais bradi ou taquicardias conforme recomendação da American Heart Association. Nesse momento, é essencial um eletrocardiograma de 12 derivações para a avaliação. Deve-se visar à adequação volêmica conforme cada caso, sempre lembrando que hipovolemia é uma causa comum de parada cardíaca. Caso possa fazer parte do escopo clínico, é possível a prova volêmica com 1 a 2 L de cristaloides. Caso não esteja indicada reposição volêmica ou se ela for ineficaz, deve-se instaurar drogas vasoativas visando a atingir uma pressão arterial sistólica superior a 90 mmHg com pressão arterial média acima de 60 mmHg.

A saturação periférica de oxigênio deve ser mantida acima de 94%, fornecendo-se oxigênio conforme condição clínica. Caso o paciente não recupere o nível de consciência ou tenha ventilação ineficaz, podem ser necessários a instauração de uma via aérea definitiva e o acoplamento à ventilação mecânica. É importante lembrar que alguns pacientes retentores crônicos de dióxido de carbono podem ser prejudicados pelo fornecimento indiscriminado de oxigênio. Deve-se estar atento a isso.

Para que se indique hipotermia, é necessário que o paciente apresente ausência de resposta a comandos à beira do leito. Pode-se pedir ao paciente que abra aos olhos, aperte sua mão ou levante um dos membros. Se indicada, deve-se fazer conforme recomenda o algoritmo da American Heart Association, com indução para 32 a 34°C. Existe trabalho recente que sugere não haver diferença entre 32 e 36°C de hipotermia, ressaltando o papel deletério da febre e da hipertermia nestes pacientes. A hipotermia possui várias complicações possíveis, como distúrbios hidroeletrolíticos, fasciculações, rabdomiólise, hipo ou hiperglicemia, injúria renal aguda, arritmias, sangramento, pneumonia e óbito, devendo ser realizada por equipe habilitada em hospital que tenha estrutura logística e organizacional para tal. A coleta de exames é obrigatória repetidamente nesses pacientes e a atenção por parte da equipe multiprofissional deve ser total.

Após checagem da indicação clínica e monitorização completa, com termômetro central, a indução de hipotermia deve ser rápida e a manutenção deve durar de 12 a 24 horas. Podem ser feitas infusões rápidas de 20 mL/kg de soro gelado a 4°C e podem ser usadas bolsas de gelo com proteções para queimaduras de pele. Existem cateteres de hipotermia com esfriamento por troca de calor, via corrente sanguínea, e mantas térmicas com regulação de temperatura também para esse fim.

Deve-se atentar para os distúrbios metabólicos que a hipotermia pode causar e para combatê-los prontamente. A ocorrência de poliúria, insuficiência renal, distúrbios hidroeletrolíticos e arritmias deve ser monitorizada. Na fase de aquecimento, deve-se respeitar o limite de 0,5°C por hora.

3. b

Para o tratamento adequado das taquiarritmias, deve-se reconhecê-las adequadamente, sobretudo em relação à provável origem, supraventricular ou ventricular, e à presença de instabilidade hemodinâmica. Os sinais clássicos de instabilidade hemodinâmica são dispneia, dor torácica anginosa, hipotensão arterial sistêmica, diminuição do nível de consciência e síncopes. Palpitações isoladas não configuram instabilidade hemodinâmica.

Na presença de taquiarritmias instáveis, está indicada a cardioversão elétrica sincronizada prontamente, independentemente do *status* de jejum do paciente. Deve-se informar ao paciente a respeito do procedimento, aplicar sedação e analgesia adequadas, oxigenar e ventilar o paciente conforme necessário e aplicar a cardioversão elétrica sincronizada. Para taquicardia ventricular, usa-se choque de 100 J, para fibrilação atrial, 120 a 200 J; e para as demais taquicardias supraventriculares, 50 a 100 J. Caso não haja resolução da arritmia, aplicam-se choques sequenciais com carga crescente.

Na presença de taquiarritmias estáveis – e daí pressupõe-se que não haja qualquer sinal de instabilidade – deve-se realizar o eletrocardiograma de 12 derivações e tratar conforme cada tipo.

As taquicardias supraventriculares (QRS estreito com RR regular) podem ser de diversas origens (taquicardia por reentrada nodal, taquicardia atrioventricular, *flutter* atrial com condução regular, taquicardia atrial, taquicardia juncional). São tratadas inicialmente com manobra vagal, como tosse, Valsalva ou compressão do seio carotídeo, lembrando que esta última está contraindicada em idosos, arteriopatas (qualquer sítio) e portadores de sopro carotídeo. Caso não haja resolução, administra-se uma dose de adenosina de 6 mg em *bolus* e, a seguir, 12 mg. Deve-se explicar ao paciente os efeitos colaterais da medicação. Se no alentecimento da frequência de disparo do nó atrioventricular se evidenciar uma arritmia específica, deve-se progredir o tratamento para esta em específico, como no caso do *flutter* atrial. Caso não haja diagnóstico ou resolução, sugere-se apenas controle de frequência cardíaca, que é semelhante ao tratamento das taquicardias de QRS estreito com RR irregular.

As taquicardias de QRS estreito com RR irregular (fibrilação atrial, *flutter* atrial com bloqueio atrioventricular variável ou taquicardia atrial multifocal) devem ser tratadas inicialmente com controle de frequência. As drogas mais comuns são deslanosídeo (0,2 a 0,4 mg), diltiazem (0,25 a 0,5 mg/kg), verapamil (2,5 a 10 mg) ou metoprolol (5 mg). Em situações de emergência, é comum realizar a primeira dose de controle endovenosa e, após melhora do quadro, trocar-se o tratamento para medicações orais, conforme cada caso. O controle de ritmo, quando empregado, deve ser feito por especialista, e deve contemplar tempo de instalação da arritmia, risco embólico e possibilidade ou não de anticoagulação e efeitos colaterais dos antiarrítmicos.

As taquicardias de QRS largo e RR regular podem ser taquicardias supraventriculares conduzidas com aberrância ou taquicardias ventriculares, que são mais comuns. Na dúvida, deve-se tratá-las como taquicardias ventriculares. Caso se suspeite de condução aberrante, quando, por exemplo, da informação de que o paciente já possuía bloqueio de ramo prévio, é possível a administração de adenosina (6 a 12 mg), assim como descrito para a taquicardia supraventricular regular. A droga a ser utilizada nos demais casos é amiodarona endovenosa. Recomenda-se dose inicial de 150 mg, em 10 minutos, seguida da impregnação de 900 mg, em 24 horas, a 1 mg/min, nas primeiras 6 horas e 0,5 mg/min nas 18 horas seguintes.

As taquicardias de QRS largo e RR irregular são raras e podem ser taquicardias supraventriculares irregulares conduzidas com aberrância ou taquicardia ventriculares polimórficas. Caso suspeite-se de aberrância, pode-se controlar a frequência cardíaca, assim como se faz nos casos semelhantes já citados. Nas taquicardias ventriculares polimórficas, caso se suspeite de QT longo (arritmia tipo *torsades de pointes*), a droga a ser empregada é o sulfato de magnésio (2 g), em 10 minutos. Do contrário, pode-se utilizar amiodarona (150 mg), pois é raro que esta cause prolongamento do QT que piore a arritmia ventricular polimórfica.

4. d

As bradiarritmias são comuns em atendimentos de emergência e podem levar a parada cardíaca caso não tratadas adequadamente. Considera-se bradicardia frequências abaixo de 50 bpm e a presença dos sinais de instabilidade hemodinâmica já descritos. Na presença de bradicardia estável, deve-se apenas monitorizar o paciente e tentar compreender melhor o processo que está ocasionando a bradicardia. Vale a pena investigar vagotonia, doses excessivas de medicações cronotrópicas negativas, disfunção do nó sinusal em idosos e intoxicações exógenas.

Caso haja sinais de instabilidade hemodinâmica, deve-se tratar prontamente. O uso de drogas (dopamina, 2 a 10 mcg/kg/min, e epinefrina, 2 a 10 mcg/min) ou de marca-passo transcutâneo são de mesma eficácia.

É importante entender a causa da bradicardia para que, além de tratá-la, reverta-se o processo de base que a acarretou. Importante também pesquisar sobre síndrome coronariana aguda, distúrbios hidroeletrolíticos, hipotireoidismo, uso de medicações, intoxicação exógena e doença cardíaca estrutural.

Após a estabilização clínica inicial, deve-se solicitar uma avaliação ao especialista que verificará a reversibilidade ou não do processo, a indicação de marca-passo transvenoso temporário ou definitivo e as demais medidas adequadas a cada caso.

Não há indicação de marca-passo transcutâneo em parada cardíaca por atividade elétrica sem pulso bradicárdico. Caso haja retorno da circulação espontânea e o paciente esteja em bradicardia instável, deve-se tomar as medidas necessárias.

BIBLIOGRAFIA

Ahrens T, Schallom L, Bettorf K, Ellner S, Hurt G, O'Mara V, et al. End-tidal carbon dioxide measurements as a prognostic indicator of outcome in cardiac arrest. Am J Crit Care. 2001;10:391-8.

Caffrey SL, Willoughby PJ, Pepe PE, Becker LB. Public use of automated external defibrillators. N Engl J Med. 2002;347:1242-7.

Eftestol T, Wik L, Sunde K, Steen PA. Effects of cardiopulmonary resuscitation on predictors of ventricular fibrillation defibrillation success during out-of-hospital cardiac arrest. Circulation. 2004;110:10-5.

Kudenchuk PJ, Cobb LA, Copass MK, Cummins RO, Doherty AM, Fahrenbruch CE, et al. Amiodarone for resuscitation after out-of-hospital cardiac arrest due to ventricular fibrillation. N Engl J Med. 1999;341:871-8.

Kuisma M, Boyd J, Voipio V, Alaspaa A, Roine RO, Rosenberg P. Comparison of 30 and the 100% inspired oxygen concentrations during early post-resuscitation period: a randomised controlled pilot study. Resuscitation. 2006;69:199-206.

Morrison LJ, Long J, Vermeulen M, Schwartz B, Sawadsky B, Frank J, et al. A randomized controlled feasibility trial comparing safety and effectiveness of prehospital pacing versus conventional treatment: 'PrePACE'. Resuscitation. 2008;76:341-9.

Neumar RW, Otto CW, Link MS, Kronick SL, Shuster M, Callaway CW, et al. Part 8: adult advanced cardiovascular life support: 2010 American Heart Association for Cardiopulmonary Resuscitation and Emergency Cardiovascular Care. Circulation. 2010;122(18 Suppl 3):S729-67.

Nielsen N, Wetterslev J, Cronberg T, Erlinge D, Gasche Y, Hassager C, et al. Targeted temperature management at 33°C versus 36°C after cardiac arrest. N Engl J Med. 2013;369(23):2197-206.

Nordmark J, Rubertsson S. Induction of mild hypothermia with infusion of cold (4°C) fluid during ongoing experimental CPR. Resuscitation. 2005;66:357-65.

Riccardi A, Arboscello E, Ghinatti M, Minuto P, Lerza R. Adenosine in the treatment of supraventricular tachycardia: 5 years of experience (2002–2006). Am J Emerg Med. 2008;26:879-82.

CAPÍTULO

22

TERAPIA INTENSIVA CARDIOLÓGICA

Ximena Ferrugem Rosa
Ludhmila Abrahão Hajjar

QUESTÃO 1

Paciente do sexo masculino, 55 anos, foi transferido ao pronto-socorro de um hospital terciário depois do diagnóstico de infarto agudo do miocárdio com supradesnivelamento do segmento ST de parede anterior após 12 horas do início da dor. Antes do transporte, recebeu ácido acetilsalicílico (AAS) por via oral (VO), clopidogrel VO, enoxaparina por via intravenosa (IV) e, em razão da piora hemodinâmica, foi iniciada noradrenalina, cujo volume de infusão no momento era de 0,5 mcg/kg/min. Chega ao segundo hospital confuso, com frequência cardíaca de 112 bpm, pressão arterial (PA) de 80 x 64 mmHg, temperatura axilar de 36,5°C, frequência respiratória de 30 mpm, uso de musculatura acessória, ausculta pulmonar com estertores crepitantes na base, ausculta cardíaca com ritmo regular e sem sopros, saturação de oxigênio de 88%, extremidades frias e com tempo de enchimento capilar de 4 segundos. Na entrada, foi submetido a intubação orotraqueal e ventilação mecânica. Iniciou-se administração de dobutamina, 10 mcg/kg/min, e foi levado para o setor de hemodinâmica, onde foi realizada angioplastia primária com *stent* da porção proximal da artéria descendente anterior e implante de balão intra-aórtico, cuja curva é mostrada na figura a seguir. Com relação ao manejo deste paciente, assinale a alternativa incorreta:

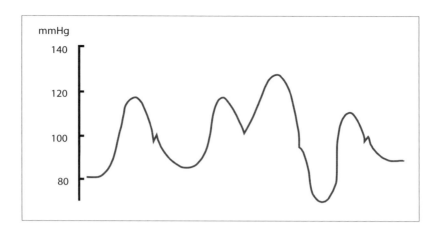

☐ A A dobutamina é um inotrópico do tipo agonista beta-adrenérgico. Está bem indicada, uma vez que o inibidor da fosfodiesterase e o sensibilizador miocárdico de cálcio não são opções inotrópicas viáveis para o paciente neste momento, por conta de sua hipotensão arterial.

☐ B A noradrenalina no contexto atual deve ser usada, visto que é necessário manter PA média mínima para a adequada perfusão tecidual. Contudo, no contexto de choque cardiogênico, uma vez recuperada a pressão com o suporte inotrópico, sempre que possível, deve-se evitar vasoconstritores, priorizando a vasodilatação.

☐ C A revascularização miocárdica de emergência, seja percutânea ou cirúrgica, não deveria ser realizada neste caso, pois o paciente apresenta alto risco de complicações, por conta de sua instabilidade hemodinâmica, sem benefício desse procedimento.

☐ D O dispositivo de assistência ventricular utilizado é geralmente o mais disponível e está indicado para uso em curto prazo, como ponte para a recuperação do paciente. A curva mostrada na figura, após o acionamento do dispositivo, demonstra o seu correto funcionamento.

☐ E Caso seja passado um cateter de Swan-Ganz neste paciente, é provável que se encontre índice cardíaco < 1,8 L/min.m^2 e pressão de oclusão de artéria pulmonar (POAP) > 18 mmHg.

QUESTÃO 2

Paciente do sexo feminino, 69 anos, caucasiana, está no primeiro dia pós-operatório de cirurgia de revascularização miocárdica (artéria descendente anterior revascularizada com a artéria mamária interna esquerda) associada à troca valvar aórtica por prótese biológica em razão de estenose aórtica degenerativa. Seu tempo de circulação extracorpórea (CEC) foi de 123 minutos, e 95 minutos de isquemia. No intraoperatório, recebeu concentrado de plaquetas e unidades de plasma. Na visita médica pela manhã, nota-se que a paciente, extubada na noite anterior, agora está sonolenta, com enchimento capilar > 3 segundos, pressão arterial média de 40 mmHg, saturação de oxigênio de 94% com cateter nasal com 2 L/min de oxigênio, frequência respiratória de 27 mpm, frequência cardíaca de 155 bpm e débito urinário nas últimas 6 horas de 100 mL. Sobre o quadro atual, é correto afirmar que:

☐ A Deve-se suspeitar de tamponamento cardíaco. O diagnóstico é feito pelo ecocardiograma de emergência e o tratamento de eleição, independente do quadro clínico da paciente, é pericardiocentese por punção.

☐ B Isquemia miocárdica é uma possibilidade. São várias as etiologias para a mesma, como espasmo coronariano, trombose do enxerto e revascularização incompleta.

☐ C Pode-se cogitar síndrome vasoplégica, complicação frequente das cirurgias cardíacas, geralmente associada a infecções adquiridas no intraoperatório. Antibioticoterapia de amplo espectro deve ser instituída.

☐ D Choque hemorrágico é uma complicação infrequente, por isso não deve ser suspeitada. No pós-operatório de cirurgias cardíacas, há uma incidência maior de eventos trombóticos em relação aos hemorrágicos.

☐ E Taquicardia ventricular é a arritmia mais comum no pós-operatório de cirurgias cardíacas e, por isso, pode-se suspeitar, uma vez que a paciente se encontra taquicárdica. O tratamento de eleição diante do quadro é a cardioversão elétrica sincronizada.

QUESTÃO 3

Paciente do sexo masculino, 30 anos, previamente hígido, é internado por choque séptico secundário à pneumonia lobar. Na chegada, por conta do quadro clínico, iniciou-se antibioticoterapia, reposição volêmica, noradrenalina e o paciente foi submetido a intubação orotraqueal e ventilação mecânica. Em razão da refratariedade do choque, no segundo dia de internação, instalou-se um cateter de Swan-Ganz, que evidenciou: índice cardíaco 3,8 L/min.m², pressão de oclusão da artéria pulmonar (POAP) de 25 mmHg e resistência vascular sistêmica baixa. Na rotina daquele dia, avaliou-se troponina T ultrassensível, 0,44 mcg/L (percentil 99% > 0,014 mcg/L), e peptídeo natriurético cerebral (BNP), 302 pcg/mL. Eletrocardiograma de 12 derivações não evidenciou anormalidades. Com relação ao diagnóstico cardiológico mais provável para este paciente, é correto afirmar que:

☐ A Caso fosse realizada cineangiocoronariografia neste paciente, seriam evidenciadas artérias coronárias normais e ventriculografia com balonamento apical, com contratilidade preservada nos segmentos da base. O tratamento deve ser de suporte, com inotrópicos e dispositivo de assistência ventricular, se necessário.

☐ B O padrão hemodinâmico aferido pelo cateter de Swan-Ganz não é compatível com depressão miocárdica pela sepse, uma vez que não apresenta redução do débito cardíaco. O tratamento de escolha neste caso é diurético, em razão da elevada pressão de oclusão da artéria pulmonar.

☐ C O paciente está apresentando miocardite secundária à sepse, provavelmente por acometimento contíguo pulmonar. Em razão da gravidade do caso, está indicado o uso de corticoterapia.

☐ D Caso o paciente apresente queda da fração de ejeção e dilatação ventricular esquerda ao ecocardiograma, é possível afirmar que seu prognóstico é pior em relação a um paciente com as mesmas características que não possua tais alterações.

☐ E O tratamento desta complicação cardíaca inclui, inicialmente, ressuscitação volêmica adequada e uso de vasopressor, de modo a restaurar a perfusão tecidual. A minoria dos pacientes com este acometimento necessita de inotrópico. Hemofiltração é outra estratégia útil em alguns casos.

QUESTÃO 4

Sobre a monitorização hemodinâmica em ambiente de terapia intensiva, é correto afirmar que:

☐ A Em pacientes com doença pulmonar obstrutiva crônica, a pressão venosa central (PVC) como medida única é um bom preditor de pré-carga. Assim, PVC > 12 mmHg nesses indivíduos, mesmo na presença de choque, contraindica a prescrição de desafio hídrico.

☐ B Para um paciente com acesso venoso periférico e cateter de pressão arterial invasiva na artéria femoral, podem ser utilizados os monitores LiDCO™ e PiCCO® para monitorização do débito cardíaco em tempo real.

☐ C Por ser um método não invasivo e pontual de observação, o ecocardiograma à beira do leito não é uma ferramenta fidedigna e útil na monitorização hemodinâmica, não devendo ser utilizado na unidade de terapia intensiva para essa finalidade.

☐ D Utilizando o cateter de Swan-Ganz, é possível aferir a pressão de oclusão da artéria pulmonar, a saturação venosa central mista (SvO_2) e o débito cardíaco, por meio da técnica de termodiluição. Com monitores Vigilance™ ou OptiQ™ acoplados ao cateter, pode-se monitorizar o débito cardíaco de forma contínua.

☐ E O lactato arterial elevado é um importante marcador de hipoperfusão tecidual e está correlacionado a aumento de mortalidade em pacientes críticos. Contudo, em pacientes sépticos, sua queda após a ressuscitação volêmica não acrescenta melhor prognóstico.

RESPOSTAS CORRETAS

No âmbito da terapia intensiva, a cardiologia é ampla e não pode ser esgotada com os temas sugeridos nas questões precedentes. Os conceitos que serão revisados a seguir são considerados primordiais e por isso foram selecionados.

Atualmente, a maior causa de morte entre adultos no mundo é a doença arterial coronariana. Em sua complicação aguda, o infarto, o pior cenário, é dado pelo choque cardiogênico, via comum a outras enfermidades cardíacas que levam à falência ventricular. Entender a fisiopatologia (Figura 1) dessa condição propicia o entendimento da evolução da doença e os fundamentos do seu manejo.

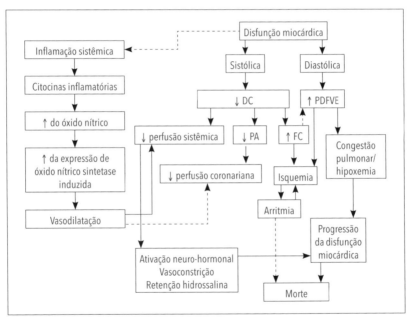

Figura 1 Fisiopatologia do choque cardiogênico.
DC: débito cardíaco; FC: frequência cardíaca; PA: pressão arterial.

Outro tópico importante dentro da terapia intensiva cardiológica é a cirurgia cardíaca, que possui algumas peculiaridades em relação às demais cirurgias, pois muitas vezes implica em circulação extracorpórea e parada cardiocirculatória. Tais eventos desencadeiam uma resposta inflamatória de intensidade variável no pós-operatório, bem como alterações circulatórias multiorgânicas, que demandam atenção para complicações específicas.

É importante ressaltar também o acometimento cardíaco em outras doenças sistêmicas, como a sepse, na qual a depressão miocárdica ocorre em cerca de 40% dos pacientes. Dos pacientes sépticos internados na unidade de terapia intensiva, com hipotensão refratária e disfunção múltipla de órgãos, 10 a 20% apresentam baixo débito cardíaco em razão de disfunção miocárdica grave.

Por fim, a monitorização hemodinâmica é um dos pilares do intensivismo, pois avaliar adequadamente a perfusão do paciente é fundamental para seu tratamento correto e a prevenção de disfunção multiorgânica. Atualmente, existem inúmeras opções para avaliar o perfil hemodinâmico de um paciente e talvez o mais importante seja escolher o método a ser usado para saber o que fazer com os dados coletados a partir dele.

1. c

A questão aborda choque cardiogênico (Quadro 1) após infarto agudo do miocárdio (IAM).

Quadro 1 Definição de choque cardiogênico

Pressão arterial sistólica < 90 mmHg ou 30 mmHg abaixo do valor basal da pressão arterial média
Sinais de hipoperfusão, como débito urinário < 30 mL/h, extremidades frias e/ou mal perfundidas, alteração do sensório, cianose
POAP > 18 mmHg ou pressão diastólica final do ventrículo direito > 10-15 mmHg e índice cardíaco < 1,8 L/min.m^2 e índice de resistência vascular sistêmica > 2.000 dina/s/cm^5/m^2
Ecocardiograma com disfunção de ventrículo esquerdo e aumento das pressões de enchimento
POAP: pressão de oclusão da artéria pulmonar.

Apesar de todo arsenal terapêutico recente, a incidência (aproximada em 7%) de choque cardiogênico pós-IAM continuou estável ao longo das últimas décadas. Tal complicação ainda é a principal causa de mortalidade intra-hospitalar desses indivíduos, embora essa taxa tenha sido reduzida com o incremento no número de revascularizações precoces nesse grupo de pacientes. Desde a década de 1980, estudos observacionais demonstram que a reperfusão dos indivíduos em choque cardiogênico pós-IAM é o tratamento de eleição. Em 1999, foi publicado o ensaio clínico randomizado Shock Trial, que confirmou o benefício da revascularização, com diminuição significativa da mortalidade aos 6 meses e 1 ano pós-intervenção (Figura 2).

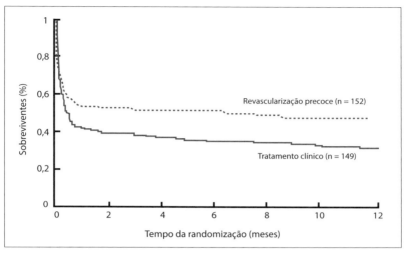

Figura 2 Curva Kaplan-Meier de sobrevida em 12 meses do Shock Trial.
Fonte: adaptada de Hochman et al., 1999.

Além da reperfusão miocárdica, medidas clínicas para tratamento do choque são necessárias. O uso de vasopressor está indicado na vigência de hipotensão arterial, pois é preciso evitar a hipoperfusão tecidual e sua consequente disfunção multiorgânica. Apesar de poucos trabalhos randomizados, a noradrenalina deve ser a primeira droga vasopressora de eleição, visto que a dopamina é mais pró-arritmogênica, principalmente em cardiopatas. Todavia, deve-se utilizar a mínima dose possível, tendo em vista que o aumento demasiado da pós-carga piora o desempenho ventricular. Em pacientes normotensos, preconiza-se a prescrição de vasodilatador (nitrato) intravenoso em vez de vasopressor.

Medicação inotrópica, apesar de elevar a demanda miocárdica, é essencial nesse cenário, pois promove aumento do débito cardíaco e melhora da perfusão tecidual. A dobutamina, catecolamina sintética com efeito predominantemente beta-adrenérgico, é a medicação de escolha. O inibidor da fosfodiesterase (milrinona), por sua vez, promove um aumento do cálcio ionizado intracelular, levando a aumento da contratilidade e vasodilatação arterial e venosa, sendo contraindicado para pacientes hipotensos e pós-IAM. Por fim, a levosimendana, inotrópico sensibilizador de cálcio nas proteínas contráteis, também não é uma opção nesse caso, uma vez que causa vasodilatação arterial por agir também via canais de potássio na musculatura lisa arterial.

O balão intra-aórtico (Figura 3) é o dispositivo de assistência ventricular mais utilizado. Consiste em um balão implantado na aorta descendente, que insufla na diástole (no nó dicrótico da curva de pressão aórtica) e desinfla na sístole (nadir da pressão aórtica; pico da onda R no eletrocardiograma), promovendo aumento do enchimento coronariano e redução da pós-carga. Não há evidências científicas claras de seu benefício sobre a mortalidade, no entanto, ele melhora os parâmetros hemodinâmicos e continua sendo recomendado pelas diretrizes atuais.

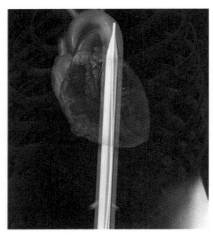

Figura 3 Balão intra-aórtico. ©Datascope Corp. 2001.

2. b

São várias as possíveis causas de choque no pós-operatório de cirurgia cardíaca (Quadro 2).

Quadro 2 Causas de choque no pós-operatório de cirurgia cardíaca

Redução da pré-carga
Sangramento
Vasoplegia
Tamponamento cardíaco
Disfunção ventricular direita
Hipertensão pulmonar
Pneumotórax
Ventilação mecânica
Sepse

(continua)

Quadro 2 Causas de choque no pós-operatório de cirurgia cardíaca *(continuação)*

Redução da contratilidade
Disfunção ventricular prévia
Má proteção miocárdica
Trombose de enxerto coronariano
Revascularização miocárdica incompleta
Isquemia/infarto
Acidose
Outras
Taquiarritmias
Bradiarritmias
Disfunção diastólica

A incidência de isquemia miocárdica depende de fatores pré-operatórios (síndrome coronariana aguda recente, lesão de tronco de artéria coronária esquerda, disfunção ventricular), intraoperatórios (tempo de circulação extracorpórea, tipos de enxerto, revascularização incompleta) e do manejo hemodinâmico em todo o período. Seu diagnóstico é difícil, uma vez que a maioria dos pacientes se encontra sedada, o eletrocardiograma nem sempre é diagnóstico e a elevação de marcadores de necrose miocárdica pode ocorrer mesmo na ausência de isquemia. A evidência de ondas Q patológicas ou bloqueios de ramo novos deve levantar essa possibilidade. Com relação aos marcadores, é necessária a elevação de dez vezes o limite superior para o diagnóstico de infarto perioperatório. Tamponamento cardíaco pode ocorrer por sangramento para dentro do saco pericárdico. Seu diagnóstico deve ser rápido e suspeitado sempre, principalmente na presença de estase jugular, abafamento de bulhas, pulso paradoxal, aumento da área cardíaca na radiografia de tórax e cessação ou redução abrupta da drenagem pericárdica. O exame de escolha é o ecocardiograma transtorácico e o tratamento de eleição é a pericardiotomia cirúrgica. A pericardiocentese por punção de Marfan deve ser reservada para situações de extrema emergência (p. ex., parada cardiorrespiratória).

A vasoplegia ocorre em virtude da resposta inflamatória sistêmica secundária ao procedimento cirúrgico associado à circulação extracorpórea, em geral nas primeiras 12 horas pós-cirurgia. O uso de vasodilatadores no pré-operatório parece favorecer a síndrome. Em 30% dos casos, a baixa resistência vascular sistêmica é causada por infecção, que deve ser suspeitada principalmente quando a alteração é tardia.

Hemorragia pós-operatória é uma das complicações mais frequentes na cirurgia cardíaca, apesar de gerar reintervenção em apenas 1 a 5% dos pacientes. São múltiplos os fatores que levam ao estado pró-hemorrágico, dentre eles terapia anti-trombótica no pré-operatório, doenças prévias (hepática, renal, coagulopatias), redução dos fatores de coagulação pela circulação extracorpórea, reversão inadequada da heparinização e trombocitopenia.

Do ponto de vista arrítmico, a fibrilação atrial (FA) é a mais comum, podendo ocorrer em até 50% dos pacientes. Seu pico de incidência é entre o segundo e o quarto dia pós-operatório. Apesar de bem tolerada na maioria das vezes, é um preditor independente de morbidade e mortalidade, predispondo os pacientes a acidente vascular encefálico. O tratamento, salvo em situações de instabilidade hemodinâmica pela arritmia, é cardioversão farmacológica com amiodarona intravenosa. Na presença de instabilidade hemodinâmica secundária à FA, deve-se proceder à cardioversão elétrica sincronizada. A ocorrência de taquicardia ventricular sustentada é mais rara e ocorre principalmente nos pacientes com disfunção ventricular, hipoxemia e distúrbios eletrolíticos/acidobásicos.

3. e

O caso clínico retrata um paciente com choque séptico de foco pulmonar que apresentou depressão miocárdica por sepse. O diagnóstico se torna provável através da hipotensão refratária, somada à POAP elevada associada ao aumento de troponina e BNP em um indivíduo previamente hígido, sem alterações eletrocardiográficas que sugiram outro diagnóstico diferencial.

Na década de 1940, ocorreram as primeiras descrições de depressão miocárdica associada ao choque séptico. Controvérsias apareceram ao longo da história a respeito do tema, uma vez que os estudos iniciais que relacionaram a queda do índice cardíaco à maior mortalidade utilizaram a pressão venosa central para estimar o débito cardíaco. Posteriormente, observou-se que na maioria dos casos de depressão miocárdica o débito persistia alto, apesar de insuficiente, com resistência vascular sistêmica reduzida, levando à baixa perfusão orgânica. É por esse motivo que a monitorização através do cateter de Swan-Ganz é pouco sensível para o diagnóstico dessa complicação, pois o índice cardíaco estará reduzido em poucos pacientes.

Dessa forma, a avaliação desses indivíduos deve conter outros métodos de análise de função ventricular, como o ecocardiograma e a ventriculografia radioisotópica. A queda da fração de ejeção abaixo de 50% denota envolvimento cardíaco pela sepse. Contudo, a sua ausência não exclui a complicação. É preciso observar, além disso, os volumes ventriculares e seus índices, que tipicamente estarão aumentados (Figura 4). Há ainda evidências que corroboram a existência de disfunção diastólica associada à sepse, principalmente no grupo de pacientes com pior evolução.

Paradoxalmente, a queda na fração de ejeção e dilatação ventricular estão relacionados a um melhor prognóstico na sepse (Figura 5). Uma das explicações para o fenômeno implica na menor resistência vascular sistêmica no grupo de indivíduos mais severamente doentes, propiciando a manutenção do débito cardíaco sem a necessidade de dilatação ventricular acentuada. Ademais, infere-se que quanto maior a vasoplegia, pior o dano na microcirculação, inclusive no tecido miocárdico.

Além dos métodos de imagem, as dosagens de troponina e BNP são importantes ferramentas diagnósticas e prognósticas. Alguns estudos evidenciaram aumento de mortalidade superior a cinco vezes para os pacientes sépticos, com depressão miocárdica e BNP superior a 190 pcg/mL no segundo dia de internação.

O tratamento, por sua vez, compreende inicialmente reposição volêmica adequada e antibioticoterapia na primeira hora. O uso de vasopressor deve ser precoce, de modo a melhorar a perfusão tecidual. Uma vez que poucos pacientes apresentarão baixo índice cardíaco, a utilização de inotrópico (dobutamina) deve ser restrita. Por fim, trabalhos científicos com hemofiltração possuem resultados promissores, pois essa é capaz de retirar as substâncias miocárdio-depressoras da circulação e facilitar o manejo volêmico.

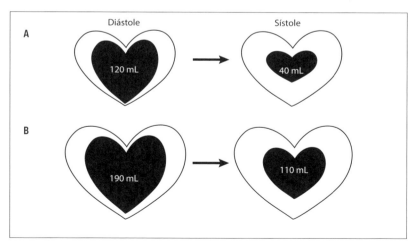

Figura 4 Queda na fração de ejeção e aumento do volume diastólico final. A: coração normal (volume sistólico = 80 mL; volume diastólico final = 120 mL; fração de ejeção = 0,67%); B: depressão miocárdica (volume sistólico = 80 mL; volume diastólico final = 190 mL; fração de ejeção = 0,42%).

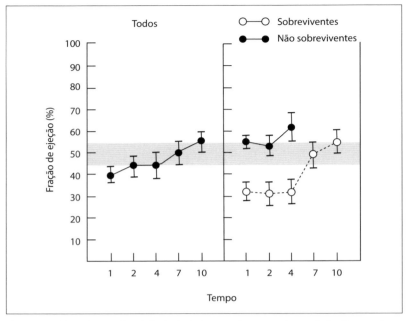

Figura 5 Média ± desvio padrão da fração de ejeção em pacientes com choque séptico. Comparação entre o grupo de pacientes sobreviventes e não sobreviventes. Observa-se que o grupo de sobreviventes apresentou menor fração de ejeção, com recuperação da função ventricular após 1 semana. Os não sobreviventes mantiveram a fração de ejeção normal.
Fonte: adaptada de Parker et al., 1984.

4. d

O exame físico é o ponto de partida da avaliação hemodinâmica. O tempo de enchimento capilar, a pressão arterial média, a frequência cardíaca e o débito urinário fornecem informações capazes de guiar o raciocínio clínico, que deverá ser complementado pelos demais métodos (Tabela 1).

O menos invasivo dos meios é o ecocardiograma, instrumento de fácil execução e com resultados muitas vezes comparáveis às medidas do Swan-Ganz. Com ele, pode-se estimar o débito cardíaco, estimar a pré-carga, predizer a resposta ao desafio hídrico por meio da avaliação da distensão das veias cavas, bem como fazer diagnósticos diferenciais do choque (tromboembolismo pulmonar, isquemia, tamponamento cardíaco etc.). Suas limitações são a necessidade de profissional treinado e boa janela acústica do paciente, além de não ser um método contínuo de monitorização.

Tabela 1 Métodos de monitorização hemodinâmica

Método/variável	Objetivo	Limitações
PVC	Avaliação do retorno venoso (pré-carga) Avaliação de responsividade a volume, incluindo delta-PVC (delta-PVC: queda $\geq$ 1 mmHg na PVC durante a inspiração)	Medida estática tem pouco valor Pouco confiável em pacientes com doenças da valva tricúspide, arritmias, miocardiopatia restritiva, tamponamento cardíaco, hipertensão pulmonar, aumento da pressão intra-abdominal etc. Delta PVC: limitado a pacientes ventilando espontaneamente e de forma tranquila
Delta-PP $(PP_{máx} - PP_{mín})/$ $(PP_{máx} + PP_{mín}/2)$	Avaliação da responsividade a volume (delta-PP: variação $> 13\%$)	Condições de aferição estritas: paciente sedado/curarizado, em ventilação mecânica sem ciclos espontâneos e com volume corrente de 8-10 mL/kg
Vigileo™ e MostCare™	Débito cardíaco por meio da curva de pressão	Necessidade de uma curva de pressão adequada, sem alteração da complacência vascular ou insuficiência aórtica, por exemplo
Cateter de Swan-Ganz	Avaliação da PVC, POAP e do débito cardíaco (termodiluição)	Riscos inerentes à cateterização da artéria pulmonar e posicionamento do cateter na zona III de West
Vigilance™ e OptiQ™	Avaliação do débito cardíaco (termodiluição)	Necessidade do cateter de Swan-Ganz Medidas não são em tempo real (média dos últimos 10 minutos)
LiDCO™ e PiCCO®	Avaliação do débito cardíaco (diluição transpulmonar e análise de contorno de pulso)	Necessidade de cateter venoso central e pressão arterial invasiva LiDCO™: injeção de lítio; interferência com hiponatremia e relaxantes musculares não despolarizantes

(continua)

Tabela 1 Métodos de monitorização hemodinâmica *(continuação)*

Método/variável	Objetivo	Limitações
Ecocardiograma	Avaliação de débito cardíaco, pré-carga, contratilidade e diagnósticos diferenciais	Necessidade de treinamento e janela acústica ideal Se esofágico, sedação Não monitora continuamente
Lactato arterial	Marcador de hipoperfusão tecidual	Alterado em disfunção renal, hepática, intoxicação por nitrato
Saturação venosa central ou mista ($SvcO_2$ e SvO_2)	Marcador do consumo tecidual de oxigênio e débito cardíaco	Em casos de hiperóxia e consumo tecidual muito baixo, as saturações normais podem indicar falsamente uma adequada oferta de oxigênio (débito cardíaco)

POAP: pressão de oclusão da artéria pulmonar; PP: pressão de pulso; PVC: pressão venosa central.

Durante muito tempo, uma única medida da PVC foi utilizada como preditor de pré-carga. Classicamente, pacientes que estivessem com PVC inferior a 8 mmHg, se beneficiariam de volume. Porém, com um maior número de estudos científicos, observou-se que tal parâmetro isolado é comparável a uma moeda quanto à definição do *status* volêmico. Para que possa ser usada, dever ser analisada continuamente e em doentes selecionados.

A pressão arterial invasiva também é capaz de fornecer informações adicionais, como a responsividade a volume e, mais recentemente, a própria curva de pressão tem sido utilizada por monitores como Vigileo™ e MostCare™ para estimar o débito cardíaco.

Dos métodos, o mais revolucionário na sua época de criação foi o cateter de Swan-Ganz. É o mais invasivo, pois determina a passagem de um cateter pela artéria pulmonar e oclusão intermitente da mesma por um balão. Além das medidas pressóricas, o cateter é capaz de aferir o débito cardíaco por meio da termodiluição após a injeção de soro gelado no átrio direito. Atualmente, os sistemas Vigilance™ e OptiQ™ utilizam esse cateter para medidas contínuas de débito, usando o mesmo racional através do aquecimento do sangue no átrio direito.

Existem ainda os monitores LiDCO™ e PiCCO®, que combinam a análise contínua do contorno do pulso arterial com a ideia de diluição transpulmonar, análoga à termodiluição. Esses monitores prescindem de um cateter venoso central e um acesso arterial.

Enquanto o LiDCO™ infunde pequenas quantidades de lítio, o PiCCO® utiliza soro gelado para fazer as suas aferições.

Por fim, o lactato arterial é produzido durante a glicólise anaeróbia e por isso é marcador de hipoperfusão tecidual. Está alterado quando superior a 2 mmol/L (18 mg/dL), sendo fator para má evolução. O seu clareamento precoce no tratamento da sepse está associado a melhor prognóstico.

Em suma, a monitorização hemodinâmica pode ser vista como um quebra-cabeças, em que cada variável coletada acrescenta uma peça para a construção da visão global do paciente. Com base na interpretação do conjunto, a terapêutica deve ser guiada sempre de forma ágil e respeitando as individualidades do doente.

BIBLIOGRAFIA

Dellinger RP, Levy MM, Rhodes A, Annane D, Gerlach H, Opal SM, et al. Surviving Sepsis Campaign: International guidelines for management of severe sepsis and septic shock: 2012. Crit Care Med. 2013;41:580–637.

Hochman JS, Sleeper LA, Webb JG, Sanborn TA, White HD, Talley JD, et al. Early Revascularization in Acute Myocardial Infarction Complicated by Cardiogenic Shock. N Engl J Med. 1999;341(9):625-34.

Levy MM, Rhodes A, Phillips GS, Townsend SR, Schorr CA, Beale R, et al. Surviving Sepsis Campaign: association between performance metrics and outcomes in a 7.5 –year study. Intensive Care Med. 2014;40:1623-33.

Mouncey PR, Osborn TM, Power GS, Harrison DA, Sadique MZ, Grieve RD, et al; ProMISe trial investigators. Trial of early, goaldirected resuscitation for septic shock. N Engl J Med. 2015;372(14):1301-11.

Parker MM, Shelhamer JH, Bacharach SL, Green MV, Natanson C, Frederick TM et al. Profound but reversible myocardial depression in patients with septic shock. Ann Intern Med. 1984;100(4):483-90.

ProCESS Investigators, Yealy DM, Kellum JA, Huang DT, Barnato AE, Weissfeld LA, et al. A randomized trial of protocol based care for early septic shock. N Engl J Med. 2014;370(18):1683-93.

The ARISE Investigators, ANZICS Clinical Trials Group, Peake SL, Delaney A, Bailey M, Bellomo R, et al. Goal-directed resuscitation for patients with early septic shock. N Engl J Med. 2014;371:1496-506.

CAPÍTULO

23

DOENÇA DE CHAGAS

Giuliano Serafino Ciambelli
Thiago Marques Mendes

QUESTÃO 1

Paciente masculino, 45 anos, natural de Minas Gerais, procurou o pronto-socorro com queixa de dispneia progressiva para mínimos esforços nos últimos 3 meses, associada a aumento de volume abdominal e edema de membros inferiores há 1 semana. Exame físico com sinais de insuficiência cardíaca, frequência cardíaca (FC) = 80 bpm, pressão arterial (PA) = 100 × 80 mmHg e boa perfusão periférica. Ao eletrocardiograma (ECG), observa-se ritmo sinusal, bloqueio de ramo direito e bloqueio divisional anterosuperior esquerdo. À radiografia de tórax, verifica-se índice cardiotorácico aumentado e cefalização de trama vascular. Estava em uso de captopril, carvedilol, furosemida e espironolactona há 1 mês quando relata que um médico o diagnosticou com "coração inchado" (sic). Sobre o caso em questão, a alternativa correta é:

☐ A Diagnóstico provável: cardiomiopatia chagásica em fase crônica; solicitar pelo menos um teste sorológico para o diagnóstico (Elisa, HAI ou IFI); os achados ecocardiográficos típicos são: aneurisma apical, hipo/acinesia anterior e anterolateral, além de disfunção ventricular.

☐ B Diagnóstico provável: cardiomiopatia chagásica em fase crônica; solicitar pelo menos dois testes sorológicos diferentes para o diagnóstico (Elisa, HAI ou IFI); os achados ecocardiográficos típicos são: aneurisma apical, hipo/acinesia anterior e anterolateral, além de disfunção ventricular.

☐ C Diagnóstico provável: cardiomiopatia chagásica em fase crônica; solicitar pelo menos dois testes sorológicos diferentes para o diagnóstico (Elisa, HAI ou IFI) e pesquisa do parasita (teste de gota fesca do sangue); os achados ecocardiográficos típicos são: aneurisma apical, hipo/acinesia inferior e inferolateral, além de disfunção ventricular.

☐ D Diagnóstico provável: cardiomiopatia chagásica em fase crônica; solicitar pelo menos dois testes sorológicos diferentes para o diagnóstico (Elisa, HAI ou IFI); os achados ecocardiográficos típicos são: aneurisma apical, hipo/acinesia inferior e inferolateral, além de disfunção ventricular.

☐ E Diagnóstico provável: cardiomiopatia chagásica em fase crônica; solicitar pelo um teste sorológico para o diagnóstico (Elisa, HAI ou IFI) e pesquisa do parasita (teste de gota fresca do sangue); os achados ecocardiográficos típicos são: aneurisma apical, hipo/acinesia inferior e inferolateral, além de disfunção ventricular.

QUESTÃO 2

Em relação à doença de Chagas, pode-se afirmar que:

☐ A As drogas antiparasitárias, como o benzonidazol, mostraram-se efetivas para reduzir o curso da doença, mas não a parasitemia. Dessa forma, são indicadas para o tratamento da fase aguda da doença.

☐ B Na forma cardíaca crônica, a manifestação da falência ventricular é predominantemente direita.

☐ C O teste de fixação do complemento (Machado-Guerreiro) apresenta alta especificidade e baixa sensibilidade.

☐ D Existe boa correlação entre os níveis de parasitemia e as manifestações clínicas da doença na sua fase crônica.

☐ E Disfunção autonômica pode ser um achado concomitante, podendo levar à hipotensão postural.

QUESTÃO 3

Paciente masculino, 38 anos, procurou cardiologista com queixa de palpitações taquicárdicas recorrentes há 6 meses, sem relação com esforço, *frog* negativo e eventualmente acompanhadas por sudorese, palidez e dispneia. Excetuando-se esta queixa, o paciente é assintomático. Não faz uso de medicação de forma contínua. À radiografia de tórax, verifica-se indíce cardiotorácico > 0,5; ao ECG de repouso, observa-se ritmo sinusal, QRS de baixa voltagem e bloqueio de ramo direito; ao Holter, observa-se ritmo sinusal, bloqueio de ramo direito, 5.600 episódios de arritmia ventricular, 80 episódios de taquiarritmia ventricular não sustentada, a maior de 20 segundos às 22h30; ao ecocardiograma, observa-se aumento de câmaras esquerdas e fração de ejeção do ventrículo esquerdo estimada em 40% às custas de hipocinesia difusa. Trazia uma sorologia de Chagas positiva (Elisa) do ano anterior, ocasião de uma triagem para doação de sangue. Diante deste caso, assinale a alternativa correta:

☐ A O diagnóstico provável é de doença de Chagas de forma cardíaca, porém é necessário mais um teste sorológico para confirmação (HAI ou IFI). Pelo escore de Rassi, o paciente é de alto risco (15 pontos) de morte em 5 e 10 anos de acompanhamento. A melhor estratégia terapêutica inicial neste caso é captopril e amiodarona, sendo possível a associação de um betabloqueador.

☐ B O diagnóstico provável é de doença de Chagas de forma cardíaca, porém é necessário mais um teste sorológico para confirmação (HAI ou IFI). Pelo escore de Rassi o paciente é de risco intermediário (10 pontos) de morte em 5 e 10 anos de acompanhamento. A melhor estratégia terapêutica inicial neste caso é: captopril e amiodarona, sendo possível a associação de um betabloqueador.

☐ C O diagnóstico provável é de doença de Chagas de forma cardíaca, porém é necessário mais um teste sorológico para confirmação (HAI ou IFI). Pelo escore de Rassi o paciente é de alto risco (15 pontos) de morte em 5 e 10 anos de acompanhamento. A melhor estratégia terapêutica inicial neste caso é: captopril, betabloqueador e cardiodesfibrilador implantável.

□ D O diagnóstico é de doença de Chagas de forma cardíaca. Pelo escore de Rassi, o paciente é de alto risco (15 pontos) de morte em 5 e 10 anos de acompanhamento. A melhor estratégia terapêutica inicial neste caso é: captopril, amiodarona e cardiodes-fibrilador implantável, sendo possível a associação de um betabloqueador.

□ E O diagnóstico é de doença de Chagasde forma cardíaca. Pelo escore de Rassi, o paciente é de risco intermediário (10 pontos) de morte em 5 e 10 anos de acompa-nhamento. A melhor estratégia terapêutica inicial neste caso é: captopril, betablo-queador e estudo eletrofisiológico.

QUESTÃO 4

Sobre a doença de Chagas, é incorreto afirmar que:

□ A A principal causa de óbito é a morte súbita.

□ B O tratamento antiparasitário é indicado na fase aguda da doença de Chagas, assim como na transmissão vertical.

□ C O transplante cardíaco não está contraindicado apesar da possibilidade de reativação da doença de Chagas. Pacientes em uso de betabloqueador com VO_2 pico ≤ 14 mL/kg/min seriam candidatos ao transplante cardíaco.

□ D Paciente em ritmo sinusal, QRS > 150 ms, com disfunção ventricular grave (fração de ejeção ≤ 35%), em classe funcional III-IV, refratário ao tratamento farmaco-lógico, candidato à terapia de ressincronização cardíaca.

□ E É causada pelo *Trypanosoma cruzi* cuja patogenia parece estar relacionada a fe-nômenos imunológicos. As formas de transmissão podem ser: vetorial, oral, transfusão de sangue, amamentação, transplante de órgãos e exposição laboratorial acidental.

RESPOSTAS CORRETAS

Há pouco mais de um século (1909), o brasileiro Carlos Justiniano Ribeiro Chagas comemorava a descoberta desta doença que leva o seu nome. Causada pelo protozoário *Trypanosoma cruzi*, é transmitida principalmente pelas fezes de insetos hematófagos da subfamília *Triatominae*, conhecidos popularmente como "barbeiro" ou "chupão". A Organização Mundial da Saúde estima que 8 milhões de pessoas estejam infectadas pelo mundo, principalmente na América Latina, onde a doença é responsável por mais de 10 mil mortes/ano.

O quadro clínico da doença de Chagas tem duas fases, a aguda e a crônica. A primeira, inicial, é autolimitada e dura em média 8 semanas e, apesar da elevada parasitemia, geralmente é subdiagnosticada por conta da inespecifidade dos sintomas. Menos da metade dos pacientes é sintomática e as manifestações podem incluir: astenia, cefaleia, febre, edema, mialgia, adenopatia generalizada e hepatoesplenomegalia, além da identificação da porta de entrada da infecção (ocular: sinal de Romanã; cutânea: chagoma de inoculação). A mortalidade desta fase é inferior a 5% e os casos fatais são decorrentes de miocardite e meningoencefalite.

Após a resposta imunológica específica contra o agente na fase aguda, ocorre redução da parasitemia, dando início à fase crônica. Destes pacientes, 70% apresentarão teste sorológico positivo, porém ausência de acometimento orgânico específico (cardíaco ou gastrointestinal), configurando a forma indeterminada da doença, pode perdurar por muitas décadas. Aproximadamente 2 a 5% desses pacientes evoluem anualmente para as formas determinadas: cardíaca e/ou digestiva. A cardiomiopatia chagásica é o principal determinante prognóstico da doença de Chagas e manifesta-se basicamente de três formas: insuficiência cardíaca por cardiomiopatia dilatada, arritmias e distúrbios de condução e fenômenos tromboembólicos.

As medidas adotadas para o controle da transmissão da doença, sobretudo o controle dos vetores e a triagem do sangue para uso humano, foram determinantes para a redução expressiva de casos novos na América Latina. No entanto, com a globalização e o fluxo de pessoas, a doença de Chagas tem ameaçado muitos países desenvolvidos é, atualmente, considerada uma ameça global.

1. d

A questão traz um paciente com sintomas e achados clínicos clássicos de insuficiência cardíaca e ainda fornece a naturalidade (Minas Gerais) e os achados eletrocardiográficos (bloqueio de ramo direito e bloqueio divisional anterossuperior esquerdo) típicos da doença de Chagas em forma crônica. A Figura 1 traz a avaliação de pacientes com forma crônica suspeita da doença de Chagas.

Os achados eletrocardiográficos costumam ser o primeiro indicador da cardiopatia chagásica crônica e a associação do bloqueio de ramo direito com o bloqueio divisional anterossuperior esquerdo é a alteração mais frequente (> 50% dos pacientes). O acometimento do ramo esquerdo e do fascículo posterior esquerdo é raro. Outras manifestações eletrocardiográficas da doença de Chagas são os bloqueios atrioventriculares. Nas fases mais avançadas da doença, usualmente em portadores de disfunção ventricular, podem ocorrer fibrilação/*flutter* atrial e arritmias ventriculares (extrassístoles ventriculares polimórficas, taquicardia ventricular não sustentada ou sustentada).

O diagnóstico da doença de Chagas exige, além da suspeita clínica, a confirmação laboratorial da infecção. Na fase aguda da doença (alta parasitemia), podem ser utilizados os métodos parasitológicos, sendo a gota fresca de sangue o método de escolha e, caso negativo, podem ser usados os métodos de concentração (micro-hematócrito, teste Strout ou QBC). A presença de anticorpos IgM anti-*Trypanosoma Cruzi* nesta fase também pode ser útil. Na fase crônica da doença (baixa parasitemia), o diagnóstico deve ser feito por testes sorológicos. A Organização Mundial da Saúde exige, para que o diagnóstico seja confirmado, a positividade de pelo menos dois testes sorológicos de princípios distintos. Utilizam-se o ensaio imunoenzimático (Elisa), imunofluorescência indireta (IFI) e a hemaglutinação indireta (HAI). O teste de fixação do complemento (reação de Machado-Guerreiro) possui baixa sensibilidade, baixa especificidade e alta complexidade de execução, por isso, não deve ser mais utilizado (classe de recomendação III, nível de evidência C). No caso apresentado, o paciente está na fase crônica da doença de Chagas, sendo dispensável a pesquisa do parasita.

O ecocardiograma é um exame fundamental na doença de Chagas e alguns achados corroboram o diagnóstico e a terapêutica. Os achados típicos são: alteração da contratilidade segmentar do ventrículo esquerdo (hipo/acinesia das paredes inferior e inferolateral) presente em 10 a 15% dos pacientes; aneurisma apical presente em cerca de 55% dos pacientes com história de insuficiência cardíaca; e, nas fases avançadas, dilatação das cavidades atriais e ventriculares, com disfunção sistólica biventricular. Trombos podem ser visualizados no interior dos aneurismas, bem como nos átrios, sobretudo em portadores de fibrilação atrial.

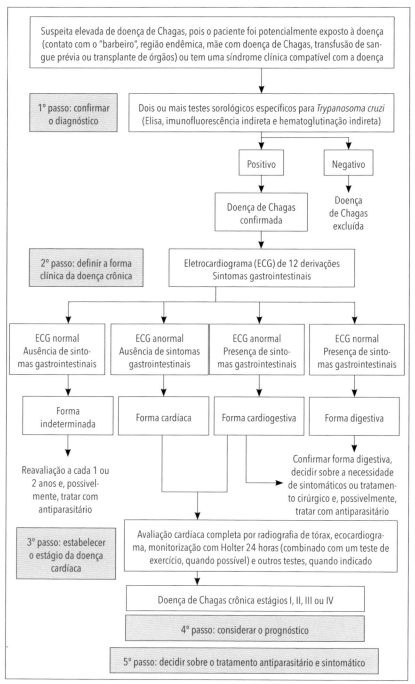

Figura 1 Avaliação de pacientes com forma crônica suspeita da doença de Chagas.
Fonte: adaptada de Rassi et al.

DOENÇA DE CHAGAS

2. e

O curso clínico da doença de Chagas ocorre em duas fases, a aguda e a crônica (Figura 2). A primeira é autolimitada e dura em média 8 semanas e, apesar da elevada parasitemia, geralmente é subdiagnosticada por conta da inespecifidade dos sintomas. Quando diagnosticada, a forma aguda da doença de Chagas sempre deve ser tratada. Os medicamentos antiparasitários existentes são: Nifurtimox® (não disponível no Brasil) e benzonidazol. Ambos reduzem expressivamente a parasitemia, mas não a evolução da doença. Além da fase aguda, o tratamento antiparasitário deve ser indicado na fase crônica para crianças, na contaminação acidental, na transmissão vertical e na reativação da fase crônica. Não há indicação de tratamento antiparasitário na forma cardíaca avançada (classe de recomendação III, nível de evidência C).

Após a resposta imunológica específica contra o agente na fase aguda, ocorre redução da parasitemia, dando início à fase crônica. Destes pacientes, 70% apresentarão teste sorológico positivo, porém a ausência de acometimento orgânico específico (cardíaco ou gastrointestinal), configurando a forma indeterminada da doença, pode perdurar por décadas. Aproximadamente 2 a 5% destes pacientes evoluem anualmente para as formas determinadas da doença: cardíaca e/ou digestiva. A cardiomiopatia chagásica é o principal determinante prognóstico da doença de Chagas e manifesta-se basicamente de três formas: insuficiência cardíaca por cardiomiopatia dilatada, arritmias e distúrbios de condução, e fenômenos tromboembólicos. A insuficiência cardíaca pode ser esquerda e/ou direita, porém a primeira é mais frequente. Convém reiterar que não há correlação entre a parasitemia e os sintomas ou a gravidade da doença.

Entre os métodos laboratoriais diagnósticos da doença de Chagas estão os parasitológicos e os sorológicos. Dentre estes últimos, o teste de fixação do complemento (reação de Machado-Guerreiro) foi o primeiro utilizado para detectar anticorpos anti-*Trypanosoma Cruzi*, em 1913. Atualmente, em virtude da baixa sensibilidade, da baixa especificidade e da alta complexidade na execução, não deve ser mais utilizado (classe de recomendação III, nível de evidência C). No campo dos testes sorológicos, são utilizados o Elisa, IFI e a HAI, sendo necessário pelo menos dois deles positivos para confirmação diagnóstica da doença de Chagas.

Por fim, pesquisas mais recentes têm demonstrado uma relação entre o sistema nervoso autônomo e a função imunológica na doença de Chagas. Acredita-se que anticorpos circulantes funcionalmente ativos possam interferir com receptores de ambos os sistemas, parassimpático e simpático, e, dessa forma, comprometer o comportamento autônomico cardíaco. A disautonomia é mais proeminente em pacientes com cardiopatia chagásica avançada, mas pode ser detectada mesmo naqueles com função ventricular esquerda normal.

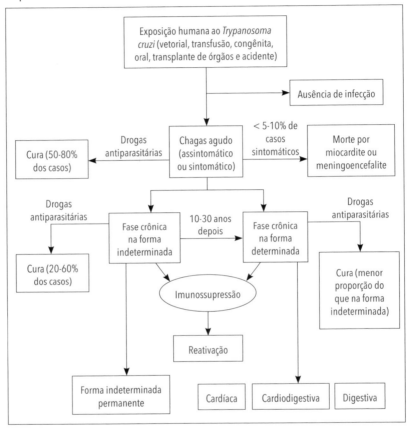

Figura 2 História natural da doença de Chagas.
Fonte: adaptada de Rassi et al.

3. a

A questão aborda o caso de um paciente assintomático, porém com episódios recorrentes de palpitações taquicárdicas, eventualmente mal tolerada clinicamente (sudorese, palidez e dispneia). Os exames complementares apontam um comprometimento cardíaco estrutural (ECG alterado, área cardíaca aumentada e disfunção ventricular), exigindo assim uma investigação sistemática de cardiomiopatias. Neste espectro diagnóstico, a questão traz uma sorologia de Chagas positiva (Elisa) do paciente do ano anterior, tornando provável o diagnóstico desta doença. Para o diagnóstico confirmatório, no entanto, a Organização Mundial da Saúde exige a positividade de pelo menos dois testes sorológicos de princípios distintos. Dessa forma, este paciente necessita de outro teste (HAI ou IFI) para ter o diagnóstico de certeza da doença.

Partindo-se do pressuposto de que este paciente tenha a forma cardíaca da doença de Chagas, é possível, pelo escore de Rassi (Tabelas 1 e 2), avaliar o risco de morte global pela doença de Chagas em 5 e 10 anos. No caso clínico em questão, o paciente é de alto risco de morte pelo escore de Rassi (15 pontos: cardiomegalia = 5 pontos; disfunção sistólica esquerda = 3 pontos; taquicardia ventricular não sustentada = 3 pontos; QRS de baixa voltagem = 2 pontos; sexo masculino = 2 pontos) e a mortalidade estimada para ele é de 63 e 84% em 5 e 10 anos de acompanhamento, respectivamente. Neste cenário clínico, trata-se de um paciente com doença de Chagas na forma cardíaca, com disfunção ventricular, porém sem sintomas de insuficiência cardíaca. No que tange à cardiomiopatia dilatada, apesar de o paciente ser assintomático, é obrigatório o início de bloqueadores do sistema renina-angiotensina-aldosterona, a começar pelo IECA ou BRA (em intolerantes aos IECA) em portadores de disfunção ventricular (FE ≤ 45%) e insuficiência cardíaca classe funcional I-IV (recomendação I, nível de evidência C). O uso do BRA (espironolactona) ainda não está indicado neste paciente em questão, pois, *a priori*, aplica-se aos pacientes com FE ≤ 35% e classe funcional III/IV. O uso do betabloqueador (carvedilol, bisoprolol ou succinato de metoprolol) pode ser uma opção neste paciente (recomendação IIa, nível de evidência B).

No que se refere à manifestação arritmogênica da doença, se está diante de um paciente com arritmia ventricular e episódios documentados de taquicardia ventricular não sustentada ao Holter, sendo esta a provável causa dos sintomas do paciente. A morte súbita é a principal causa de óbito na cardiomiopatia chagásica, porém não se dispõe de um único método capaz de predizer este risco, então é necessária uma análise conjunta de dados clínicos e exames complementares. Os principais preditores de morte súbita na doença de Chagas são: morte súbita abortada, disfunção ventricular, síncope, taquicardias ventriculares não sustentada e sustentada e bradiarritmias graves.

As arritmias ventriculares sintomáticas devem ser tratadas e para tanto, os antiarrítmicos são as drogas de eleição. Em se tratando de paciente com disfunção ventricular, a amiodarona é a única droga segura, devendo ser a escolha neste caso. O uso de propafenona ou sotalol pode ser a alternativa à amiodarona apenas para pacientes com função ventricular preservada. As indicações de cardiodesfibrilador implantável na doença de Chagas são: profilaxia secundária, resposta clínica insatisfatória à amiodarona e impossibilidade de resolução com ablação. Não há evidência científica que sustente a indicação na prevenção primária de morte súbita cardíaca. Conclui-se, dessa forma, que em caráter inicial o tratamento mais adequado neste paciente seria: IECA (captopril, por exemplo) e amiodarona, com possível associação a betabloqueador.

Tabela 1 Escore de risco de morte na cardiomiopatia chagásica

Fatores de risco	Pontos
Classe funcional III-IV (NYHA)	5
Cardiomegalia na radiografia de tórax	5
Disfunção sistólica ventricular esquerda no ecocardiograma	3
Taquicardia ventricular não sustentada em Holter de 24 horas	3
Baixa voltagem do QRS	2
Sexo masculino	2

NYHA: New York Heart Association.

Tabela 2 Grupos de risco de morte

Pontos	Risco	Mortalidade total	
		5 anos	10 anos
0-6	Baixo	2%	10%
7-11	Moderado	18%	44%
12-20	Alto	63%	84%

4. c

A doença de Chagas é causada pelo protozoário *Trypanosoma cruzi,* transmitida principalmente pelas fezes de insetos hematófagos da subfamília Triatominae, conhecidos popularmente como "barbeiro" ou "chupão". Além da transmissão vetorial, outras diversas formas foram descritas, como oral, transmissão vertical, transfusão de sangue, amamentação, transplante de órgãos e exposição laboratorial acidental. Quando diagnosticada, a forma aguda da doença de Chagas sempre deve ser tratada. Os medicamentos antiparasitários existentes são: Nifurtimox® (não disponível no Brasil) e benzonidazol. Além da fase aguda, o tratamento antiparasitário deve ser indicado na fase crônica em crianças, na contaminação acidental, na transmissão vertical e na reativação da fase crônica. Não há indicação de tratamento antiparasitário na forma cardíaca avançada (classe de recomendação III, nível de evidência C).

A fase crônica da doença de Chagas é marcada por um período de latência longa, denominado forma indeterminada, na qual há ausência de acometimento orgânico específico (cardíaco ou gastrointestinal), porém os testes sorológicos são positivos. Esta forma pode evoluir para as formas determinadas da doença: cardíaca e/ou digestiva. A cardiomiopatia chagásica é o principal determinante prognóstico da doença de Chagas e manifesta-se basicamente de três formas: insuficiência cardíaca por cardiomiopatia dilatada, arritmias e distúrbios de condução, e fenômenos tromboembólicos. Neste cenário clínico, a morte súbita é a principal causa de óbito. Quando se instala a forma cardíaca da doença, inicia-se uma evolução inexorável que exigirá amplo arsenal medicamentoso e, por vezes, terapias adjuvantes, como ressincronizador cardíaco ou até mesmo transplante cardíaco. Apesar do tratamento medicamentoso, alguns pacientes persistem com sintomas de insuficiência cardíaca e, então, surge a necessidade de novas estratégias. A ressincronização cardíaca é uma alternativa para aqueles em ritmo sinusal, QRS > 150 ms, com disfunção ventricular grave (FE $\leq$ 35%), em classe funcional III-IV, refratários ao tratamento farmacológico. Os pacientes dependentes de marca-passo ventricular também podem ser respondedores à terapia de ressincronização cardíaca.

O transplante cardíaco é hoje uma realidade no Brasil e mostra-se como um tratamento efetivo para a cardiomiopatia chagásica avançada, apesar da possibilidade de reativação da doença em decorrência do uso dos imunossupressores. Entre os candidatos a essa terapêutica estão os pacientes com VO_2 pico $\leq$ 14 mL/kg/min, sem uso de betabloqueador. Naqueles pacientes em uso de betabloqueador os valores de VO_2 pico para indicar transplante cardíaco devem ser $\leq$ 12 mL/kg/min. A Tabela 3 traz as recomendações com os respectivos níveis de evidência das indicações de transplante cardíaco na cardiomiopatia chagásica crônica.

Tabela 3 Recomendações e níveis de evidência das indicações de transplante cardíaco na cardiomiopatia chagásica crônica

Recomendação	Indicações	Nível de evidência
I	Insuficiência cardíaca refratária, na dependência de medicamentos inotrópicos e/ou de suporte circulatório e/ou ventilação mecânica	C
	VO_2 pico $\leq$ 10 mL/kg/min	C
	Fibrilação ou taquicardia ventricular sustentada refratária	C
	Classe funcional III-IV persistente com otimização terapêutica	C

(continua)

Tabela 3 Recomendações e níveis de evidência das indicações de transplante cardíaco na cardiomiopatia chagásica crônica (*continuação*)

Recomendação	Indicações	Nível de evidência
IIa	Uso de betabloqueador com VO_2 pico ≤ 12 mL/kg/min	C
	Sem uso de betabloqueador com VO_2 pico ≤ 14 mL/kg/min	C
	Teste cardiopulmonar com relação VE/VCO_2 > 35 e VO_2 pico ≤ 14 mL/kg/min	C
IIb	Classe funcional IV sem otimização terapêutica	C
III	Classe III sem otimização terapêutica	C

BIBLIOGRAFIA

Andrade JP, Marin-Neto JA, Paola AAV, Vilas-Boas F, Oliveira GMM, Bacal F, et al. Sociedade Brasileira de Cardiologia. I Diretriz Latino-Americana para o Diagnóstico e Tratamento da Cardiopatia Chagásica. Arq Bras Cardiol. 2011;97(2 Suppl 3):1-48.

Ianni BM, Arteaga E, Frimm CC, Pereira Barretto AC, Mady C. Chagas' heart disease: evolutive evaluation of electrocardiographic and echocardiographic parameters in patients with the indeterminate form. Arq Bras Cardiol. 2001;77:59-62.

Ianni BM, Mady C, Arteaga E, Fernandes F. Doenças cardiovasculares observadas durante o seguimento de um grupo de pacientes na forma indeterminada da doença de Chagas. Arq Bras Cardiol. 1998;71(1):21-4.

Malik LH, Singh GD, Amsterdam EA. The Epidemiology, clinical manifestations, and management of Chagas heart disease. Clin Cardiol. 2015;38(9):565-9.

Mattu UK, Singh GD, Southard JA, Amsterdam EA. The assassin: Chagas cardiomyopathy. Am J Med. 2013;126(10):864-7.

Pereira Junior CB, Markman Filho B. Clinical and echocardiographic predictors of mortality in chagasic cardiomyopathy – Systematic review. Arq Bras Cardiol. 2014;102(6):602-10.

Rassi A Jr., Rassi A, Marin-Neto JA. Chagas disease. Lancet. 2010;375:1388-402.

Rassi A Jr., Rassi S, Rassi A. Sudden death in Chagas' disease. Arq Bras Cardiol. 2001;76:75-96.

Ribeiro AL, Nunes MP, Teixeira MM, Rocha MOC. Diagnosis and management of Chagas disease and cardiomyopathy. Nat Rev Cardiol. 2012;9(10):576-89.

World Health Organization. Chagas disease: control and elimination (A63/17). Disponível em: http://apps.who.int/gb/ebwha/pdf_files/WHA63/A63_17-en.pdf (2010). Acesso em: 18 mar 2015.

World Health Organization. Health topics Chagas disease. Disponível em: http://www.who.int/topics/chagas_disease/en/. Acesso em: 18 mar 2015.

CAPÍTULO

24

DISSECÇÃO AGUDA DE AORTA

Ally Nader Roquetti Saroute
Claudia Yanet San Martin de Bernoche
Silvia Helena Gelas Lage

QUESTÃO 1

Paciente do sexo masculino, 55 anos, procura o pronto-atendimento com queixa de dor torácica precordial súbita há 3 horas. Ao exame, apresenta frequência cardíaca (FC) de 90 bpm, pressão arterial (PA) de 190 × 100 mmHg, leve taquipneia, sudorese fria, sopro diastólico aspirativo em focos da base. Possui antecedente de hipertensão, diabetes e tabagismo de longa data. Com base neste caso, assinale a alternativa que mais bem representa a hipótese diagnóstica, exames complementares pertinentes e tratamento definitivo:

☐ A Emergência hipertensiva, eletrocardiograma, ácido acetilsalicílico (AAS), clopidogrel, enoxaparina, cineangiocoronariografia.

☐ B Síndrome coronariana aguda, eletrocardiograma, AAS, clopidogrel, nitroprussiato intravenoso (IV), cineangiocoronariografia.

☐ C Dissecção de aorta, eletrocardiograma, angiotomografia de aorta, metoprolol e nitroprussiato IV, cirurgia de emergência.

☐ D Dissecção de aorta, eletrocardiograma, angiotomografia de aorta, nitroprussiato IV, cineangiocoronariografia.

☐ E Dissecção de aorta, eletrocardiograma, ecocardiograma transesofágico, metoprolol e nitroprussiato IV e conduta conservadora uma vez que está estável clinicamente.

QUESTÃO 2

Quanto à dissecção e à classificação de aorta, escolha a melhor alternativa:

☐ A Existem várias classificações e a mais utilizada é a de DeBakey, por ser simples e determinar o tratamento imediato quando tipo A.

☐ B Não existe classificação uma vez que dissecção de aorta é uma emergência médica e tem sempre conduta de cirurgia de emergência.

☐ C Existem diversas classificações e a mais utilizada, por ser simples e determinar a conduta cirúrgica imediata ou não, é a classificação de Stanford.

☐ D A classificação de Stanford divide a dissecção em tipos A, B, C1 e C2.

☐ E Para toda dissecção classificada como Stanford B está indicado tratamento cirúrgico imediato.

QUESTÃO 3

No pós-operatório de correção cirúrgica de aneurisma de aorta torácica, é correto afirmar:

☐ A A aorta remanescente geralmente é doente e pode haver continuidade da dissecção, porém como o tratamento já foi instituído não há conduta adicional.

☐ B O controle da pressão arterial e da frequência cardíaca é importante visando ao duplo produto menor que 10.000.

☐ C É importante o controle somente da frequência cardíaca, uma vez que geralmente o paciente sai da cirurgia hipertenso.

☐ D Coagulopatia é uma complicação rara, pois o paciente foi curado com a cirurgia.

☐ E É importante apenas o controle de pressão arterial a fim de manter a perfusão renal.

QUESTÃO 4

Referente à dissecção de aorta, o mais correto é afirmar que:

☐ A O controle de pressão arterial é fundamental e realizado com nitroprussiato, já a frequência cardíaca não deve ser controlada pelo risco de choque circulatório.

☐ B Úlcera penetrante de aorta e hematoma mural são condições clínicas com fisiopatologias distintas da dissecção de aorta e dessa forma geralmente o tratamento é conservador.

☐ C Úlcera penetrante de aorta e hematoma mural são classificados como dissecção atípica, porém o tratamento segue o proposto para as dissecções típicas.

☐ D São fatores de risco para dissecção de aorta: idade, sexo feminino, tabagismo e aneurisma de aorta.

☐ E Na dissecção de aorta tipo A de Stanford, a artéria coronária direita é afetada em aproximadamente 54% das vezes.

RESPOSTAS CORRETAS

A dissecção de aorta (DA) se caracteriza pela ruptura da camada íntima com delaminação da camada média da aorta. É classificada em aguda (até 2 semanas) e crônica (posterior a 2 semanas do início da dor). A classificação é fundamental, pois determina o tratamento. De acordo com a classificação de Stanford, categorizam-se como tipo A as dissecções que acometem a aorta ascendente em qualquer porção e como tipo B, as que a acometem após uma emergência da artéria subclávia esquerda.

Trata-se de uma emergência médica e apresenta elevada mortalidade. Destacam-se entre os fatores de risco: hipertensão arterial sistêmica, tabagismo, aterosclerose, uso de cocaína e anfetaminas, doenças do colágeno, vasculites, iatrogenia (cirurgia cardíaca) e trauma. O quadro clínico típico revela dor torácica súbita de forte intensidade com irradiação para o dorso. De acordo com o local da dissecção e a progressão da lesão, podem ocorrer déficits neurológicos, bem como isquemia mesentérica, de membros e infarto agudo do miocárdio associadas. O exame físico pode revelar assimetria de pulso e pressão, a ausculta cardíaca pode apresentar sopro diastólico aórtico em virtude da insuficiência aórtica associada, tais achados, no entanto, não apresentam sensibilidade e especificidade adequadas para confirmar o diagnóstico. A radiografia de tórax pode revelar alargamento do mediastino. A angiotomografia de aorta ou o ecocardiograma transesofágico são fundamentais para o diagnóstico. O tratamento dos tipos A ou B complicados é a cirurgia de urgência. O tipo B não complicado, geralmente é tratado com técnica endovascular na mesma internação. O paciente deve ser mantido em sala de emergência ou em unidade de terapia intensiva (UTI) e, até a resolução cirúrgica, é fundamental manter a frequência cardíaca (FC) em 60 bpm e a pressão arterial sistólica (PAS) em 90 a 100 mmHg, com uso de betabloqueador (metoprolol) e nitroprussiato IV, respectivamente.

1. c

No pronto-socorro (PS), entre os principais diagnósticos diferenciais para dor torácica, encontram-se: síndromes coronarianas agudas com e sem elevação do segmento ST, tromboembolismo pulmonar, pneumotórax e dissecção aguda de aorta. Todos possuem potencial de evolução para óbito em minutos ou horas e o correto diagnóstico é imprescindível. O paciente com dissecção aguda de aorta geralmente procura o PS com dor torácica súbita e de forte intensidade (comumente relatada como "a pior da vida") acompanhada de sintomas autonômicos (sudorese fria, hipertensão e taquicardia). Frequentemente, a dor migra de acordo com a evolução da dissecção pelo trajeto da aorta. Trata-se de um paciente com dor torácica súbita e achados no exame físico como sopro diastólico aspirativo que sugere insuficiência da valva aórtica, o que corrobora a hipótese de dissecção proximal. Presente em aproximadamente 30% dos casos, percebe-se assimetria de pulso e pressão nos membros – tamponamento está presente em até 19% dos pacientes e infarto com supradesnivelamento do segmento ST de parede inferior encontra-se em aproximadamente 3% dos casos. A principal hipótese para o conjunto de história e achados de exame físico é a dissecção de aorta. É mandatório realizar o eletrocardiograma nos primeiros 10 minutos da chegada ao PS com o objetivo de fazer diagnóstico diferencial para síndrome coronariana com supradesnivelamento do segmento ST. Para realizar o diagnóstico, uma vez que o paciente está estável clinicamente, é necessária a angiotomografia de aorta. Caso haja instabilidade hemodinâmica, indica-se o ecocardiograma transesofágico. A sensibilidade de ambos os métodos é superior a 94%. O dímero D está aumentado (dímero D normal apresenta elevado valor preditivo negativo). É recomendada a coleta de exames laboratoriais como gasometria arterial com lactato, hemograma, coagulograma, creatinina, creatinofosfoquinase, troponina e CKMB. Na sala de emergência, deve-se priorizar a estabilização clínica com uso de betabloqueador e, se necessário, nitroglicerina.

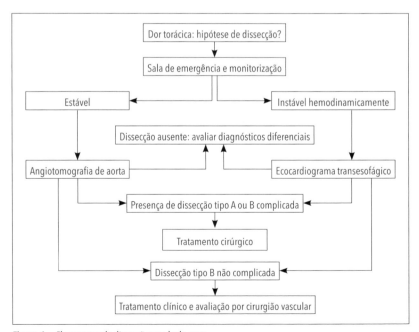

Figura 1 Fluxograma de dissecção aguda de aorta.

2. c

Caracteriza-se por dissecção aguda de aorta quando o início dos sintomas não ultrapassam 2 semanas e como crônica quando superior a 2 semanas. As principais classificações são Stanford e DeBakey, sendo a primeira mais amplamente utilizada pela imediata definição do tratamento e pela facilidade de aplicação. Classifica-se como Stanford tipo A quando acomete qualquer porção da aorta ascendente, e tipo B quando acomete-a após a emergência da artéria subclávia esquerda. A hipótese diagnóstica de dissecção de aorta pode ser realizada com base nos dados clínicos de história e exame físico. O diagnóstico definitivo é feito com angiotomografia de aorta e ramos. Caso o paciente esteja instável hemodinamicamente, deve-se realizar ecocardiograma transesofágico para o diagnóstico.

O tratamento para dissecções tipo A de Stanford é a cirurgia de emergência, exigindo, dessa forma, a avaliação do cirurgião cardíaco no pronto-socorro. A mortalidade desses pacientes é de 1 a 2% por hora nas primeiras 24 horas (aproximadamente 60% nas primeiras 48 horas), caindo para 26% com o tratamento cirúrgico. As dissecções tipo B de Stanford complicadas (iminência de ruptura ou oclusão arterial aguda) possuem indicação cirúrgica de emergência. Dissecções Stanford B não complicadas são tratadas clinicamente e, na atualidade, com o desenvolvimento das técnicas endovasculares com bons resultados, opta-se por avaliação do cirurgião vascular com provável intervenção percutânea na mesma internação.

A dissecção aguda de aorta é uma emergência médica com elevada taxa de mortalidade, por isso o diagnóstico precoce e o tratamento adequado são fundamentais. Em centros sem disponibilidade de cirurgião vascular, o médico deverá prontamente providenciar transferência para hospital de referência.

Quadro 1 Indicações de tratamento clínico, cirúrgico e endovascular na dissecção de aorta

Tratamento cirúrgico
Dissecção aguda de aorta tipo A
Dissecção retrógrada para aorta ascendente

(continua)

Quadro 1 Indicações de tratamento clínico, cirúrgico e endovascular na dissecção de aorta (*continuação*)

Tratamento cirúrgico e/ou endovascular para dissecção de aorta tipo B complicada
Isquemia visceral
Isquemia de membros
Ruptura ou iminência de ruptura
Dilatação aneurismática
Dor refratária
Tratamento clínico
Dissecção de aorta tipo B não complicada
Dissecção isolada do arco não complicada

3. b

O pós-operatório de correção cirúrgica de dissecção de aorta envolve monitoração macro e micro-hemodinâmicas, assim como prevenção e tratamento de complicações frequentes no manejo do paciente. Entre as principais complicações estão: disfunção renal aguda, coagulopatia, sangramento, hipertensão, infecções do trato respiratório, isquemia miocárdica e mesentérica, tamponamento cardíaco e distúrbios do ritmo cardíaco. No pós-operatório, é importante dar atenção ao controle da frequência cardíaca e da pressão arterial visando à redução da tensão na parede do vaso. Faz-se necessário o controle rigoroso da frequência cardíaca e da pressão arterial com o propósito de manter a FC próxima a 60 bpm e PAS de 90 a 100 mmHg, buscando assim alcançar o duplo produto menor que 10.000 com o uso de drogas IV, como metoprolol, 5 mg, IV (infusão lenta e repetir no máximo até a dose total de 15 mg), e nitroprussiato IV para controle da pressão arterial. O alvo de pressão sistólica é a menor pressão possível, desde que seja mantida uma perfusão tecidual adequada (diurese adequada, nível de consciência preservado, perfusão periférica adequada e parâmetros de perfusão tecidual normais como o lactato e *base excess*). É de vital importância é ter em mente que o paciente apresenta geralmente uma aorta doente, com aterosclerose e tortuosidades, apresentando, dessa forma, propensão a novas dissecções. deve-se dar atenção especial à coagulopatia relacionada à circulação extracorpórea e à ativação de resposta inflamatória sistêmica que culminam com ativação da coagulação contribuindo para o sangramento. Quanto a isso, é fundamental o controle de temperatura (evitar hipotermia), pH (evitar acidemia) e cálcio sérico, buscando garantir microambiente adequado para a coagulação, como ainda valer-se da monitoração de parâmetros como fibrinogênio, tempo de protrombina e tromboplastina parcial ativada, e uso da tromboelastometria para diagnóstico e auxílio na terapêutica.

A monitoração do débito dos drenos é importante e ajuda a detectar sangramentos significativos podendo, dessa maneira, ser útil na indicação de reoperação por sangramento. Pacientes com dissecção de aorta apresentam elevadas morbidade e mortalidade, mesmo a despeito do tratamento cirúrgico imediato, bem como tempo de internação prolongado e morbidade relacionados à internação prolongada em unidade de terapia intensiva.

4. C

É também chamada dissecção típica a dissecção de aorta cuja fisiopatologia é a ruptura da camada íntima com delaminação da camada média. Quando há atividade inflamatória focal com formação de úlcera aterosclerótica, dá-se o nome de úlcera penetrante de aorta, e quando o sangramento da *vasa vasorum* na adventícia do vaso permite a formação de trombo dá-se o nome de trombo mural. Tanto a úlcera perfurante quanto o hematoma mural são considerados dissecções atípicas de aorta e o tratamento segue as linhas de tratamento das dissecções típicas.

São fatores de risco para dissecção de aorta: hipertensão arterial sistêmica (presente em 72% dos pacientes), uso de cocaína ou derivados, trauma de alta energia, coarctação de aorta, doenças inflamatórias da aorta (como arterite de Takayasu), gravidez, síndromes genéticas como Marfan e Ehlers-Danlos, entre outras. Há predominância significativa no sexo masculino (65%).

O tratamento inicial na sala de emergência deve priorizar a redução da tensão na parede da aorta e o controle de dor, agindo desde o controle da frequência cardíaca e da pressão arterial com drogas IV, como metoprolol, 5 mg (infusão lenta, repetindo no máximo até a dose total de 15 mg), até a frequência de 60 bpm. O nitroprussiato IV é usado para o controle de pressão arterial, e o alvo de pressão sistólica é a menor pressão possível (geralmente sistólica de 90 a 100 mmHg), desde que seja mantida perfusão tecidual adequada (função renal/diurese), nível de consciência, perfusão periférica e parâmetros de perfusão tecidual normais, lactato e *base excess*, e atenção às contraindicações para esses fármacos. O tratamento definitivo para dissecções tipos A e B complicadas (iminência de ruptura) é a cirurgia de emergência. Já para dissecções tipo B não complicadas o tratamento é inicialmente conservador, com avaliação do cirurgião vascular e abordagem endovascular na mesma internação (melhora de sobrevida no longo prazo).

BIBLIOGRAFIA

Daily PO, Trueblood W, Stinson EB, Wuerflein RD, Shumway NE. Management of acute aortic dissection. Ann Thorac Surg. 1970;10(3)237-47.

Hiratzka LF, Bakris GL, Beckman JA, Bersin RM, Carr VF, Casey DE Jr, et al. 2010 ACCF/AHA/AATS/ ACR/ASA/SCA/SCAI/SIR/STS/SVM Guidelines for the diagnosis and management of patients with thoracic aortic disease. JACC. 2010;55(14):e27-129.

Hirst AE Jr, Johns VJ Jr, Kime SW Jr. Dissecting aneurysm of aorta: A review of 505 cases. Medicine (Baltimore). 1958;37(3):217-79.

Trimarchi S, Nienaber CA, Rampoldi V, Myrmel T, Suzuki T, Mehta RH, et al. Contemporary results os surgery in acute type A aortic dissection: the international registry of acute aortic dissection experience. J Thorac Cardiovasc Surg. 2005;129(1):112-22.

Tsai TT, Trimarchi, Neinaber CA. Acute dissection: perspectives from the international registry of acute aortic dissection (IRAD). Eur J Vasc Endovasc Surg. 2009;37(2):149-59.

CAPÍTULO

25

PERICARDITE, TAMPONAMENTO E MIOCARDITE

Danilo Bora Moleta
Carlos V. Serrano Jr.

QUESTÃO 1

Homem de 40 anos procura pronto-socorro por dor torácica retroesternal há cerca de 6 horas. Descreve dor de forte intensidade, caracterizada como opressiva, de início súbito em repouso, contínua, irradiada para ombro esquerdo até borda do músculo trapézio, sem relação com esforços, com piora à inspiração e ao decúbito dorsal e melhora à inclinação anterior do tronco. Esteve resfriado recentemente. Antecedente de tabagismo, sem outras comorbidades. Ao exame físico apresentava-se ansioso, em bom estado geral, hidratado e corado. Pressão arterial 140 x 80 mmHg, frequência cardíaca de 104 bpm, frequência respiratória de 20 ipm, temperatura axilar de 37,5°C, saturação de oxigênio de pulso de 95%. Ausculta respiratória sem alterações. Ausculta cardíaca revela ritmo cardíaco regular, bulhas normofonéticas, com som rude sistólico audível, principalmente em borda esternal esteral esquerda e ápice. Restante do exame segmentar sem alterações. Sobre a doença descrita no caso é incorreto afirmar que:

☐ A O atrito pericárdico está presente em mais de 80% dos pacientes com essa condição, quando pesquisado de forma seriada, já que pode ser intermitente.

☐ B Achados típicos ao ECG, no primeiro estágio evolutivo, são infradesnivelamento de segmento PR e supradesnivelamento de segmento ST difusos.

☐ C São sinais de alerta que indicam internação hospitalar: elevação de troponina, pericardite recorrente, trauma e uso de anticoagulantes.

☐ D O tratamento é realizado com anti-inflamatórios não esteroidais (AINE), preferencialmente ibuprofeno, ácido acetilsalicílico ou indometacina, associados à colchicina.

☐ E O uso de corticosteroides é importante para reduzir recorrências nos casos idiopáticos.

QUESTÃO 2

Mulher de 60 anos vem ao consultório por edema e aumento de volume abdominal progressivos nos últimos dois anos. Além disso, refere dispneia aos médios esforços, hiporexia, astenia e náuseas pós-prandiais. Relata antecedente de tuberculose pulmonar há cerca de 15 anos, além de neoplasia de mama tratada com mastectomia esquerda e radioterapia há 10 anos. Ao exame físico, apresenta-se em regular estado geral, hipocorada +/4+, hidratada, pressão arterial de 100 x 70 mmHg, frequência cardíaca 92 bpm. Ausculta pulmonar normal. Ausculta cardíaca revela ritmo regular, bulhas hipofonéticas e som rude protodiastólico em ápice, de curta duração. Também apresenta turgência jugular com aumento à inspiração, aumento de volume abdominal com macicez em flancos, hepatomegalia com dor em hipocôndrio direito à palpação, edema de membros inferiores até joelhos com cacifo. Escolha a alternativa CORRETA sobre a provável causa para o caso descrito:

☐ A Além de *knock* pericárdico, paciente apresenta sinal de Kussmaul, importante para o diagnóstico dessa condição, porém mais frequentemente no tamponamento cardíaco.

☐ B Tomografia e ressonância são melhores que o ecocardiograma para avaliar pericárdio e ausência de espessamento pericárdico afasta o diagnóstico de pericardite constritiva.

☐ C Cateterismo cardíaco revela padrão *dip and plateau*, ou sinal da raiz quadrada, determinado pelo rápido aumento de pressão após o início do enchimento diastólico.

☐ D No ecocardiograma, há pouca variação respiratória de fluxo valvar ao Doppler, assim como na cardiomiopatia restritiva.

☐ E O tratamento com pericardiectomia é indicado apenas em casos refratários ao tratamento medicamentoso.

QUESTÃO 3

Paciente do sexo masculino, 65 anos, vai ao pronto-socorro com história de dispneia progressiva nas últimas duas semanas, atingindo repouso. Piora importante ao decúbito dorsal. Com desconforto retroesternal de média intensidade, tipo peso, contínuo, sem relação com esforços. Nega febre, infecção de vias aéreas ou gastrointestinal recente. Antecedente de neoplasia de pulmão em quimioterapia atual. Ao exame físico, apresenta-se em estado geral regular, hipocorado, hidratado, emagrecido, com pressão arterial de 80 x 60 mmHg, frequência cardíaca 120 bpm, frequência respiratória 28 ipm, saturação de oxigênio 98%. Ausculta pulmonar com redução de murmúrio vesicular em bases. Ausculta cardíaca revela ritmo regular taquicárdico, bulhas hipofonéticas, sem sopros. Turgência jugular importante, pulsos finos de difícil palpação. Restante do exame sem alteração significativa. Assinale a alternativa correta a respeito da condição apresentada:

☐ A A tríade de Beck, representada por turgência jugular, hipotensão arterial e bulhas abafadas, tem baixa sensibilidade, principalmente no tamponamento de baixa pressão.

☐ B Alternância elétrica ao ECG e aumento de área cardíaca à radiografia de tórax tem alta sensibilidade para o diagnóstico de tamponamento cardíaco.

☐ C Pulso paradoxal é frequente nesta condição e é definido como a redução de pressão sistólica além de 10 mmHg na expiração.

☐ D Diante de insuficiência respiratória associada, está indicada ventilação não invasiva com pressão positiva, já que reduz a necessidade de ventilação mecânica na insuficiência cardíaca.

☐ E Ecocardiograma habitualmente revela colapso de átrio e ventrículo direito, características essenciais para o diagnóstico dessa condição antes de indicar pericardiocentese.

QUESTÃO 4

Paciente de 28 anos vai ao pronto-socorro por dispneia de início há 14 dias, com piora progressiva, até esforços habituais, além de ortopneia e dispneia paroxística noturna. Alguns dias antes desses sintomas, teve mialgia e astenia. Nega doenças prévias. Nega uso de drogas lícitas ou ilícitas, bem como medicamentos recentemente. Ao exame físico, estado geral regular, FC 104, PA 100 x 70 mmHg, saturação de oxigênio de 94%. Ritmo cardíaco regular, bulhas normofonéticas, com B3, sem sopros. Turgência jugular patológica, edema de membros inferiores 1+/4+, pulsos finos, tempo de enchimento capilar 2 segundos. Ausculta pulmonar com estertores crepitantes até 2/3 inferiores bilateral. Realizado ECG que evidenciou apenas alterações inespecíficas de repolarização. Realizados exames laboratoriais: troponina I: 10,0 (referência até 0,04); Ck-MB massa: 25,0 (referência até 5,0); PCR: 100; Hb: 14,0; Ht: 42%; Leuco: 12.000 (ns 85% sem desvio); PLQ: 200000; creatinina 2,0; ureia: 80; K: 4,0; Mg: 1,6; Na: 132. Sobre o caso e a doença apresentada, identifique a opção correta:

☐ A   Trata-se de IC aguda, provavelmente secundária à miocardite, e deve receber corticosteroides como tratamento.

☐ B   Biópsia endomiocárdica é indicada em todos os casos de miocardite com insuficiência cardíaca aguda que necessitem de drogas vasoativas.

☐ C   Ressonância magnética de coração tem valor diagnóstico e prognóstico apenas tardiamente, após fibrose do miocárdio acometido.

☐ D   Realização de sorologias está indicada para definição de agente etiológico e orientar tratamento.

☐ E   Quadro de miocardite fulminante viral tem melhor prognóstico que miocardite de células gigantes.

RESPOSTAS CORRETAS

Doenças adquiridas do pericárdio apresentam-se principalmente como pericardite aguda, derrame pericárdico, tamponamento cardíaco e pericardite constritiva.

Pericardite aguda é causa de 5% das dores torácicas não isquêmicas admitidas em serviços de emergência. Além da dor torácica típica, com piora ao decúbito dorsal e melhora à inclinação anterior do tronco, pleurítica, com irradiação para o ombro, também é típica a ocorrência de atrito pericárdico. Os exames iniciais fundamentais são eletrocardiograma e radiografia de tórax. É importante também a dosagem de marcadores de necrose miocárdica, já que uma pequena parte dos pacientes com pericardite também apresenta miocardite (quadro definido como miopericardite). Apesar de grande parte dos casos ser precedida de sintomas de infecção viral de vias aéreas, a maioria se apresenta com causa idiopática ou viral presumida. Outras causas para essa doença são infecções bacterianas, imunomediadas, neoplásicas, metabólicas e trauma. O tratamento é realizado principalmente com o uso de anti-inflamatórios não esteroidais (AINE) e colchicina, importante para reduzir recorrências.

Derrame pericárdico, identificado no curso de pericardite aguda ou em outras situações, pode levar ao tamponamento cardíaco. Resulta do aumento de volume e, principalmente, da pressão intrapericárdica, comprometendo inicialmente o retorno venoso para átrio e ventrículo direitos e, posteriormente, o enchimento diastólico e o desempenho sistólico do ventrículo esquerdo. O tamponamento pode ser agudo, subagudo ou regional. A apresentação clássica com hipotensão, bulhas cardíacas abafadas e distensão jugular (tríade de Beck) tem baixa sensibilidade para o diagnóstico, que deve ser considerado em todos os pacientes com choque cardiogênico e causas para derrame pericárdico.

A evolução crônica de inflamação pericárdica, com espessamento e fibrose, leva a restrição ao enchimento das câmaras cardíacas e insuficiência cardíaca com fração de ejeção preservada, manifestada principalmente com congestão direita, caracterizada como pericardite constritiva. O reconhecimento e o tratamento precoce são fundamentais para um melhor prognóstico.

Como previamente descrito, pequena parte dos casos de pericardite apresenta miocardite associada. A maioria dos casos que se apresenta como miocardite também não tem pericardite evidente.

A miocardite é uma doença inflamatória do miocárdio definida por critérios clínicos ou histopatológicos. Geralmente, resulta de infecções virais ou respostas imunomediadas. É uma causa importante de cardiomiopatia dilatada, com quadro clínico variável, desde alterações em exames sem sintomas até insuficiência cardíaca fulminante, acompanhada de arritmias e distúrbios de condução. O diagnóstico é presumido pela apresentação clínica e por achados de exames de imagem não invasivos, como ressonância magnética cardiovascular. Biópsia endomiocárdica continua sendo o padrão-ouro para diagnóstico *in vivo*, com valor para determinar tratamento e prognóstico, mas é desnecessária na maioria dos casos. Ainda não há estratégia terapêutica específica bem definida para a maior parte das causas de miocardite. Dessa forma, o tratamento é voltado principalmente para as manifestações de insuficiência cardíaca e arritmias. Há alguma evidência de eficácia da terapia imunossupressora ou imunomoduladora em pacientes com miocardite e ausência de infecção viral ativa.

1. e

Trata-se de um caso clínico clássico de pericardite aguda. Sua manifestação inicial é dor torácica em quase todos os casos. O início da dor pode ser rápido ou mesmo abrupto, e pode ter intensidade leve a forte. Sua característica é tipicamente pleurítica, não opressiva ou constritiva como na isquemia miocárdica. Comumente, tem localização retroesternal, mas pode se estender por todo o tórax anterior ou epigástrio. Irradiação para borda superior do trapézio é um parâmetro de alta especificidade para diagnóstico de pericardite. Há alívio da dor à inclinação anterior do tronco e piora ao decúbito dorsal. Entre os sintomas associados, podem estar dispneia, tosse ou soluços. A história de infecção viral recente sugere etiologia viral, mas o diagnóstico diferencial é amplo.

Ao exame físico, o paciente geralmente apresenta temperatura subfebril ou febril, taquicardia sinusal e atrito pericárdico, sendo que este está presente em mais de 80% dos pacientes. O atrito apresenta três componentes, correspondentes a sístole ventricular, enchimento diastólico e contração atrial, apesar de muitas vezes não ser possível ouvir todos. Além disso, ele tem caráter dinâmico e por isso é importante sua reavaliação seriada.

O exame complementar obrigatório, com achados bastante específicos, é o eletrocardiograma (ECG). Durante a evolução da pericardite, é possível reconhecer quatro fases pelo ECG. A principal e mais típica para o diagnóstico é a primeira fase, nos primeiros dias da pericardite aguda, em que há supradesnivelamento de segmento ST difuso, exceto em aVR e V1, com forma côncava. Além disso, é muito comum o infradesnivelamento do segmento PR. As outras fases são variáveis, mas a evolução geralmente é com normalização do PR e inversão de onda T, seguida de retorno ao padrão basal.

Nos casos não complicados, o tratamento pode ser ambulatorial. A maioria dos casos é autolimitada, sem complicações ou recorrência em 70 a 90% deles. Os pacientes têm indicação de internação hospitalar quando apresentam sinais de toxemia, derrame pericárdico de moderado a grande volume, elevação de troponina, pericardite recorrente, trauma e uso de anticoagulantes.

O tratamento deve ser realizado com AINE, sendo ibuprofeno a medicação mais utilizada, por apresentar melhor perfil de segurança. A dose habitual é de 600 a 800 mg, três vezes ao dia. Em geral, é indicado o uso por 2 semanas após melhora da dor.

O tratamento é realizado com AINE, preferencialmente ibuprofeno, ácido acetilsalicílico ou indometacina por 14 dias, podendo ser guiado por provas inflamatórias, como proteína C-reativa. Há boas evidências de que o uso de colchicina reduz significativamente os sintomas na fase aguda e, principalmente, recorrências. A Sociedade Brasileira de Cardiologia recomenda uso de 0,5 mg, duas vezes ao dia, para pacientes com peso superior a 70 kg, ou 0,5 mg, uma vez ao dia, para aqueles com peso inferior, por 3 meses no primeiro evento e 6 meses nos casos de recorrência. Já o uso de corticosteroides é associado ao aumento de recorrências e seu uso deve ser reservado para os casos com causa autoimune, uremia ou recorrências com causas infecciosas excluídas por biópsia.

Tabela 1 Causas de pericardite

Infecciosas	Viral (cocksackie, herpes, enterovírus, CMV, HIV, EBV, varicela, rubéola, influenza etc.) Bacteriana (pneumococo, meningococo, *Hemophilus, Chlamydia*, micobactérias, micoplasma, leptospira etc.) Fúngica (cândida, histoplasma) Parasitária (toxoplasma, *Entamoeba hystolitica* etc.)
Doenças do sistema autoimune	Lúpus eritematoso sistêmico, artrite reumatoide, febre reumática, esclerodermia, espondilite anquilosante, esclerose sistêmica, dermatomiosite, periarterite nodosa, polimiosite, poliarterite nodosa, púrpura trombocitopênica, síndrome pós--cardiotomia e pós-infarto do miocárdio, entre outras
Doenças de órgãos adjacentes	Miocardites, infarto do miocárdio, dissecção aórtica, infarto pulmonar, pneumonia, empiema, doenças do esôfago, hidropericárdio na insuficiência cardíaca, síndromes paraneoplásicas

(continua)

Tabela 1   Causas de pericardite *(continuação)*

Doenças metabólicas	Insuficiência renal (uremia), diálise, mixedema, doença de Addison, cetoacidose diabética
Doenças neoplásicas	Primárias: mesotelioma, sarcoma, fibroma, lipoma e outros Secundárias: neoplasias de pulmão, mama, estômago e cólon, leucemia e linfoma, melanoma, sarcoma, entre outras
Trauma	Direto: ferimento penetrante de tórax, perfuração de esôfago, corpo estranho Indireto: trauma de tórax não penetrante, irradiação mediastinal
Outras situações ou síndromes	Síndromes de lesão pericárdica e miocárdica, doença inflamatória de Bowel, síndrome de Loffler, síndrome de Stevens-Johnson, aortite de células gigantes, síndrome eosinofílica, pancreatite aguda, gravidez, entre outras
Idiopática	

Fonte: adaptada de Montera et al., 2013.
CMV: citomegalovírus; EBV: Epstein-Barr vírus; HIV: vírus da imunodeficiência humana.

2. c

Quadro clínico característico de pericardite constritiva. Essa condição, caracterizada por espessamento pericárdico e restrição ao enchimento de câmaras cardíacas, tem sinais e sintomas semelhantes a cardiomiopatias restritivas, sem principal diagnóstico diferencial. Ao exame físico, o *knock* pericárdico é achado típico e específico, sendo caracterizado por som rude protodiastólico em ápice, de curta duração. Sinal de Kussmaul, caracterizado por elevação de pressão venosa jugular na inspiração, também é importante para o diagnóstico, pois, apesar da possibilidade de ocorrer em outras condições, é característico na pericardite constritiva.

Além de ECG com baixa voltagem difusa e alterações inespecíficas de repolarização, os exames iniciais mais importantes são radiografia de tórax e ecocardiograma – o primeiro para buscar calcificação de pericárdio e o segundo para avaliar aumento de espessura e fazer caracterização funcional de constrição pericárdica. Entretanto, os exames com maior acurácia para identificar espessamento são tomografia computadorizada e ressonância magnética. Mesmo assim, a ausência de espessamento não afasta o diagnóstico de pericardite constritiva. Quanto à fisiologia, ao ecocardiograma, os achados usuais são: movimentação anormal do septo interventricular, aumento moderado biatrial do fluxo restritivo, variação respiratória maior do que 25% na velocidade do fluxo mitral, sem variabilidade de veia cava. Característica útil para o diagnóstico diferencial das síndromes restritivas é a presença de velocidade normal da onda e' ao Doppler tecidual (> 8 cm/s), o que não ocorre nas cardiopatias restritivas.

Na avaliação invasiva com cateterismo direito, é característico da pericardite constritiva o padrão *dip and plateau*, ou sinal da raiz quadrada, determinado pela queda abrupta de pressão no início da diástole seguida de rápido aumento de pressão em ventrículo ainda no início do enchimento diastólico (Figura 1).

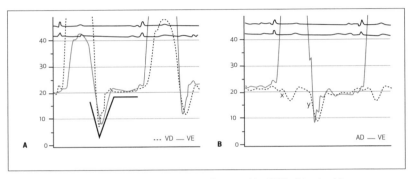

Figura 1 Curvas de pressão intracavitária na pericardite constritiva. (A) Medidas simultâneas em ventrículo direito (VD) e ventrículo esquerdo (VE), com equalização de pressão diastólica e padrão de raiz quadrada ou *dip and plateau*; (B) medidas simultâneas em átrio direito (AD) e ventrículo esquerdo (VE) também mostrando equalização de pressão diastólica, descendente e proeminente na curva atrial.
Fonte: adaptada de Bonow et al., 2011.

O único tratamento curativo para a pericardite constritiva é a pericardiectomia. Por causa das aderências densas e da calcificação que podem penetrar no miocárdio, a ressecção pericárdica pode ser um desafio, sendo alta a taxa de mortalidade perioperatória, entre 5 e 20%. Pacientes com comorbidades graves ou idosos com constrição leve podem ter tratamento cirúrgico adiado, realizado apenas quando houver refratariedade a medicamentos; mas, na maioria dos pacientes, uma vez diagnosticada a constrição persistente, o tratamento cirúrgico deve ser indicado precocemente.

3. a
Paciente com quadro muito sugestivo de tamponamento cardíaco de evolução subaguda por provável causa neoplásica. Esse quadro, apesar da descrição típica da tríade de Beck, representada por turgência jugular, hipotensão arterial e bulhas abafadas, deve ser suspeitado antes da ocorrência dos três parâmetros. Eles podem ser mais

tardios ou mesmo não acontecer, principalmente no tamponamento de baixa pressão (em pacientes hipovolêmicos) e nos casos agudos que evoluem rapidamente para parada cardiorrespiratória e óbito. Da mesma forma, o aumento de área cardíaca à radiografia ocorre em geral após acúmulo de mais de 200 mL de líquido no pericárdio, tendo sensibilidade e especificidade baixas em casos agudos. Já a alternância elétrica ao ECG tem alta especificidade, mas é encontrada em poucos casos.

O pulso paradoxal é frequente no tamponamento cardíaco, apesar de ser de difícil identificação em pacientes sem monitorização invasiva. É definido como a redução de pressão sistólica além de 10 mmHg na inspiração. Com restrição ao enchimento ventricular, equalização de pressão diastólica nas câmaras e aumento da dependência interventricular impostas pelo tamponamento, na inspiração ocorre desvio de septo para a esquerda, aumento de pressão transmural em ventrículo esquerdo e, consequentemente, redução de volume sistólico e pressão sistólica.

A apresentação clínica com dispneia e insuficiência respiratória é comum no tamponamento. Nessa situação, ventilação com pressão positiva pode piorar o desempenho ventricular, pelo aumento de pressão intratorácica e redução de pré-carga. Da mesma forma, não devem ser utilizados diuréticos e há melhora de débito temporário com reposição volêmica por aumento de pressões de enchimento.

Tabela 2 Diferenças hemodinâmicas entre tamponamento cardíaco e pericardite constritiva

	Tamponamento	Constrição
Pulso paradoxal	Geralmente presente	Presente em 1/3 dos pacientes
Equalização de pressões de enchimento (esquerda-direita)	Presente	Presente
Onda de pulso venoso	Ausência de descenso y	Descenso y proeminente
Alteração de pressão venosa sistêmica na inspiração	Maioria tem queda (normal)	Inalterada ou aumento (sinal de Kussmaul)
Sinal da raiz quadrada na pressão ventricular	Ausente	Presente

Fonte: adaptada de Bonow et al., 2011.

O exame complementar mais importante é o ecocardiograma (Figura 2), mas ele não é essencial para fazer o diagnóstico, que é clínico. Além do derrame pericárdico, o achado de maior sensibilidade é o colapso de átrio direito. Já o colapso diastólico de ventrículo direito é o parâmetro de maior especificidade. Além disso, há dilatação das cavas com pouca variação respiratória. Ao Doppler, como uma expressão da fisiologia do pulso paradoxal, há aumento do fluxo tricúspide e redução do fluxo mitral na inspiração, e na expiração, aumento no fluxo mitral de até 25% e redução do tricúspide.

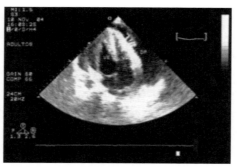

Figura 2 Ecocardiograma bidimensional evidenciando derrame pericárdico volumoso anterior ao ventrículo direito.
Fonte: adaptada de Serrano e Nobre, 2005.

4. e
O diagnóstico é de insuficiência cardíaca aguda e a causa mais provável é miocardite, mas nessa condição não deve ser realizado tratamento empírico com corticosteroides. Além disso, não devem ser administrados AINE na miocardite, mesmo quando há pericardite associada. Após biópsia endomiocárdica (BEM), pode ser indicado o uso de corticosteroides a depender da etiologia, quando descartada a hipótese de infecção ativa. A BEM é o único método para confirmar diagnóstico histológico de miocardite. Além disso, facilita o diagnóstico etiológico, sendo útil para guiar o tratamento e determinar o prognóstico. Está indicada nas situações clínicas em que houver insuficiência cardíaca de início recente (menos de 2 semanas), com instabilidade hemodinâmica sem resposta ao tratamento usual ou com arritmias ventriculares e bloqueios cardíacos de alto grau. Portanto, não há uma indicação absoluta em todos os casos que necessitem de drogas vasoativas. A BEM altera favoravelmente o prognóstico ao determinar o tratamento imunossupressor em cenários clínicos como de miocardite de células gigantes, eosinofílica necrotizante e sarcoidose.
A ressonância magnética cardíaca (RMC) permite identificar tanto a lesão miocárdica inflamatória das fases aguda e subaguda quanto as lesões cicatriciais frequentemente

presentes na fase crônica da doença. As três principais técnicas de RMC utilizadas na caracterização da lesão miocárdica dos pacientes com miocardite são as sequências ponderadas em T2, o realce miocárdico global precoce e a técnica do realce tardio (Figura 3). Esta identifica áreas de aumento do interstício ou necrose celular, ocorrendo realce tardio tanto na necrose presente na miocardite aguda quanto nas áreas de fibrose cicatricial da miocardite subaguda ou crônica. Já as outras duas técnicas permitem identificar respectivamente edema e inflamação aguda. Dessa forma, a acurácia da RMC é melhor na miocardite aguda do que nos casos de suspeita de miocardite subaguda ou crônica.

A pesquisa de sorologias virais possui baixa sensibilidade e especificidade, apresentando correlação de somente 4% com a infecção viral miocárdica identificada por biópsia. Esse dado demonstra que a sorologia viral não deve ser utilizada de forma rotineira para a investigação diagnóstica da miocardite. A doença de Chagas deve ser investigada em pacientes de áreas endêmicas.

A miocardite fulminante é uma forma mais grave de manifestação da miocardite aguda, caracterizada por um curso agudo de doença, rapidamente progressiva, com alta letalidade quando não tratada com suporte hemodinâmico adequado. No entanto, quando se faz o reconhecimento precoce e o suporte é prontamente instituído, o prognóstico pode ser muito bom, inclusive com reversão da disfunção ventricular e boa sobrevida tardia. Na miocardite de células gigantes, no entanto, o prognóstico de longo prazo é muito ruim, sendo esse diagnóstico associado a alta probabilidade de morte ou necessidade de transplante.

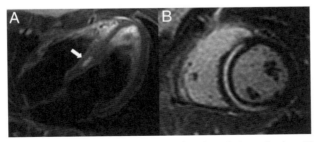

Figura 3   Imagens de ressonância magnética cardiovascular: (A) sequência ponderada em T2 para pesquisa de edema, identificado por seta branca; (B) realce tardio pelo gadolínio em região septal, padrão mesocárdico, típico de dano não isquêmico.
Adaptada de Brett et al., 2011.

BIBLIOGRAFIA

Bonow RO, Mann DL, Zipes DP, Libby P. Braunwald's heart disease. 9.ed. Sounders; 2011.

Brett NJ, Strugnell WE, Slaughter RE. Acute myocarditis demonstrated on CT coronary angiography with MRI correlation. Circulation: Cardiovascular Imaging. 2011;4:e5-6.

Kindermann I, Barth C, Mahfoud F, Ukena C, Lenski M, Yilmaz A, et al. Update onmyocarditis. J Am Coll Cardiol. 2012;59(9):779-92.

Little WC, Freeman GL. Pericardial diseases. Circulation. 2006;113:1622-32.

Montera MW, Mesquita ET, Colafranceschi AS, Oliveira Junior AM, Rabischoffsky A, Ianni BM, et al.; Sociedade Brasileira de Cardiologia. I Diretriz Brasileira de Miocardites e Pericardites. Arq Bras Cardiol. 2013;100(4 Suppl 1):1-36.

Serrano Jr CV, Nobre F. Tratado de cardiologia SOCESP. Barueri: Manole; 2005.

CAPÍTULO

26

TROMBOEMBOLISMO PULMONAR

Camila Naomi Matsuda
André Gasparini Spadaro

QUESTÃO 1

Paciente do sexo feminino de 55 anos procura pronto-atendimento com queixa de falta de ar e desconforto torácico em hemitórax direito há 2 horas enquanto lavava o quintal, sem outras queixas. Relata episódios de dor torácica e cansaço aos grandes esforços há 1 ano. Previamente hipertensa e diabética em uso de captopril, carvedilol e metformina. Irmã falecida por infarto agudo do miocárdio aos 54 anos. Nega tabagismo ou etilismo. Nega infarto agudo do miocárdio (IAM) ou acidente vascular encefálico (AVE) prévios. Em relação ao caso clínico apresentado, marque a alternativa incorreta:

☐ A É necessária a realização de eletrocardiograma, radiografia de tórax e seriar marcadores de necrose miocárdica para exclusão de síndrome coronariana aguda.

☐ B Síndrome coronariana aguda, tromboembolismo pulmonar, pneumonia, pericardite, insuficiência cardíaca congestiva, hipertensão pulmonar idiopática estão entre os diagnósticos diferenciais.

☐ C A hipótese diagnóstica de tromboembolismo pulmonar deve ser lembrada, podendo ser excluído este diagnóstico com a coleta do teste bioquímico D-dímero que possui baixo valor preditivo negativo.

☐ D A alteração com maior frequência no eletrocardiograma em pacientes com tromboembolismo pulmonar e disfunção do ventrículo direito é a inversão de onda T em derivações precordiais V1-V4.

☐ E Os achados da radiografia de tórax são inespecíficos no tromboembolismo pulmonar, podendo ser encontrado área de hipoperfusão (sinal de Westermark), dilatação da artéria pulmonar (sinal de Palla) e elevação da hemicúpula diafragmática.

QUESTÃO 2

Homem de 64 anos apresenta quadro de dispneia de início agudo, uma semana após cirurgia de ressecção de carcinoma de próstata. Negava outras comorbidades. Ao exame físico apresentava-se taquicárdico com frequência cardíaca (FC) 110 e hemodinamicamente estável sem sinais de baixo débito cardíaco. Devido à alta probabilidade de tromboembolismo pulmonar, paciente foi encaminhado para realizar angiotomografia de tórax evidenciando trombo em artéria pulmonar direita.

I.   O exame de escolha inicial para diagnóstico de tromboembolismo pulmonar deveria ser angiografia pulmonar em vez de angiotomografia de tórax.
II. O sistema de pontuação para estratificar este paciente como alta probabilidade clínica de apresentar tromboembolismo pulmonar baseia-se no escore Wells, o qual incluiu frequência cardíaca, cirurgia ou imobilização nas últimas 4 semanas, tratamento para câncer nos últimos 6 meses.
III. Após verificar o resultado da tomografia de tórax há indicação de infusão de trombolíticos estreptoquinase ou r-TPa pela presença de qualquer quantidade de trombos em artéria pulmonar direita.
IV. O ecocardiograma com fluxo em cores é útil para a melhor estratificação prognóstica desse paciente.
V.   A maioria dos pacientes com esta patologia apresenta evidência de trombose venosa profunda no sistema venoso sistêmico.

Conforme caso clínico assinale a assertiva correta:

☐ A II, IV e V estão corretas.
☐ B IV e V estão corretas.
☐ C I, III e IV estão corretas.
☐ D II e IV estão corretas.
☐ E II, IV e V estão corretas.

QUESTÃO 3

A embolia pulmonar e a trombose venosa profunda acometem milhões de indivíduos em todo o mundo, com alta taxa de morbimortalidade, a respeito destas patologias marque a alternativa incorreta.

☐ A Achado de hipocinesia de ventrículo direito moderada a grave, hipertensão pulmonar, persistência do forame oval e trombo livre em átrio direito ou ventrículo direito ao ecocardiograma, ajuda a identificar pacientes com alto risco de morte ou tromboembolismo recorrente.

☐ B Dosagem elevada de troponina T ou peptídeo natriurético atrial não determinam pior prognóstico em paciente com diagnóstico de tromboembolismo pulmonar.

☐ C São indicações de filtro de veia cava: hemorragia importante com contraindicação a anticoagulação e em indivíduos que apresentem embolia recorrente apesar do uso de anticoagulantes.

☐ D A embolia pulmonar pode ser classificada em maciça e submaciça e a partir desta classificação é determinado o tratamento.

☐ E Fatores como lesão endotelial, estado de hipercoagulabilidade e estase sanguínea caracterizam a tríade de Virchow, que predispõem a condição de trombogênese venosa.

QUESTÃO 4

Paciente de 55 anos dá entrada no pronto-socorro devido à dispneia com início súbito após levantar para ir ao banheiro. Refere internação recente há menos de 30 dias devido à cirurgia no joelho direito. Ao rever o prontuário verifica-se que o paciente esteve internado há 25 dias devido à cirurgia de prótese de joelho. Previamente hipertenso, ex-tabagista há 2 anos e história de trombose venosa profunda de membro inferior esquerdo há 3 anos tratada na época com varfarina por 6 meses. Ao exame físico: apresenta PA 80 x 40 mmHg, dispneia, taquicardia (FC: 120 bpm), perfusão periférica > 4 seg. Bulhas cardíacas com hiperfonese de P2, sem sopros audíveis, murmúrio vesicular presente bilateralmente sem ruídos adventícios. Membros: edema 2+4+ em membro inferior esquerdo até raiz da coxa com empastamento de panturrilha. Em relação ao quadro clínico apresentado marque a assertiva correta:

I. Paciente apresenta alta probabilidade de tromboembolismo pulmonar, sendo necessário iniciar medidas de suporte respiratório e hemodinâmico, associado ao início de anticoagulação antes mesmo de se confirmar o diagnóstico.

II. Após infusão de trombolíticos não há a necessidade de monitorar a pressão da artéria pulmonar.

III. Dabigatrana e rivaroxabana podem ser utilizadas na anticoagulação de paciente com trombose venosa profunda e tromboembolismo pulmonar, como opção à varfarina e à anticoagulação, deverá ser mantida por 6 meses.

IV. Estreptoquinase e alteplase são trombolíticos utilizados no tromboembolismo pulmonar.

☐ A Somente a I está correta.
☐ B Somente a IV está correta.
☐ C II e III estão corretas.
☐ D II e IV estão corretas.
☐ E I e IV estão corretas.

RESPOSTAS CORRETAS

A embolia pulmonar é uma emergência cardiovascular relativamente comum, porém de difícil diagnóstico em razão de uma apresentação clínica muitas vezes inespecífica, causando demora na suspeita clínica e consequente aumento na taxa de morbidade e mortalidade.

Consiste na obstrução aguda da circulação arterial pulmonar causada pela instalação de coágulos sanguíneos geralmente provenientes da circulação venosa sistêmica, com diminuição ou obstrução total do fluxo sanguíneo pulmonar para a área afetada.

A mortalidade em pacientes hospitalizados varia entre 6 e 15% e, naqueles com instabilidade hemodinâmica, chega a 30%. Os achados clínicos de tromboembolismo pulmonar (TEP) são inespecíficos, portanto alguns autores orientam a utilização de escore de estratificação de risco para determinar o grau de suspeita clínica e, em seguida, a realização de exames complementares, como eletrocardiograma, radiografia de tórax, ecocardiograma, cintilografia pulmonar, angiotomografia ou arteriografia pulmonar.

O tratamento dessa doença deve ser individualizado e consiste em anticoagulação plena com heparina não fracionada ou heparina de baixo peso molecular e, depois, dose de anticoagulante oral, sendo a varfarina a medicação mais utilizada, para manter o nível de INR entre 2 e 3. Em casos selecionados, há indicação de uso de trombolíticos.

Outro aspecto importante é a profilaxia. Deve ser realizada com medidas mecânicas, incluindo meias elásticas de compressão graduada e aparelhos de compressão pneumática intermitente, associadas ou não a tratamento farmacológico com heparina não fracionada ou heparina de baixo peso molecular e fondaparinux.

1. c

O tromboembolismo pulmonar (TEP) apresenta como manifestações clínicas sinais e sintomas inespecíficos, portanto há necessidade de realizar exames complementares adicionais, de menor ou maior complexidade (p. ex., radiografia de tórax, eletrocardiograma, gasometria arterial, cintilografia V/Q, angiotomografia de tórax, arteriografia pulmonar).

O diagnóstico diferencial dessa doença é amplo e varia desde patologia fatal, como infarto agudo do miocárdio, até casos de ansiedade, incluindo pneumonia, pericardite, pleurite, costocondrite e hipertensão pulmonar idiopática.

Em razão da dificuldade de seu diagnóstico, um escore de pontuação foi criado para uniformizar a estratificação de risco para diagnóstico de TEP (Tabela 1).

Tabela 1 Regra de probabilidade clínica (escore de Wells)

	Pontuação
Sintomas ou sinais de trombose venosa profunda	3
Diagnóstico alternativo menos provável que embolia pulmonar	3
Frequência cardíaca > 100 bpm	1,5
Imobilização ou cirurgia nas últimas 4 semanas	1,5
Trombose venosa profunda ou embolia pulmonar prévias	1,5
Hemoptise	1
Tratamento para câncer nos últimos 6 meses ou com metástases	1

Baixa probabilidade: 0-1 ponto; probabilidade intermediária: 2-6 pontos; alta probabilidade: > 7 pontos.

Em paciente com baixa probabilidade de TEP, o uso do D-dímero, um produto da degradação da fibrina, presente no sangue quando o mecanismo de fibrinólise é ativado, possui alta sensibilidade (94,4%) e alto valor preditivo negativo (99,4%), podendo ser usado para excluir o diagnóstico se o valor for menor do que 500 ng/mL.

As alterações eletrocardiográficas incluem bloqueio de ramo direito, desvio do eixo elétrico para a direita, padrão S1Q3T3 e inversão de onda T nas derivações precordiais, sendo que esta última alteração foi a mais encontrada em pacientes com TEP.

O principal papel da radiografia de tórax é ajudar a identificar doenças que simulem a embolia pulmonar, conduzindo para diagnósticos alternativos, como pneumonia, pneumotórax, fratura do arco costal e tamponamento cardíaco. A sensibilidade da radiografia de tórax é de 33% e a especificidade, de 59%, para detecção de embolia pulmonar.

As anormalidades da radiografia simples de tórax são raras na embolia pulmonar. Oligoemia focal (sinal de Westermark), aumento do tronco da artéria pulmonar (sinal de Palla) e elevação do diafragma são algumas alterações inespecíficas para TEP.

2. d

A tomografia computadorizada (TC) de tórax de alta resolução substitui a cintilografia de perfusão pulmonar com contraste radioativo ou mapeamento "V/Q" como principal exame de imagem em paciente com suspeita de tromboembolismo pulmonar (TEP). Este exame oferece vantagens em relação aos outros, incluindo a visualização direta dos trombos nas artérias pulmonares e a possibilidade de identificar simultaneamente trombos nas veias da pelve e proximais das pernas.

A angiografia pulmonar invasiva é historicamente o padrão-ouro no diagnóstico de embolia pulmonar, mas nos dias atuais está sendo substituída pela TC de tórax; entretanto, a angiografia ainda é utilizada quando se planejam intervenções como embolectomia por sucção, fragmentação mecânica do coágulo ou trombólise direcionada com cateter, indicadas em pacientes com embolia pulmonar maciça.

Dosagem de troponina T, BNP ou pró-BNP elevados e aumento do ventrículo direito na TC de tórax são marcadores preditivos de mortalidade aumentada em paciente com embolia pulmonar, sendo a piora da hipocinesia do ventrículo direito ao ecocardiograma um fator de risco independente para mau prognóstico.

Em pacientes com suspeita de embolia pulmonar, a identificação de trombose venosa profunda de extremidades inferiores pode favorecer o diagnóstico, porém a ausência desse fator não exclui o diagnóstico de embolia pulmonar, visto que a maioria dos pacientes não apresenta evidências de trombose venosa profunda em outros locais.

3. b

A fisiopatologia da trombose venosa profunda inclui os três fatores classicamente descritos pela "tríade de Virchow", a saber: lesão endotelial, fluxo sanguíneo lentificado e aumento da coagulabilidade sanguínea. Os dois primeiros correspondem a fatores adquiridos e o último, à causa genética para o desenvolvimento de trombose.

Os fatores a serem considerados como preditores de mortalidade aumentada são:

- Sinais vitais (taquicardia, taquipneia, hipotensão).
- Idade acima de 70 anos.
- Presença de comorbidades (insuficiência cardíaca, doença pulmonar obstrutiva crônica, câncer).
- Elevação de biomarcadores (BNP e troponina).
- Achados no ecocardiograma.

O ecocardiograma no tromboembolismo pulmonar é mais utilizado para avaliar prognóstico do que para o diagnóstico, sendo que achados como hipocinesia de ventrículo direito moderada ou grave, presença de hipertensão pulmonar, forame oval patente e trombo livre em átrio direito ou ventrículo direito ajudam a identificar pacientes com alto risco de morte ou tromboembolismo recorrente.

São achados ecocardiográficos de embolia pulmonar:

- Aumento ou hipocinesia de ventrículo direito, especialmente hipocinesia da parede livre, poupando o ápice (sinal de McConnell).
- Achatamento do septo interventricular e movimento paradoxal em direção ao ventrículo esquerdo, resultando em ventrículo esquerdo "em forma de D" em corte transversal.
- Regurgitação tricúspide.
- Hipertensão pulmonar com velocidade do jato de regurgitação tricúspide > 2,6 m/s.
- Perda do colapso respiratório da veia cava inferior com a inspiração.
- Visualização direta do trombo (mais provável com ecocardiograma transesofágico).

4. e

Anticoagulação parenteral empírica deve ser iniciada o quanto antes, durante a investigação clínica, em paciente com moderada a alta suspeita clínica de TEP. Heparina não fracionada, heparina de baixo peso molecular e fondaparinux são opções para início de anticoagulação.

Em seguida, inicia-se anticoagulação oral com varfarina, inibidora da vitamina K, mantendo-se controle laboratorial com INR entre 2 e 3. Estudos demonstram que os novos anticoagulantes, como rivaroxabana e dabigatrana, também podem ser utilizados na prevenção de TEP recorrente.

Os fatores de risco para sangramento com tratamento anticoagulante incluem: idade acima de 65 anos, sangramento recente, trombocitopenia, uso de terapia antiplaquetária, cirurgia recente, queda frequente, capacidade funcional reduzida, acidente vascular encefálico prévio, diabetes, anemia, câncer, insuficiência renal e hepática e uso abusivo de álcool.

Agentes trombolíticos ativam o plasminogênio para a formação de plasmina, que age na lise do trombo. A terapia trombolítica deve ser instituída com base nos riscos e benefícios, avaliando os casos individualmente.

As indicações para trombólise na embolia pulmonar consistem em hipotensão persistente ou choque (pressão arterial sistólica < 90 mmHg ou redução de 40 mmHg da pressão de base em 15 minutos). Alguns autores recomendam trombólise em pacientes com disfunção de ventrículo direito ou hipocinesia sem hipotensão arterial com base no princípio de que esses pacientes apresentam pior prognóstico. Segundo Meyer, foram verificadas a redução na mortalidade e a descompensação hemodinâmica nos primeiros 7 dias com o uso de tenecteplase associado à heparina comparando-

-se ao de placebo associado à heparina, porém com aumento no risco de sangramento maior.

Após infusão de trombolíticos, há necessidade de monitorizar a pressão da artéria pulmonar, que pode ser feito por método invasivo (p. ex., Swan-Ganz) ou não invasivo (p. ex., ecocardiograma transtorácico).

As contraindicações ao uso de trombolíticos são: neoplasia intracraniana, cirurgia intracraniana há menos de 2 meses, acidente vascular hemorrágico ou sangramento ativo. Entre as contraindicações relativas, podem ser citadas: hipertensão mal controlada (> 200 × 110 mmHg), acidente vascular não hemorrágico em menos de 3 meses, cirurgia há 10 dias e gravidez.

As seguintes medicações foram aprovadas pelo Food and Drug Administration (FDA):

- tPA: 100 mg, intravenoso, por 2 horas.
- Estreptoquinase: 250.000 U, intravenoso, por 30 minutos, seguidas por 100.000 U/h, por 24 horas.
- Uroquinase: 4.400 U/kg, por via intravenosa, durante 10 minutos, seguidas por 4.400 U/kg/h, por 12 horas.

BIBLIOGRAFIA

Gilbertoni L, Pereira CQ, Polonio IB. Mortalidade e papel da trombólise no tromboembolismo pulmonar agudo. Pneumologia Paulista. 2012;26(4):32-5.

Goldhaber SZ. Pulmonary embolism. In: Bonow RO, Mann DL, Zipes DP, Libby P (eds.). Braunwald's heart disease: a text book of cardiology. 9. ed. Philadelphia: Elsevier Saunders; 2011. p.1679-96.

Lloret RR, Murakami DY, Freitas CR. Tromboembolismo pulmonar. Rev Fac Ciênc Méd Sorocaba. 2012;14(3):84-6.

Meyer G, Vicaut E, Danays T, Agnelli G, Becattini C, Beyer-Westendorf J, et al.; PEITHO Investigators. Fibrinolysis for patients with intermediate-risk pulmonary embolism. N Engl J Med. 2014;370(15):1402-11.

Santana PRP, Gomes ACP, Meirelles GSP. Métodos de imagem na avaliação do tromboembolismo pulmonar. Pneumologia Paulista. 2012;26(4):380-5.

Tapson V, Mandel J, Finlay G. Fibrinolytic (thrombolytic) therapy in acute pulmonary embolism and lower extremity deep vein thrombosis. UpToDate. 2014.

Valentine KA, Hull RD, Mandel J, Finlay G. Anticoagulation in acute pulmonary embolism. UpToDate. 2014.